普通高等学校物流管理专业系列教材

企业生产与物流管理
（第2版）

Enterprise Production and Logistics Management (Second Edition)

马士华　林　勇　编著

Ma Shihua　Lin Yong

清华大学出版社

北京

内容简介

本书详细介绍了生产运作和生产物流管理的基本概念，系统地阐述了生产运作管理的目标和内容、运作战略、生产物流战略、运作系统设计方面的基本原理和方法，阐述了生产物流在运作管理中的重要地位。对运作系统运行设计和选址布局决策、生产计划的制定、物料需求计划(MRP)的处理逻辑、生产作业计划与生产控制等进行了系统介绍，对制造资源计划(MRPⅡ)和企业资源计划(ERP)的产生与发展、管理上的功能及实施策略进行了分析。对无库存生产方式、约束理论及最优生产技术(OPT)等内容做了专门介绍，还将企业生产与物流管理绩效评估的内容引入生产运作与物流管理中来。综合来看，全书既有生产运作管理和物流管理的经典内容，又有反映当前发展动向的观点，试图给读者提供一个宽阔的视野。

本书既可以作为本科生和研究生的教材，也可以作为企业管理人员学习和培训的参考书。

版权所有，侵权必究。举报：010-62782989，beiqinquan@tup.tsinghua.edu.cn。

图书在版编目(CIP)数据

企业生产与物流管理/马士华，林勇编著. —2版. —北京：清华大学出版社，2015 (2022.7重印)
普通高等学校物流管理专业系列教材
ISBN 978-7-302-39903-2

Ⅰ. ①企… Ⅱ. ①马… ②林… Ⅲ. ①企业管理－生产管理－高等学校－教材 ②企业管理－物流－物资管理－高等学校－教材 Ⅳ. ①F273

中国版本图书馆CIP数据核字(2015)第079931号

责任编辑：冯　昕
封面设计：常雪影
责任校对：刘玉霞
责任印制：丛怀宇

出版发行：清华大学出版社
网　　址：http://www.tup.com.cn，http://www.wqbook.com
地　　址：北京清华大学学研大厦A座　　**邮　　编**：100084
社 总 机：010-83470000　　**邮　　购**：010-62786544
投稿与读者服务：010-62776969，c-service@tup.tsinghua.edu.cn
质量反馈：010-62772015，zhiliang@tup.tsinghua.edu.cn
印 装 者：三河市金元印装有限公司
经　　销：全国新华书店
开　　本：185mm×260mm　　**印　　张**：15.75　　**字　　数**：379千字
版　　次：2009年1月第1版　　2015年6月第2版　　**印　　次**：2022年7月第8次印刷
定　　价：45.00元

产品编号：059706-03

编 委 会

顾　　问　盛昭瀚(南京大学)
主　　任　赵晓波(清华大学)
副 主 任　赵道致(天津大学)
委　　员　(按姓氏笔画排列)
　　　　　马士华(华中科技大学)
　　　　　王红卫(华中科技大学)
　　　　　李　波(天津大学)
　　　　　华中生(中国科学技术大学)
　　　　　周跃进(南京大学)
　　　　　赵忠秀(对外经济贸易大学)
　　　　　徐瑞华(同济大学)
　　　　　程晓鸣(上海交通大学)
责任编辑　张秋玲(清华大学出版社)

丛 书 序

物流业正在成为我国新兴的快速发展的行业,对物流人才的需求也在急剧上升。据人才市场需求信息统计显示,物流被列为我国12类紧缺人才门类之一。业内专家认为,在未来7~10年里,随着经济的高速增长和物流业的快速发展,我国将进入物流人才需求的高峰期,人才缺口会持续扩大。

当前,与我国物流业的迅速发展不相协调的是我国物流人才培养体系的滞后,主要表现为以下两个方面:一是物流人才的培养速度跟不上物流业的发展速度;二是物流从业人员大多数没有受过系统的物流教育,与发达国家相比,我国物流从业人员的素质有很大的差距。(据有关统计资料显示,美国物流管理人员大约95%拥有学士学位、45%拥有研究生学位、22%获得了正式的从业资格证书。)

可喜的是,我国有关教育部门已认识到物流人才培养的紧迫性,在本科专业目录中设置了"物流工程"和"物流管理"两个专业,各专业人才培养的定位如下:

物流工程专业——从工程和技术的角度,对物流系统的硬件进行设计、制造、安装、调试等,同时也需要规划软件的能力。

物流管理专业——应用管理学的基本原理和方法,对物流活动进行计划、组织、指挥、协调、控制和监督,使物流系统的运行达到最佳状态,实现降低物流成本、提高物流效率和经济效益的目标。

现在有条件的大学已纷纷设立了物流相关专业,着力培养物流领域的人才。到目前为止,超过300所高校设置了物流专业,其中超过200所高校设置的是物流管理专业。

为了促进物流管理专业人才培养体系的规范和完善,2006年8月26—27日,清华大学工业工程系召开了"全国高校物流管理(暨工业工程)教学与实验室建设研讨会"。在这次会议上,教材建设问题是大家讨论的一个焦点。会上决定由清华大学和天津大学牵头组织国内一些在物流管理领域有丰富教学科研经验的专家学者编写一套体系合理、知识实用、内容完整的物流管理专业系列教材,以满足各兄弟院校本科人才培养的需求。

在此后的一个月,清华大学和天津大学进行了充分沟通,初步确定了教材定位与教材结构。为了使这套教材真正编出特色、编出水平,又进一步确定了南京大学、同济大学、上海交通大学、华中科技大学、中国科学技术大学、对外经济贸易大学等院校物流管理专业的教师组成"普通高等学校物流管理专业系列教材"编委会,共同完成这套教材的组织与编写工作。

2006年10月编委会正式成立,并于14—15日在清华大学召开了编委会第1次工作会议,进一步明确了本系列教材的具体编写任务和计划。2007年3月31日—4月1日,编委会第2次会议在清华大学召开,对教材大纲逐一进行了审查,并明确了编写进度以及编写过程中需要注意的问题,整个教材编写工作进展顺利。

这套教材主要定位为普通高等学校物流管理专业以及其他相关专业的本科生。共有

11本主教材和1本实验教材，分别是《物流导论》、《物流网络规划》、《现代物流装备》、《交通运输组织基础》、《库存管理》、《采购与供应管理》、《企业生产与物流管理》、《物流服务运作管理》、《物流信息系统》、《国际物流与商务》、《物流系统仿真》和《物流管理系列实验》。在内容的组织和编排上，与学生已学过的工程管理类专业基础课程的内容成先后关系，一般要求学生在进入本系列的专业课程学习之前，应先修诸如"工程经济学"、"概率论与应用统计学"、"运筹学"（数学规划、应用随机模型）、"数据库原理"等课程。

  这套教材基本涵盖了物流管理专业的主要知识领域，同时也反映现代物流的管理方法及发展趋势，不仅适用于普通高等学校物流管理、物流工程、工业工程、管理科学与工程、交通运输等专业的本科生使用，对研究生、高职学生以及从事物流工作的人员也有很好的参考价值。

  因水平所限，加之物流工程与管理发展迅速，故教材中不妥之处在所难免，欢迎批评指正，以便再版时修改、完善。

盛昭瀚

2008年元月于南京大学

第 2 版前言

21世纪是互联网的时代。在这一趋势的影响下,生产管理和物流管理都得到了长足的发展。生产和物流管理技术不断改进,生产和物流管理水平不断提高,新的生产和物流管理模式层出不穷,而且越来越强调两者的集成与协同发展。同样,在互联网的影响下,世界市场竞争环境也发生了巨大变化。在电子商务、智能终端、O2O等层出不穷的新商业模式影响下,产品生命周期越来越短,消费者个性化需求越来越强,市场对个性化需求的响应速度要求越来越高,而企业面临的资源和环境保护压力也越来越大。在这种情况下,提高企业的生产与物流管理水平显得尤为重要。只有不断提高企业自身的生产与物流的运作管理水平,才能最大限度地整合社会资源,灵活地应对互联时代更加多变的市场环境。也是在这种情况下,本书的第2版出版了。

第2版维持了原有的结构体系,所做的重点工作是对每一个章节都进行了必要的补充和完善,并改正了原有的错误,删除了某些略显陈旧和冗余的内容,使每一章的主题更加集中。除此之外,还在适当之处补充了近几年来出现的一些新的内容,使本书更加符合新的市场环境。

本书由马士华和林勇两位作者负责修订。其中第1、2、7~9章由马士华编写,第3~6、10章由林勇编写。研究生殷哲、李若楠、吕飞、肖爽、肖庆、张钠、邓万江、陈云等人参加了资料整理工作。在本书的编著过程中,作者参考了国内外新近发表的有关资料,并已尽可能详细地在参考文献中指出,在此对这些专家学者们表示深深的谢意。如若漏写了某些资料的出处,在此表示万分歉意。

鉴于作者水平有限,书中谬误在所难免,敬请读者批评指正。

编 者

2015 年 3 月

前　　言

产品或服务的竞争力是一个企业综合实力的象征。产品在市场上竞争力的大小,完全取决于在该产品上所凝集的企业综合实力的强弱。这种实力可具体体现在对客户需求响应迅速、产品质量好、成本低、交货准时、售后服务有保证等方面。一个企业若能以比竞争者更快的响应速度、更高的质量、更低的价格,准时向用户提供性能更好、品种更多的产品,它在市场竞争中就会始终占据主动。这是每个管理者都明白的道理。毫无疑义,这种竞争力是在整个生产过程中形成的,而且随着时代的发展,这个生产过程已经远远超过单个企业的概念,而是指整个供应链管理过程。

过去,人们在研究企业运作管理时,往往只关注生产运作活动本身,而对与之相辅相成的生产物流常常忽略了。因此,本书在撰写的过程中,试图将生产运作与生产物流联系起来。在结构上,仍以生产运作管理为主线,在阐述生产运作管理的概念、理论和方法的过程中,将生产物流管理与之结合起来。大量的实践经验已经证明,只有通过有效地提高企业的生产运作管理和生产物流管理的水平,才能使企业的竞争力在市场竞争中发挥至极,才能形成最有效的优势。

企业生产运作管理涉及许多内容,为了使管理者能在较短时间内领略生产运作与生产物流管理,本书着重介绍了生产运作管理和生产物流管理方面的核心内容。与现有的介绍生产运作管理的书籍不同,本书没有追求体系上的完整,而是突出企业在生产运作和生产物流管理中的基础问题。作为本书的前期课程,建议读者在学习"库存管理"之后再阅读本书。

全书共分 10 章。第 1、2 章除了介绍一些基本概念以外,重点介绍企业运作战略和生产物流管理模式选择,特别是从全球竞争环境的变化出发,讨论了制定运作战略的含义、制定运作战略的影响因素、制定运作战略的基点和企业物流运作方式选择策略,详细讨论了物流外包的决策问题。第 3、4 章是关于合理组织生产过程的基本要求、优化组织生产物流过程的问题,介绍生产过程组织方式、MTS/MTO 的生产物流管理、延迟制造与物流延迟以及逆向物流的有关内容,并对企业生产单位构成、物料流程形式与设施布置形式、组织生产单位的专业化原则、装配线生产物流平衡优化、设施布局与物流优化的定量方法做了介绍。第 5~7 章重点讨论的是生产计划、物料计划、生产作业计划与生产控制的问题。分别从年度生产(总体)计划、主生产计划、物料需求计划(MRP)几个层面逐一进行了阐述。然后讨论了生产作业计划的制定、实施与控制的问题。并且针对目前企业实施制造资源计划与企业资源计划的现状,介绍从 MRP 到 MRP Ⅱ 再到 ERP 的变化以及 ERP 的成功实施的关键因素等。第 8 章介绍的是 JIT 与生产物流的内容,介绍了 JIT 的基本思想与哲理、推进式和牵引式生产系统、看板管理系统及组织无库存生产的基本条件、JIT 在生产物流组织中的应用。第 9 章是 TOC 理论及其物流管理,介绍 TOC 的基本思想、基于 TOC 的生产企业分类、TOC 的 9 条原则及 TOC 生产物流管理方式。第 10 章讨论了企业生产与物流管理的绩效管理问题,分析了生产与物流绩效集成评估体系及其指标,介绍企业生产与物流管理的绩效评估方法、企业生产与物流管理的标杆管理以及生产成本与物流成本的核算。

本书由马士华和林勇编写,其中第1、2、7~9章由马士华编写,第3~6、10章由林勇编写。在本书的编写过程中,参考了国内外新近发表的有关资料,并已尽可能详细地在参考文献中列出,在此对这些专家学者深表谢意。可能有些资料引用了而由于疏忽没有指出资料出处,若有这类情况发生,在此表示万分歉意。

鉴于作者水平有限,加上时间仓促,书中谬误在所难免,敬请读者批评指正。

编著者

2008年8月

目 录

第1章 导论 ··· 1
1.1 生产运作管理 ·· 1
1.1.1 生产运作的含义 ·· 1
1.1.2 生产运作管理的内容 ·· 3
1.1.3 生产计划与控制系统 ·· 5
1.1.4 生产运作管理的目标 ·· 6
1.1.5 生产运作管理职能在企业组织结构中的定位 ··························· 8
1.2 企业生产物流管理 ··· 8
1.2.1 物流管理的定义 ·· 8
1.2.2 企业物流管理的分类 ·· 9
1.2.3 企业生产物流的特点 ·· 10
1.2.4 物流管理在企业竞争中的作用 ·· 11
1.2.5 我国企业物流管理存在的主要问题 ······································ 12
1.3 生产类型 ·· 13
1.3.1 制造业企业生产类型的划分 ··· 14
1.3.2 服务型企业生产类型的划分 ··· 17
1.3.3 服务业与制造业运作管理上的特点比较 ······························· 19
1.4 生产/运作管理的历史发展 ·· 20
小结与讨论 ·· 21
思考题 ·· 22
案例 F汽车有限公司的供应链运作管理 ·· 22

第2章 运作战略与物流管理策略 ··· 25
2.1 运作战略 ·· 25
2.1.1 全球竞争环境的变化 ·· 25
2.1.2 运作战略的含义 ·· 26
2.2 运作战略的制定 ·· 27
2.2.1 价值链分析 ··· 27
2.2.2 制定运作战略的影响因素 ·· 28
2.2.3 制定运作战略的基点 ·· 30
2.3 生产过程设计 ·· 32
2.3.1 生产过程分类 ·· 32

         2.3.2 产品-过程矩阵 ··· 34
         2.3.3 影响生产过程设计的主要因素 ··· 35
         2.3.4 生产单位的组织形式 ·· 36
         2.3.5 生产过程方案选择及评价 ·· 37
   2.4 企业物流运作方式选择策略 ··· 39
         2.4.1 影响物流运作方式选择的主要因素 ······································· 39
         2.4.2 物流"外包-自营"决策程序 ·· 41
         2.4.3 物流外包的优势与风险分析 ··· 42
         2.4.4 物流外包失利的原因 ·· 43
         2.4.5 物流外包风险防范 ·· 44
   小结与讨论 ··· 45
   思考题 ··· 45
   案例 J电子公司运作管理模式的转型战略 ··· 45

第3章 生产组织方式与生产物流管理 ··· **49**
   3.1 合理组织生产过程的要求 ·· 49
         3.1.1 生产过程的概念 ··· 49
         3.1.2 组织生产过程的基本要求 ·· 51
   3.2 组织生产过程的方式 ··· 52
         3.2.1 单一品种一批零部件的移动方式 ·· 52
         3.2.2 多品种生产条件下零部件的移动方式 ···································· 54
   3.3 MTS/MTO 的生产物流管理 ··· 55
         3.3.1 MTS 生产类型的生产物流管理 ··· 55
         3.3.2 MTO 生产类型的生产物流管理 ·· 57
   3.4 延迟制造与物流延迟 ··· 58
         3.4.1 延迟制造与物流延迟的含义 ··· 58
         3.4.2 延迟制造与物流延迟的实施方法 ·· 59
         3.4.3 延迟制造与物流延迟的适用环境 ·· 60
   3.5 逆向物流 ··· 62
         3.5.1 逆向物流的含义与意义 ··· 62
         3.5.2 逆向物流的运行特点 ·· 63
         3.5.3 逆向物流的优化与实施方法 ·· 66
   小结与讨论 ··· 69
   思考题 ··· 69

第4章 生产设施布局与物流优化 ·· **70**
   4.1 影响企业生产单位构成的因素 ·· 70
   4.2 物料流程形式与设施布置形式 ·· 71
         4.2.1 物料流程形式 ··· 71
         4.2.2 设施布置类型 ··· 71

  4.3 组织生产单位的专业化原则 ·· 73
    4.3.1 按工艺专业化原则组织的生产单位 ··· 73
    4.3.2 按对象专业化原则组织的生产单位 ··· 74
  4.4 装配线生产物流平衡优化 ·· 75
    4.4.1 装配线生产物流平衡的提出 ·· 75
    4.4.2 装配线生产物流平衡优化方法 ··· 75
  4.5 设施布局与物流优化的定量方法 ·· 77
    4.5.1 运量图法 ··· 77
    4.5.2 作业相关图法 ·· 77
    4.5.3 从-至表法 ··· 79
    4.5.4 线性规划 ·· 80
    4.5.5 计算机辅助优化方法 ··· 81
  4.6 非制造业的设施布置 ·· 83
  小结与讨论 ·· 84
  思考题 ··· 85
  案例 海喻光纤光缆厂选址分析 ··· 86

第5章 生产计划与物料需求计划 ·· **88**
  5.1 生产计划概述 ·· 88
    5.1.1 生产计划系统的构成 ··· 88
    5.1.2 生产计划的指标体系与期量标准 ·· 88
  5.2 年度生产计划 ·· 90
    5.2.1 MTS 企业年度生产计划的制订 ··· 90
    5.2.2 MTO 企业年度生产计划的制订 ··· 93
  5.3 主生产计划 ··· 96
    5.3.1 主生产计划的定义 ··· 96
    5.3.2 主生产计划的约束条件及编写步骤 ··· 96
    5.3.3 主生产计划的编制原则 ·· 97
    5.3.4 主生产计划编制的技巧 ·· 98
  5.4 物料需求计划 ··· 100
    5.4.1 物料需求计划的产生与发展 ·· 100
    5.4.2 MRP 的基本原理 ··· 106
    5.4.3 MRP 运行中的几个主要参数 ·· 112
    5.4.4 MRP 的效益 ··· 115
  小结与讨论 ·· 117
  思考题 ··· 118
  案例 APS 在 H 公司订单管理中的应用 ·· 118

第6章 生产作业计划与控制 ·· **120**
  6.1 生产作业计划 ··· 120

6.1.1 生产作业计划的主要内容和作用 120
  6.1.2 生产作业计划的期量标准 121
 6.2 作业排序的理论与方法 124
  6.2.1 排序的基本概念 124
  6.2.2 排序问题的描述 125
  6.2.3 排序问题的分类与表示方法 127
  6.2.4 排序问题的求解 128
  6.2.5 流水车间作业排序 128
  6.2.6 单件车间作业排序 132
 6.3 生产作业控制 136
  6.3.1 生产作业控制的基本概念 136
  6.3.2 生产作业控制的主要内容 140
  6.3.3 生产作业控制与调度 144
  6.3.4 常见生产作业控制方法 145
 小结与讨论 147
 思考题 147

第7章 制造资源计划与企业资源计划 148
 7.1 MRPⅡ与ERP的产生与发展 148
  7.1.1 MRPⅡ的产生与发展 148
  7.1.2 ERP的产生与发展 149
 7.2 MRPⅡ的构成及基本特征 150
  7.2.1 MRPⅡ的基本组成 150
  7.2.2 MRPⅡ的管理特征 152
  7.2.3 MRPⅡ给企业带来的收益 154
 7.3 从MRPⅡ到ERP 154
  7.3.1 ERP产生的背景 154
  7.3.2 ERP的主要特点 155
  7.3.3 ERP的典型结构 156
 7.4 ERP的实施 157
  7.4.1 实施ERP的过程中存在的主要问题 157
  7.4.2 实施ERP必须认识的问题 158
  7.4.3 ERP成功实施的关键——业务流程重构 161
  7.4.4 ERP成功实施的关键因素 162
  7.4.5 注重生产物流管理对成功实施ERP的作用 164
 小结与讨论 165
 思考题 165
 案例 A公司怎样实施ERP? 165

第8章 JIT 与生产物流 · 171

- 8.1 JIT 的基本思想与哲理 · 171
  - 8.1.1 JIT 的产生与发展 · 171
  - 8.1.2 浪费的 7 种形式 · 172
  - 8.1.3 JIT 的基本思想 · 173
  - 8.1.4 JIT 的生产哲理 · 174
- 8.2 推动式和牵引式生产系统 · 177
  - 8.2.1 推动式生产系统 · 177
  - 8.2.2 牵引式生产系统 · 178
  - 8.2.3 推动/牵引集成式生产系统 · 178
- 8.3 看板管理系统 · 179
  - 8.3.1 看板的含义和种类 · 179
  - 8.3.2 看板的功能 · 180
  - 8.3.3 看板控制系统的构成 · 181
  - 8.3.4 看板运行张数的计算 · 181
  - 8.3.5 看板管理的主要工作规则 · 183
- 8.4 组织无库存生产的基本条件 · 183
  - 8.4.1 组织平准化生产 · 184
  - 8.4.2 构造无库存制造单元 · 184
  - 8.4.3 降低设备调整时间 · 186
  - 8.4.4 具有稳定的质量水平 · 187
  - 8.4.5 具有多技能的操作工人 · 187
  - 8.4.6 保持各生产单元之间的物流平衡 · 188
  - 8.4.7 预防性设备维修 · 188
  - 8.4.8 部门间的合作精神 · 189
  - 8.4.9 与供应商形成合作伙伴关系 · 189
- 8.5 JIT 在生产物流组织中的应用 · 190
  - 8.5.1 需求拉动式的准时物流管理 · 190
  - 8.5.2 准时采购 · 190
  - 8.5.3 第三方物流企业直送工位 · 191
- 小结与讨论 · 193
- 思考题 · 194
- 练习题 · 194
- 案例 到底该怎样看待 JIT？ · 194

第9章 TOC 理论及其物流管理 · 197

- 9.1 TOC 的基本思想 · 197
  - 9.1.1 约束理论的产生 · 197
  - 9.1.2 OPT 的几个主要概念 · 198

		9.1.3 TOC 的基本思想	199
		9.1.4 OPT 的目标	200
	9.2	基于 TOC 的生产企业分类	201
		9.2.1 V 形企业	201
		9.2.2 A 形企业	202
		9.2.3 T 形企业	202
	9.3	TOC 的 9 条原则	203
	9.4	DBR 系统的构成及其作用	205
		9.4.1 DBR 系统的构成及控制原理	205
		9.4.2 DBR 系统的实施模式	207
		9.4.3 OPT 软件系统概述	208
	9.5	TOC 生产物流管理方式	210
		9.5.1 TOC 理论在生产物流中的应用	210
		9.5.2 JIT 与 TOC 相结合的库存管理	212
	小结与讨论		213
	思考题		213
	练习题		214
	案例 约束理论在某汽车制造企业物料供应系统中的应用		214

第 10 章 企业生产与物流管理的绩效管理 … 218

	10.1	生产与物流绩效集成评估体系及其指标	218
		10.1.1 生产与物流职能的关联性	218
		10.1.2 生产与物流绩效集成评估体系	218
		10.1.3 生产与物流绩效集成评估指标体系	219
	10.2	企业生产与物流管理的绩效评估方法	220
		10.2.1 平衡计分卡	221
		10.2.2 模糊综合评价法	222
		10.2.3 专家评价法	225
	10.3	企业生产与物流管理的标杆管理	227
		10.3.1 标杆管理的方式	227
		10.3.2 标杆法的基本原则	228
		10.3.3 标杆法的实施步骤	229
	小结与讨论		230
	思考题		230
	案例 美国施乐公司物流绩效标杆		230

参考文献 … 232

第 1 章 导 论

生产活动，包括实物生产与服务，是人类社会赖以生存和发展的基本活动。自然界除了提供给我们阳光、空气和水等主要资源之外，并不能直接提供人类生存所必需的其他物资。人类生存所需要的衣、食、住、行等物质资源只能通过生产活动获得。因此，生产是创造人类社会财富的唯一源泉。同时，生产又是消耗资源的一种活动。生产系统通过从外界获得输入的资源，经过加工转换活动，向外界输出其成果。因此，作为一种需要消耗资源的生产活动，必须要合理组织其转换过程，才能以最少的投入换取最大的产出，这就需要对生产过程进行计划与控制，必须研究如何有效地组织生产过程。为了达到这一目的所进行的各种计划、组织和控制活动就是我们常说的生产运作管理。为此，我们首先必须对生产运作有一个清楚的认识，了解生产运作系统的结构和相应的特点，掌握生产运作管理的内容和目标。进一步地，从有效组织生产运作的角度出发，深刻理解制造业企业和服务业企业的生产分类和生产类型，对不同生产类型的特点及运作管理有透彻的了解，特别是在生产物流上的不同特点，最终找到有效组织生产运作的最优方法。

1.1 生产运作管理

1.1.1 生产运作的含义

1. 生产运作的概念

从一般意义上讲，生产运作是指将一系列的输入按照特定的要求转化为一定输出的过程。人们习惯称提供有形产品的活动为制造型生产，如农业、工业、采矿业等这些产业的生产活动，而将提供服务为主的活动称为服务型生产，如银行、金融、公共事业、医疗卫生、商业、教育、运输、通信及其他各种以服务为主的活动。过去，西方国家的学者把有形产品的生产管理称做 production management，而将提供服务的生产管理称做 operations management，后来将两者合起来用 production and operations management 表示它的统一性。而近几年来更为明显的趋势是把提供有形产品的生产和提供服务的生产统称为运作管理，即 operations management，把有形产品和服务都看做为社会创造财富的过程。国内在术语上也经历了"工业企业生产组织学"、"工业企业生产管理"、"生产与运营管理"、"运营管理"等几个阶段，现在也逐渐用"生产运作"的方式将制造型企业和服务型企业的生产管理统一起来。本书采用"生产运作"这一术语，用以表示包括有形产品的生产和为消费者提供服务的活动。表 1-1 给出了不同行业、不同社会组织输入、转化、输出的典型内容。其中，输出是企业或其他类型的组织对社会作出的贡献，也是它们赖以生存的基础。一个企业的输出要想在同行业中具有竞争力,就必须使其输出在价格、质量及服务上具有不同于竞争对手的优势,表现出与竞争者的产品或服务的差异。这种输出的差异性是在转化过程中形成的,因此,转化过程的有效性是影响企业竞争力的关键因素之一。输入则由输出决定,产出什么样的产品决定了需要什么样的原材料和其他输入要素。

表 1-1 输入-转化-输出典型系统

系 统	主要输入	资 源	主要转化过程	典型输出
医院	患者	医生、护士、药品、医疗设施	治疗	康复的病人
餐馆	顾客	粮食、餐具、厨具、调料等	烹调食物、提供用餐服务	顾客用餐的满意度
商店	顾客	房屋、柜台、售货员、展示窗等	吸引客户、售货与服务	销售服务
汽车制造厂	钢材、发动机、零部件等	工具、技术人员、生产设备、技术图纸、厂房等	零部件加工、汽车装配	高质量的汽车
大学	高中毕业生	教师、教室、实验室、图书馆、计算机等	教学	受过教育的人才
航空公司	旅客	飞机、空服人员、驾驶员、机场及地勤人员等	飞向目的地	安全、准时到达终点

2. 生产运作的职能

企业的运行有三大基本职能:生产运作(operations)、理财(financing)、营销(marketing)。生产运作是其中的最基本职能。通过生产运作活动创造社会所需要的产品和服务,因此,把生产活动组织好,对提高企业的经济效益有很大作用。理财就是为企业筹措资金并合理地运用资金,只要流入的资金多于流出的资金,企业的财富就不断增加。营销就是要发现与发掘顾客的需求,有时也会引导需求,让顾客了解企业的产品和服务,并将这些产品和服务及时准确地送到顾客手中。当然,企业的实际运作不止这三项基本职能,人力资源管理、采购与供应管理、设备管理、质量管理等都是实际管理中不可缺少的职能。本书主要讨论其中的生产运作职能的管理问题。

3. 生产运作系统

完成输入到输出的转化过程需要一个物质基础,这就是生产运作系统,或简称为生产系统。生产系统是由人和机器构成的、能将一定输入转化为特定输出的有机整体。使转化过程具有增值性是生产系统的基本功能。图 1-1 是一个简化了的生产系统模型。

增值(value-added)是描述输入系统的成本与系统输出所形成的价值之间的差额。不同的组织其增值的含义也不相同。对非营利组织(如消防队、公安局等),输出的价值是用其对社会所作的贡献来体现的,而营利组织(如工、商企业)其输出的价值则用价格或用户是否愿意购买其产品或服务来衡量。不管什么性质的组织或团体,增值越多,说明其生产系统运行的有效性越高。

生产系统的具体构造因输出的"质"不同而有所不同。钢铁厂的生产系统不同于汽车制造厂的生产系统,麦当劳的生产系统不同于服装厂的生产系统。不仅如此,生产系统的构造还取决于输出"量"。同是汽车制造厂,大批量生产和小批量生产所采用的设备及设备的布

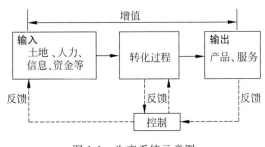

图 1-1 生产系统示意图

置形式都是不同的。

1.1.2 生产运作管理的内容

如同企业内其他管理活动一样,生产运作管理(operations management)也有自己的内容、职能和目标。

简单地说,生产运作管理是指对企业生产/服务活动进行计划、组织和控制的总称。它包括生产系统设计与生产系统运行管理两个方面。

1. 生产系统设计

生产系统设计主要是对用于生产的各类设备设施的选址(包括工厂、配送中心、门店等的选址)、能力规划、部门布置、产品和服务计划、设备布置等的决策过程。生产系统设计一般是在新建或改建、扩建生产单位或营业场所时进行。当需要扩大生产或营业规模,或因产品变化而要重新调整设备布局时,都会遇到生产系统的设计问题。

生产系统是有效实现由输入到输出转化的依托和物质基础,因此,生产系统的转化效率对实现企业目标有直接影响。生产系统设计合理,将为企业获得持续的高效产出提供保证,生产系统设计失误将会使企业铸成终身大错。例如,在计划经济时期,选择厂址时往往把非经济因素和非经营因素放在首位,很多企业建在了交通不便的地方,导致生产所需的原材料运不进来,产品运不出去,企业不得不以昂贵的物流成本为代价维持运转,使一些很有生命力的企业逐渐萎缩。

生产/服务设备与设施的布置直接影响产品成本和生产周期。设施布置不合理,一方面导致厂内物料搬运成本高,另一方面也导致生产周期长,结果是削弱了企业的竞争能力。

生产过程是物料流、信息流和资金流三种基本的"流"运动的综合。生产系统设计必须抓住生产过程的物料流、信息流和资金流这三条主线,核心则是物流过程的设计。

(1) 物料流。产品制造过程中的物料流是指原材料、外购件、半成品、零部件、部件及毛坯,从采购、加工、检验、装配、实验、存储、搬运直到产品出厂运输全过程中的物料移动过程与形式。该过程是物料经过一系列工序的加工(或各种形式的处理)变为成品,然后销售出去的过程,既是物质形态(物理)及性质(化学)的变化过程,也是价值形成的过程。

(2) 信息流。信息流反映物流的动态,是追踪和控制物流运动的基础。零部件图纸、计划报表、工票、各种台账、单据和统计报表等信息反映着物料流动的过程。

信息流中的信息分为两种:一种是起指挥、调节作用的前馈信息,超前于物流,如各种各样的生产计划;另一种是反映物流状态的反馈信息,滞后于物流,如各种各样的统计报表。缩短信息流与物流之间的时间差,是生产系统中管理信息系统设计的重要目标。

(3) 资金流。资金流反映物流的增值状态,要尽可能降低成本、提高运作效率,通过生产系统的合理组织实现资产的增值。

因此,生产系统设计在企业的生产运作管理中占有十分重要的地位。

为实现生产目标所需要的人力、设备、工装、工具、材料、外购件是资源需求,资源需求包括物料需求和能力需求。围绕着生产经营目标的物料需求、能力需求进行物料流、信息流、资金流的综合管理,构成了生产运作管理的主体。

2. 生产系统运行管理

生产系统运行管理主要是对长期、中期、短期生产活动的计划、组织和控制。具体内容主要包括:市场预测、需求管理、编制生产计划和能力计划、库存控制、成本控制、人员调配、作业调度、质量保证等。在很大程度上,生产运作管理人员的主要任务是生产系统运行中的日常管理工作。

生产系统设计直接决定着生产系统的运行效率。一个先天不足的生产系统无论后天管理得多么出色,也很难达到理想中的最优状态。表1-2给出了生产系统设计和运行管理的主要内容。

表1-2 生产系统设计与运行管理内容

决策内容		要解决的基本问题
生产系统设计	产品和服务	改进和提高产品质量及服务水平的途径
	流程选择	企业应采取的生产流程
	能力需求	中、长期生产能力需要量,最优地满足能力要求的方案
	系统设施布置	部门、设备、生产流程及仓储的最佳配置
	工作设计	调动员工积极性的最佳方法,提高生产率的措施
	厂址选择	工厂、仓库、分销中心或商店的选点布局
生产系统运行	总体生产规划	中、长期生产任务,对生产能力的长期需求
	库存管理	订货批量的大小、订货时机、重点管理的物料
	物料需求计划	何时、何部门需要何种原材料、零部件、产品
	作业计划	最优作业顺序及时间安排、负荷测定、生产设备、设施配置
	项目管理	影响项目工程周期的关键因素、项目的目标制定及管理、资源管理
	物料管理	原材料及外构件的采购、供应商管理、仓储、运输、保管及配送
	质量控制	建立质量保证体系,质量管理标准的建立与实施

生产管理中的组织,可分为生产的前期组织与生产过程的组织,后者也可理解为后期组织。生产的前期组织泛指企业投产前的生产组织,内容包括主要产品选择、确定物流过程、设置企业生产单位,并建立相应的生产管理机构和组织,进行工厂布局与车间内部设备的布置。生产的后期组织是相对前期组织而言的,实际上是企业正常生产后的生产过程的组织,包括生产作业过程的设计,如产品各个零部件的加工顺序与零部件的移动方式设计等,并对生产过程中的物资消耗制定定额,进行物料投入、产出与在制品的管理。

生产过程中,对作业进度的控制是生产管理中生产控制的基础,它反映作业过程中零部件、产品的投入、在制与产出的状况和能否保证如期交货。

生产运作管理的职能是从生产系统设计和运行管理两个方面入手,从人员(people)、工厂(plants)、物料(parts)、生产流程(processes)、生产计划与控制(planning and control)、规章制度(practice)六个方面对生产要素进行优化配置,使生产系统的增值最大化。

图1-2所示为生产系统和相应的生产运作管理要素构成示意图。

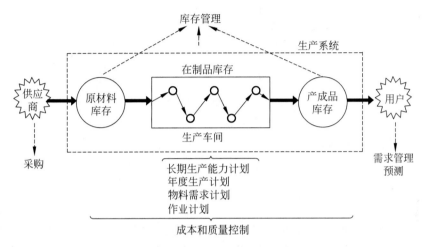

图1-2 生产系统与生产运作管理要素构成示意图

1.1.3　生产计划与控制系统

图1-2反映的是生产运作管理要素构成情况,在实际企业管理中,生产运作管理要素是通过一个完整的系统有机结合起来的,通常人们称之为生产计划与控制系统。图1-3是企业生产计划与控制系统的框架图,可以简单地反映企业生产计划与控制系统的活动。

生产计划与控制系统的最上层确立整个企业生产物流计划与控制的总体方向。需求管理(demand management,DM)活动包括预测顾客/产品需求、订单输入、订单承诺等活动,本质上就是协调市场需求与企业生产能力之间的关系。销售和经营计划(sales and operations planning,S & OP)主要为高层决策者在企业内部各职能部门的不同计划之间进行协调提供支持,是在生产资源约束的基础上进行战略计划、市场营销计划、资源计划、财务计划之间的协作和平衡,其结果就是一个与企业战略匹配的生产经营计划。主生产计划(master production scheduling,MPS)是销售和经营计划的分解,它要明确指出具体的产品应该在什么时候出产。资源计划(resources planning,RP)主要是确定现在和将来进行生产所必需的资源(劳动力和设备工时),主要回答什么时候需要、需要多少的问题,保证生产能力与生产计划之间的平衡。

生产计划与控制系统的中间层主要是确定详细的物料和能力计划。主生产计划的输出直接进入详细物料计划(detailed materials planning),产品少的企业可以通过确定生产率来计算对物料和能力的需求,而产品品种多样化的企业包含了更多的零部件、原材料的需求,就必须通过更加复杂的方法来进行计算,如物料需求计划(material requirement planning,

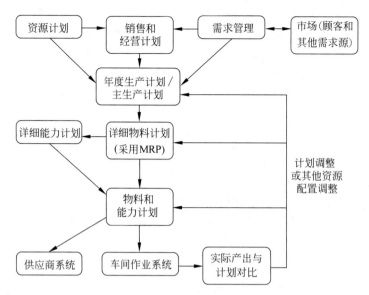

图 1-3　企业生产计划与控制系统（简图）

MRP，详见第 5 章）。通过 MRP 的计算，可以确定分时间段的零部件和原材料的需要量。计算出来的结果输入详细能力计划（detailed capacity planning）系统，从而计算出更详细的产品、零部件生产所需要的劳动力和设备资源。

生产计划与控制系统的第三层就是企业的实际执行层。在车间应建立合适的生产组织体系来完成生产计划。除了本企业的生产作业计划之外，还要与供应商建立协调的关系，为供应商提供将来的计划和实时更新生产信息以保证供应商做出更好的供应决策。

在上面所进行的活动中，企业必须进行经常性的评估，检查实际产出与计划的一致性，在实际活动与计划出现偏差的时候，企业就必须采取行动纠正偏差以保证原来计划目标的实现，或者是在实际运行数据的基础上调整原有计划以适应新的环境变化。

整个生产计划与控制系统的构建必须与企业的实际需要保持一致，与企业的生产流程、供应链集成度、顾客的期望、企业的管理模式保持匹配，并且企业的生产计划与控制系统应该随着时间的变化不断地进行调整优化，以满足企业不同发展阶段的战略要求。

生产计划是任何一个企业组织生产运作活动的依据。现代化企业的生产是社会化大生产，企业内部有细致的分工和严密的组织体系，若没有一个统一的计划站在企业全局的高度来协调和指挥生产运作活动，企业就无法进行正常的生产经营活动。

1.1.4　生产运作管理的目标

生产运作管理的目标就是要使输出要素（产品或服务）在交货期、质量、成本、柔性和服务等几个方面都取得最优效果。

1. 确保交货期

交货期包括交货日期和交货期限两层含义。所谓交货日期，是企业与用户签订的产品必须交货的日期。所谓交货期限是企业接受用户订货时间起到与用户约定了的交货期止所经历的日历时间。交货日期和交货期限是一致的,确定了交货期限,就可以计算出交货日期。

在企业的生产经营活动中,企业的有关职能部门都有其相应的交货期要求。在销售部门,应有与用户签订的产品合同上规定的交货期和销售部门规定的企业内部的交货期。在生产部门,应有与销售部门约定的交货期和生产部门为实现与销售部门约定交货期而制定的生产交货期。在采购供应部门,应有与生产部门所要求的材料等物资的交货期和供应部门与材料订货部门之间的交货期。交货期除考虑产品生产周期外,还应考虑运输条件、中转时间等因素。

按订货合同如期交货,是企业应履行的义务。交货期同企业产品的质量、价格一样具有同等重要意义。信守交货期可以赢得用户的信任,进一步扩大销售量,同时也可使企业严格按生产计划进行生产活动,保持生产活动的稳定状态,从而减少生产作业中的浪费,提高工作效率。

2. 减少在制品占用量

在制品是指从原材料投入到产品产出的过程中,处于正在加工、运输、检验或停放状态的制品,包括零部件、半成品等。

减少在制品占用量最有效的措施是减少加工过程中零部件的停放时间、合理设计零部件在生产过程中的移动方式。减少在制品占用量,可以减少流动资金的占用,加速资金的周转,并可把生产过程中存在问题暴露出来,有利于问题的解决。

3. 提高生产效率

提高生产效率主要是提高人与设备的工作效率。其主要措施是缩短加工过程中物流路线,合理地规划工厂布置与车间内的设备平面布置,减少生产准备时间和作业时间,减少生产储备等。

4. 降低生产成本

降低生产成本是生产运作管理的重要目标,只有按低于社会平均劳动消耗的成本水平在市场上销售,企业才有可能赢利。企业能否以最低的成本向用户提供产品和服务,取决于对生产过程的运作管理水平的高低。生产成本不是在最后才核算出来的,而是在生产过程中形成的,只有提高生产运作管理中对成本的控制水平,才能确保降低成本。

5. 提高质量

质量是一切企业的生存之本。高质量的产品和服务是赢得用户信赖的基本条件,是提高企业竞争力的基础。因此,生产运作管理的目标之一,就是要保证生产过程中每一个环节的工作都能够满足提高质量的要求,通过强有力的生产运作管理,将提高质量的目标落实到具体的运作过程。

总之,生产运作管理对提高企业的竞争力和可持续发展具有重要的推动作用。

1.1.5　生产运作管理职能在企业组织结构中的定位

如同企业内其他管理活动一样,生产运作管理在企业的组织结构中也有它的定位。制造业企业中生产管理部门的职能定位如图 1-4 所示。

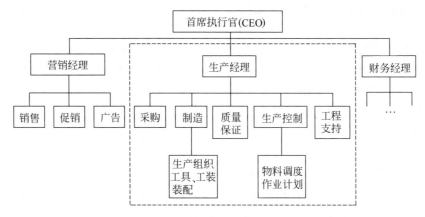

图 1-4　生产运作职能的组织定位

　　图 1-4 所示的组织结构是比较常见的基于职能专业化的结构体系。近年来，随着新的管理思想的出现，对企业生产管理的组织模式也产生了新的影响。例如，随着供应链管理理论的发展，企业为了有效地实践供应链管理模式，在组织结构上进行了较大的变革。其中变化比较大的部分，是将过去按职能分工专业化的组织模式转变为按流程的组织体系。

1.2　企业生产物流管理

1.2.1　物流管理的定义

　　物流管理，英语是 logistics management，指的是军事后勤管理。美国军方文件 JCS Pub 1-02 excerpt 上的解释是：（后勤管理）是对运输和后勤保障资源的计划与执行的科学，包括军用物资调度的设计与开发；军用物资的采购、储存、运送、维护；人员和物资装备储运中心的建设、维修等。

　　作为社会经济活动和企业管理中的概念，目前在国际上比较流行的是美国供应链管理专业协会的定义：物流是供应链管理的一个组成部分，是以满足客户需求为目的，以高效和经济的手段来组织产品、服务以及相关信息从供应地到需求地的运动和存储的计划、执行和控制的过程。

　　在我国，国家标准《物流术语》中将物流定义为：物品从供应地向接收地的实体流动过程，根据实际需要，将运输、储蓄、装卸、搬运、包装、流通加工、配送、信息处理等基本功能实施有机结合。

　　由以上定义可以看出，物流管理是对企业开展生产经营活动的一种支持保障活动。物流系统运作的对象是企业从事生产或/和服务活动的各种物料（包括产品、零部件、原材料等），通过对各种各样的物料有计划、有组织地进行配送和管理，达到降低成本、提高客户服务水平的目的。因此，企业的正常运营要按生产计划和生产节奏提供、运达各种生产物料，同时要将产成品不断运往需求地，这一过程正是依靠有效的物流管理来实现的。所以说，物流是企业本身必须从事的重要活动,要保证企业生产和服务过程各种活动的连续性和衔接性,物流的支持和保证作用是不可缺少的。

1.2.2 企业物流管理的分类

企业生产系统活动的基本结构是"投入—转换—产出"。相对于投入的是企业输入物流,或称内向物流、供应物流;相对于转换的是企业内生产物流或企业内转换物流;相对于产出的是企业输出物流、外向物流或分销物流;相对于废弃物回收、包装材料回收、退货等活动是回收物流或逆向物流。由此可见,物流渗透到了企业的各个生产环节和经营活动之中,如图1-5所示。

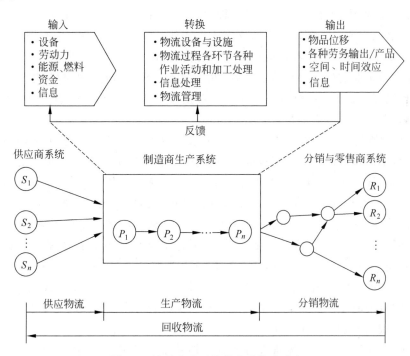

图1-5 涉及企业运作的几种物流形态

具体而言,企业物流包括以下几个方面的类别。

(1) 企业供应物流。即组织原料、辅料、外购件供应的物流活动。供应物流关注的是如何降低物料供应过程的成本,提高供应网络的有效性,选择最佳的供应方式,提高与供应商的合作伙伴关系等问题。

(2) 企业生产物流。即原料、辅料及外购件从企业仓库或企业"入口"进入生产流程,随着加工过程流过各个生产作业环节,直到生产过程结束,最后"流入"成品库或半成品库。生产物流研究的重点是减少物流时间,缩减生产周期,节约劳动力。

(3) 企业销售物流。即伴随销售活动,将产品所有权转给用户的物流活动。其特点是通过包装、送货、配送等一系列物流实现销售。重点研究产品的送货方式、包装水平、运输路线等,并采取各种诸如少批量、多批次、定时、定量配送等特殊的物流方式达到目的。

(4) 企业回收物流。企业在生产、供应、销售的活动中总会产生各种边角余料和废料,或者是客户的退货,或者是废旧物品的回收。如果回收物品处理不当,往往会影响整个生产环境,甚至影响产品的质量,占用很大空间,造成浪费。回收物流搞好了,一方面有利于环境保护,另一方面也可以提高资源的再利用,帮助企业降低原材料成本。

图 1-5 是站在供应链的角度描绘的企业运作过程中物流分类的示意图。从图 1-5 中不难看出,物流涉及生产过程的各个环节,每一个环节都会对企业整体竞争力产生很大的影响。图 1-5 所表示的也是一个闭环物流,这一系统对于提高资源利用率、减少排放与污染具有重要的意义。

1.2.3 企业生产物流的特点

如上所述,企业生产物流是伴随原料、辅料及外购件进入生产过程,经过加工或装配活动,直到产成品或半成品入库而发生的物流运作活动。在这一过程中,生产物流具体表现为各个工序、各个生产部门乃至与供应商之间的运输、搬运、装卸、包装、工位配送、在制品库存管理等活动。当企业的生产计划确定之后,生产物流管理的目标就是根据生产计划做好物料的供应、仓储、配送等工作,保证各个工序能够按计划开始其加工或其他作业活动。因此,生产物流具有以下几个方面的特点。

(1) 生产物流的组织与生产类型有密切关系。由于企业的生产类型不同(将在 1.3 节中详细讨论),生产物流的组织方式也就不同。这涉及物料的仓储方式、搬运方式及工序间的传送方式的差异。例如,在大量生产条件下,企业通常会采用连续的、机械化或自动化的传送方式,而在单件小批生产条件下,通常采用通用性强的搬运工具,如电动叉车。

(2) 生产物流与生产管理方式有密切关系。在后面的有关章节将看到,生产系统分为推动式和牵引式两种不同的运行机制,与之相适应的运作管理方法为基于制造资源计划(manufacturing resources planning, MRP Ⅱ)的系统和基于准时生产制(just-in-time, JIT)的系统。推动式的系统一般是按照计划完成物料的生产与补货,而牵引式系统则按照后道工序的实际需求准时生产和补充已消耗掉的库存。后者对物流的准时性要求很高,相应地,企业也必须有很高的物流管理水平。

(3) 生产物流与企业的物流管理方式有密切关系。过去,大多数企业采取自营物流的管理方式,每个企业都可能有自己的仓储和物料搬运及其他物流设施,有专门的部门从事企业生产物流的运作管理。但是,随着第三方物流企业的发展,现在已有越来越多的企业将生产物流业务外包给第三方物流企业。因此,自营还是外包,决定着企业具体的生产物流的运行特点。当然,外包不是撒手不管,而是要与第三方物流企业建立良好的合作管理机制,通过第三方物流企业实现快速、准时、低成本地完成生产物流的运行过程,在这种情况下,企业的物流部往往行使管理职能,而不是具体的物流业务职能。

(4) 生产物流与企业车间布置方式有密切关系。不同行业、不同生产类型的企业其设施布置也是不一样的。根据生产单位布置原则,目前常见的布置方式有工艺专业化式、对象专业化式、成组单元布置式及产品固定式等。不同的设施布置方式,影响着生产物流的运作组织方式。一般来说,按工艺专业化布置的企业,其物流设施一般选择通用性较强的工具,而按对象专业化布置的企业,其物流设施往往选择连续性和专业性比较强的。这几种布置方式在本书的后面都有详细讨论,此处不详细叙述。

除此之外,生产物流的运作还与供应链管理的水平有很大关系。

通过以上几个方面的论述,我们可以看出,企业的生产物流管理与具体的生产组织方式有着密切关系,因此,在规划企业的物流系统时,必须充分考虑这一特点,不能盲目照搬其他企业的经验。

1.2.4 物流管理在企业竞争中的作用

显而易见,抓好包括生产物流在内的企业物流管理,对于提高企业在市场上的竞争力具有十分重要的意义。从各种实际调查报告看,物流成本对企业运作绩效有很大的影响。物流成本在不同行业对企业效益的影响程度是不同的,但是,它们共同的特点是,对企业的绩效都有重要的影响。

一般来说,衡量企业竞争力和运作绩效常用的指标有客户订单响应周期、生产运作的总成本、库存水平、客户订单交付的可靠性以及对客户服务水平等。物流管理对这几个主要指标的影响都是很大的。

1. 物流管理对客户订单响应周期的影响

客户订单响应周期是对企业竞争力影响最大的因素之一。客户订单响应周期是指整个生产系统从接到客户订单到最终交货的时间间隔。有调查表明,在订单交付总的生产周期中,真正花在生产过程的时间不到总周期的 5%,剩余的 95% 都消耗在等待、存储、运输过程中,这不但使响应周期延长,而且还增加了成本。另据有关报道,欧洲一家日杂公司的经理说,其产品从渔场码头到工厂加工再到超级市场,要花 150d 的时间,而真正消耗在生产中的时间只有 45min。在对美国食品杂货业的一次调查中发现,麦片粥生产厂的产品从工厂到超级市场,途经一连串的分销商、批发商、集运人,居然要走上 104d。这些事实说明,物流过程管理水平的高低对客户订单响应周期的影响是巨大的。

2. 物流管理对企业总成本的影响

物流管理水平的高低反映在企业生产运作管理总成本上可以从物流费用占总费用的比例看出来。在发达国家,如美国和加拿大,物流费用占总费用的 9%~10%,而我国企业物流费用占总费用的比例要高达 20%~40%(注:不同的统计口径得到的数据可能不一样)。仅此一点,就足以说明物流管理水平对企业竞争力的影响了。根据美国研究人员对企业绩效的研究报道,每 1 美元中就有 0.85 美元流向仓储和运输过程,足以说明物流过程引起的费用之高。另据某些企业生产管理的实践经验,如果物流费用下降 0.1%,就相当于生产效率提高 10%,这是多么大的效益!这些数据都说明了物流过程组织对整个企业竞争力的影响。在我国企业,之所以物流成本占总成本的比例很高,与物流过程在整个企业管理中的组织水平很有关系。在生产过程中,由于各个环节之间的组织协调很差,导致各种零部件、产成品的运输时间、交货时间、到货时间不同步,有的很早就生产出来了,而有的却很晚才交货,从而影响整个装配进度。那些不能同步出产的零部件就形成等待库存,既消耗了时间,又占用了资金,增加了资金使用成本。

3. 物流管理对企业总库存水平的影响

低水平的物流管理对企业库存的影响,最典型的就是订货量在供应链(supply chain)上被逐级放大(bullwhip)。这一效应的结果是造成了供应链上各级的库存量越来越大,增加了库存成本,使供应链的总体竞争力下降。当然,造成"逐级放大效应"的原因是多种多样的,然而最终是反映在物流过程上,如果能提高物流管理水平,"逐级放大效应"就可以减弱乃至消除,供应链上的总的库存水平就会下降。

另外,提高物流管理水平不仅有助于消除或减少"逐级放大效应",而且有助于加快生产过程中物料的库存周转速度,从而降低各种与此相关的费用。

4. 物流管理对客户订单按期交付可靠性的影响

按期交付可靠性是对企业整体信誉的一种衡量,也是吸引客户的一种有力手段。按期交付可靠性高,就容易得到客户的信任,就会有源源不断的订货,反之则会逐渐失去现有客户。因此,按期交付可靠性也是影响企业整体竞争力的关键因素。在影响按期交付可靠性的因素中,物流管理是显而易见的关键因素。在实际经营中,往往由于物流组织落后,造成整个企业生产不能同步进行,一方面早生产出来的零部件等待进一步加工(装配),而另一方面又有不能按时完工零部件的缺货现象,最终影响产品的总装配,进而影响按时交货。因此,提高物流在同步制造中的作用,是提高客户订单交货可靠性的重要环节。

5. 物流管理对客户服务水平的影响

生产运作管理的核心是要向所有提出需求的客户提供及时且精确的产品。因此,客户服务质量是构成企业竞争力的关键要素之一。决定客户服务水平的一个最重要的业务领域,是被称为"配送渠道"的结构。由于物流过程的作业活动必须在任何时间、任何地点、跨越广阔的地域来进行,因此对服务质量的要求非常高,因为绝大多数物流作业是在监督者的视野之外进行的。由于不正确的物流作业导致重做客户订单所花的费用远比第一次就正确地履行客户订单所花费的费用多。因此,物流过程既是体现客户服务水平的主要组成部分,也是企业总成本的影响因素。毫不夸张地说,它是一个企业最终成败的业务战场。

由以上分析不难看出,对物流过程的管理水平的高低和物流能力的强弱,直接影响着企业的整体竞争力。但是,用传统的物流手段管理企业的物流过程是难以满足以上要求的,因而必须建立现代物流管理的理念,抓好企业物流管理。这已成为所有企业关注的焦点。

1.2.5 我国企业物流管理存在的主要问题

目前,我国企业在物流管理上存在的问题主要表现在以下几个方面。

(1) 企业物流组织结构不合理。过去,由于我国企业普遍存在着重生产、轻物流的现象,因此,我国大部分企业没有设置专业的物流管理部门,物流管理的职能可能由销售部门代行,也可能由生产部门完成。即使有的生产企业设立了仓储部门或运输部门,但这些部门没有与企业生产过程有机地整合在一起,而且这样的部门也没有办法担当起对企业整体物流活动进行统一管理的职责。所以,在组织结构上没有建立必要的管理机构来完成物流管理职能,使得我国企业物流管理水平低下。

(2) 物流管理观念和手段落后。有的企业虽然有物流管理部门,但是其管理观念和手段十分落后,基本上采用的是经验型、粗放型的管理方式。企业缺乏对物流网络的规划,没有一个能够支持整个企业供应链的物流网络,不管这一网络是企业自建的,还是外包给第三方物流企业的,都没有从整体上进行规划。对物流活动的管理,如运输路线选择、运输车辆调配等方面存在粗放、随意等问题,直接导致物流费用高的现象。例如,我国水产品企业都是采用原始的常温运输,在物流环节上损失率高达25%～30%,即1/4左右的水产品在物流环节被消耗掉了,而发达国家的损失率则控制在5%以下。

(3) 物流费用较高。企业的物流成本很大。在我国,有的企业仅仓储成本就可以占到产品总销售额的4%,有的生产企业因缺乏物流规划,每年花费在运输上的费用占物流总成本的比例高达80%以上,重生产、轻物流以及在物流活动过程中的粗放式管理造成巨大浪费。

(4) 库存管理水平低。目前国内有些生产企业在库存管理方面采用原始的产品码垛方式,没有实现产品存放的托盘化,或利用货架储存具有严格时效要求的产品,不同生产日期的产品混合堆码,给货物的先进先出造成很大的困难,每年因货物不能先进先出而造成的损失也是很惊人的。

(5) 信息共享性差。虽然信息化在我国企业中的推进产生很大的影响,也有很多企业在信息化方面取得了长足进展,但是,从整体上看,信息化水平还是很低的,尤其是企业之间的信息共享,由于观念、技术、管理等多方面因素的制约,远远低于发达国家的水平。这一局面带来的问题就是信息反应不及时、数据不一致、信息质量差,一旦遇到产品的销售淡季或销售旺季的波动,就会出现库存积压或缺货的现象,给企业整个物流系统的运作带来很大的影响。

(6) 缺乏与物流服务供应商的战略联盟意识。由于我国企业过去基本上采取"大而全"、"小而全"为主导的管理方式,在思想上存在着各自为战的想法,很少有人从战略的高度与第三方物流企业形成战略联盟关系,对第三方物流企业的作用认识不足,因此得不到第三方物流企业的全力支持与配合,降低了专业物流企业的效率,没有达到应达到的目标。

除了以上的各种问题外,还有运输可靠性、安全性差的问题,以及"多式联运"中的交叉转运衔接不利的问题等。

1.3 生产类型

生产类型是生产系统结构类型的简称,是产品的品种、产量、生产的专业化程度在企业生产系统的技术、组织、经济效果等方面的综合表现。不同的生产类型所对应的生产系统结构及其运行机制是不同的,相应的生产系统运行管理方法也不相同。作为一个管理者,首先应了解自己所经营的企业属于哪种类型,然后再根据生产类型的特点,选择最适宜的生产系统结构和最有效的运行管理机制。因此,认识生产类型是提高生产运作管理、生产物流管理的第一步,也是最重要的一步。

现实社会中的企业、行业种类甚多,如机械工业、电子工业、纺织工业、钢铁工业、医药工业、化工工业、石油工业、采掘工业、食品工业、零售业、餐饮业、物流服务业等。为了便于对企业进行研究,可按照不同的划分标准,将企业分为不同的生产类型。根据不同的生产类型,研究相应的管理方法,做到有的放矢。

1.3.1 制造业企业生产类型的划分

1. 按生产工艺特点划分的生产类型

根据生产对象在生产过程中的工艺特点,可以把企业分为连续型生产和离散型生产。在连续型生产过程中,物料均匀、连续地按一定工艺顺序运动,如化工(塑料、药品、肥皂、肥料等)、炼油、冶金、冲洗胶片等,都是连续型生产的典型例子。由于物料按一定流程连续不断地通过各个工序的生产,因此,又将连续型生产称为流程式生产。另一类产品,如汽车、柴油机、电视机、洗衣机等,产品是由离散的零部件装配而成的,零部件以各自的工艺过程通过各个生产环节,物料运动呈离散状态,因此将其称为离散型生产。因为这类制成品都是先加工出零部件,再将零部件装配成产品,所以又将其称为加工-装配式生产。

由于连续型生产与离散型生产的特点不同,致使生产运作管理的特点也不同。连续型生产的地理位置集中,生产过程自动化程度高,只要设备运转正常,工艺参数得到控制,就可以正常生产出合格产品,生产过程中的协调与协作任务少。离散型生产的地理位置分散,一个产品上不同的零部件可以在不同地区,甚至不同国家生产。由于零部件种类繁多,加工工艺多样化,又涉及多个单位、工人和设备,生产过程中极易出现等待、停顿、延误的现象,使得生产过程中协作关系十分复杂,计划、组织与控制的任务相当繁重,生产运作管理十分复杂。对离散型生产的管理一直是世界各国企业界和学术界研究的重点。

2. 按产品定位策略划分的生产类型

根据用户对产品的需求特性,按照产品定位策略可把生产类型分为备货型生产(make-to-stock,MTS)和订货型生产(make-to-order,MTO)。

备货型生产是企业在市场需求(现实需求和潜在需求)预测的基础上,有计划地进行产品开发和生产,生产出的产品不断补充成品库存,通过库存随时满足用户的需求。汽车、轴承、标准件、电冰箱、电视机等产品是典型的备货型生产。备货型生产企业的产品具有以下特点:由生产者进行产品的功能开发与设计;一般为标准产品或产品系列,且品种有限;产品价格由生产者根据市场情况事先确定;产品生产批量很大。备货型生产在管理上的重点是做好市场需求分析与预测、平衡生产能力与库存、控制好产品成本与质量、做好原材料的供应工作、向用户提供快速服务及保证现货供应。

订货型生产是企业根据用户订单组织产品的设计和生产,用户按自己的需要,可能在产品结构及性能方面提出各种各样的要求,经过双方协商,以合同的方式确定产品的品种、性能、数量及交货期等方面的内容,企业分别在设计、制造、装配、安装调试服务方面组织生产。船舶、汽轮机、特种汽车、特型服装等属于订货型生产。与备货型生产相比,订货型生产企业的产品完全按照用户订单生产,一般没有自己的标准产品;产品价格在订货时由双方商定;交货期是组织生产的重要依据。订货型生产在运作管理上的重点是做好接受订货决策,处理好交货期与生产能力之间的关系,生产系统要有较高的应变能力,随时满足不同用户的订货要求。这就要求不但设备要有通用性,而且还应该预先储备一部分原材料。但是,由于很难预测用户的订货情况,储备什么种类的材料、储备多大的数量,是一个很难确定的问题。没有一定的储备,不能尽快满足用户的交货期要求,很可能会失去市场机会。但储备量过大,又会造成资金积压,给企业带来一定的经济损失。

除了以上两种类型外,还有按订单开发(engineering-to-order,ETO)和按订单装配(assemble-to-order,ATO)两种扩展的类型。

3. 按产量策略划分的生产类型

根据产品生产的重复程度和工作地的专业化程度,可以把生产过程分为大量生产、单件生产和成批生产类型。所谓产品生产的重复程度,是指一个企业在一定时期内(如一年或一个季度)重复生产同一种产品的频率。一个企业若常年生产同一种产品,则说该企业的产品生产重复程度高,反之则生产重复程度低。工作地是劳动者从事劳动的场所,工作地专业化程度是指一个工作地的操作者从事同样操作内容的重复程度。若操作内容基本不变,则说该工作地的专业化程度高,若一个工作地的操作内容经常变换,则说该工作地专业化程度低。

1) 大量生产

大量生产(mass production),又可称重复性生产,生产的产品品种单一,产量大,产品生产重复程度高。美国福特汽车公司曾长达19年始终坚持生产T型车一个车型,是大量生产的典型例子。由于产品长期重复生产,在生产上有可能按每一种零部件编制详细的工艺规程,并且适合于采用高效自动化或半自动化专用设备,组织流水生产。虽然建造流水线的投资较高,但由于产量大,生产效率高,实际分摊到每一个零部件的费用却很低。因此,大量生产类型是一种生产经济性好的生产方式。大量生产源于美国福特汽车公司的创始人亨利·福特的"单一产品原理"。按"单一产品原理",福特从产品、机器设备到工人操作都实现了标准化,建立了固定节拍流水生产线,实现了高效率与低成本,使汽车进入平民百姓家庭,改变了美国人的生活方式,福特也因此而成为汽车大王。

大量生产的企业,由于同一种产品或类似产品生产量大,工艺过程固定,因此可以按加工对象布置车间的设备,实现流水生产。对大量生产,其生产管理的重点应是流水线的工程设计和生产计划制定。管理的主要内容包括如下几个方面。

(1) 组织流水作业。要制定稳定而长期的生产能力计划,满足企业对产能的需求。

(2) 制订周密的生产计划,保证流水生产的连续性。

(3) 保证原材料供应及时。

(4) 实行设备的计划修理,严格操作规程,确保产品质量。

2) 成批生产

成批生产(batch production),其特点是产品品种较多,每一种产品都有一定的产量,各种产品在计划期内成批轮番生产。"成批轮番生产"是成批生产与大量生产的主要区别。成批轮番生产的特点既表现在产品的生产安排上,也表现在工作地的作业方式上。从产品的生产安排上看,每种产品都是按一定批量分期分批生产,以满足用户对不同生产的需求,因而在产品之间形成了轮番交替生产,保持了在一定时间内连续而又定期重复生产的特点。从工作地的作业安排上看,由于品种较多,产量又不大,如果仅把一两种零部件固定在一个工作地上,就不可能保证有足够的工作量,因此,必须在一个工作地上安排较多种类的零部件。当由生产一种零部件转为生产另一种零部件时,就必须对设备进行调整。固定在某一工作地的零部件种类越多,调整设备所消耗的时间就越多,调整一次设备所生产的批量越小,调整的次数就越多。所以,合理地确定批量、组织好轮番生产是成批生产的管理重点。由于成批生产的产品品种较多,产量又不大,因此不能像大量生产那样广泛采用专用设备,只能根据技术要求部分地采用一些专用设备。属于成批生产的例子如机床厂、中小型电机厂等。

成批生产的管理工作比大量生产繁琐,其重点是如下几个方面。

(1) 车间布置以工艺原则为主,应尽量组成结构与工艺相似的零部件,采用成组加工,组成成组流水线。

(2) 制定经济合理的加工批量,力求生产总的费用(设备调整费与在制品库存费)最低,停顿等待时间最短。

(3) 合理分配生产能力,并留有余力。由于批量生产类型是多品种生产,同一设备或生产线承担多种任务,因此应切实掌握各工序和生产线的余力情况,充分利用生产能力,使余力达到最小值。减少人与设备的等待工作时间,促使在制品流动顺畅。

(4) 减少产品更换时的生产准备时间。包括设备调整时间、工夹具的更换时间、原材料供应时间等。

(5) 加强在制品控制。在成批生产中,轮番地进行多品种生产,同期在生产系统中生产的产品品种较多,如果控制不好,容易产生在生产系统中出现大量等待加工的零部件,造成过多的在制品。因此,这类生产类型的管理重点之一,就是牢牢控制住在制品。

3) 单件生产

单件生产(job shop),其特点是生产的产品品种繁多,每种产品生产数量很少,有时就是一件,生产重复程度很低。在单件生产中,产品专用件很多,标准件和通用件所占比重很小。为了适应多品种生产要求,通常只采用通用设备。由于工作地专业化程度很低,手工操作比重大,使得产品生产周期长,生产成本高,产品质量不易保证。单件生产的例子有船舶制造、重型机床及某些专用设备。

单件生产产品千差万别,产量与交货期也不一样,生产组织十分复杂。这种类型的生产系统通常按工艺原则布置生产设施,设备选用万能型的通用机床。另外,加工零件移动路线长,要求生产工人适应多工种操作,因此单件生产的管理重点有如下几个方面。

(1) 确定合理的交货期,保证如期交货。由于单件生产品种繁多,生产能力不易准确确定,因此销售部门应与生产部门及时互通信息,协商切实可行的交货期,如期交货,赢得用户的信任。

(2) 建立适应订货变动的生产体制,增加生产能力的柔性。单件生产订货的随机性很大,各时期任务不易平衡,因此要求企业对生产能力的调节作用较强,如计划留有余地,培养一专多能的工人,加强作业调度等。

(3) 提高零件的标准化与通用化水平。在产品设计中,产品零件的标准化与通用化水平应提高,简化作业类型;减少使用材料的品种,有利于物资供应工作。

按照不同的分类标准,可以将企业划分成不同的生产类型。

大量生产、成批生产、单件小批生产特点比较如表 1-3 所示。

表 1-3 大量生产、成批生产、单件小批生产特点比较

项 目	生产类型		
	大量生产	成批生产	单件小批生产
产品种类	在一定时间内,固定生产某一种或少数几种产品	产品品种有数十种以上	产品不固定
工作地专业化程度	每个工作地固定完成一两种零部件或工序,专业化程度高	每个工作地定期轮番生产,每个工作地专业化程度不高	每个工作地完成多种产品的生产,每个工作地专业化程度很低
设备及其布置	采用专用设备,设备按产品工艺过程布置	一部分设备按机群式布置,一部分设备按工艺过程布置	通用设备,按机群式布置
工艺装备	采用专用工装	部分采用专用工装,主要为通用工装	通用工装
生产对象移动方式	平行移动,少数用平行顺序移动	平行顺序移动	顺序移动
工艺过程的拟定	详细按每道工序拟定零部件的加工工艺,制定工序卡片	按零部件制定加工工艺,编制工艺过程卡	按每项订货任务拟定加工工艺
产品周期	短	较长	长
作业的弹性程度	小	较大	大
生产管理的重点	作业标准的制定	生产批量的制定,产品更换的生产准备工作	作业日常控制
产品生产的效率	高	较高	低
生产成本	低	较高	高

1.3.2 服务型企业生产类型的划分

1. 服务业的运作特点

如前所述,服务型生产的企业向用户提供以劳务为主的服务功能。这种输出特性决定了服务过程与制造过程的差异,也形成了服务型生产企业自己的特点。仿照制造生产类型的划分方法,我们可以根据一定的分类标准对服务型生产进行分类研究。

关于服务业的定义没有一个统一的标准,一般都是将产业划分为农业、制造业和服务业,位于农业与制造业之外的行业都可以归于服务业。例如,美国官方就是采用排除法来定义从事服务业的就业人数,即除农业与制造业之外的就业人数都是服务业的就业人数。典型的服务业包括饭店、餐饮、修理、娱乐、医院、工程设计、会计、法律、金融、房地产、批发零售、运输等。

但是随着社会的发展,上述三个产业的划分界限也越来越不明确,很多制造企业的服务性越来越强。例如电梯制造商很明显应该属于制造业,但目前很多电梯厂商的主要利润来源于电梯的安装、维修和配件供应等,因此又具备服务企业的基本特征。

服务主要是以提供服务为主,虽然有一些与产品直接接触,但更多的人都是从事接触产

品之外的工作,并且与顾客打交道是其与制造业的最主要区别。各种服务业之间也存在着很多的不同,例如提供有形产品的服务型企业(如快餐店)更接近于制造业的批量制造,而不提供有形产品的服务型企业(如理发店)则接近于制造业的个别定制。以下是服务业的一些共同特征。

(1) 与顾客的直接接触。传统制造业的生产过程顾客是看不到的,顾客只能看到放在商店样品陈列室里的成品;而服务业则是顾客作为参与者出现在服务过程中,因此要求企业必须注意服务设施的环境。

(2) 以提供服务为主。虽然有一些服务业也提供直接的产品,但这些产品只是提供服务的伴随物,人们真正需要的是传递过来的服务。例如病人在医院里出钱要买的是治疗而不是医院的设备(病床、药品等)、旅游时要买的是旅行服务而不是飞机以及飞机上的食品。因此判断一项服务的好坏,并不是取决于其附属的物质,而是主要取决于无形的服务,例如治疗的结果、服务态度的好坏等。

(3) 生产与消费的统一性。传统制造业的生产与消费是分离的,企业在自己的工厂生产产品,再通过各种途径销售到顾客的手上,生产企业与消费者在时间与地理上往往都是分离的。而服务型企业则完全不一样,服务往往生产出来之后,在同一场地提供给顾客,例如电梯的安装与维护、快餐店的快餐服务等;并且很多时候还是一边生产一边消费,在时间与地理上都是统一的,如顾客接受旅行服务、理发店的理发服务等。

(4) 不可存储性。制造型企业的生产管理的一个主要手段是生产库存,产品通过库存调节来适应需求的波动。由于服务的消费往往与生产同时发生,服务往往是无法存储的,其能力随时间而消失。产品通过库存,只要顾客需要,就可以满足;而服务则不具备这个特点,例如理发店的服务是完全不可能储备的;甚至有些与直接物质紧密联系的服务业也不能储备,如宾馆的床位,昨天的多余床位不可能拿到今天来使用,起飞的飞机上的空余座位永远不可能给航空公司带来任何收入。

(5) 竞争激烈。随着高科技的发展,制造业目前的投资越来越大,越来越向资金密集型发展。而服务型行业则正好相反,很多服务业的投资并不大,其所需要的资金并不多,其场地、设备、技术等要求并不高,因而其进入壁垒低。这样带来的竞争就会十分激烈。

(6) 劳动密集性。服务业一般都是属于劳动密集型行业,虽然有些行业正在试图以设备取代人工,但绝大部分都需要人员直接进行操作,特别是与顾客直接进行交流这个特点决定了服务业仍然是劳动密集型行业。

(7) 开放性。开放性体现在两个方面,其一是服务行业的前台直接向外,并且前台是服务业的重要部门;其二是服务业受技术进步、政策法规、能源价格等外部因素影响大,这些外部因素往往会改变一个服务企业的服务内容、服务提供方式及其规模和结构。例如管制的放宽以及信息技术的飞速发展已经使新型的金融服务项目大量涌现;我国加入WTO之后,最先对外放宽管制的行业将会出现大量的兼并破产企业。

2. 服务业的运作分类

按照服务型生产系统输出(提供)服务的过程中是否伴随着有形产品,可分为纯服务型生产和一般服务型生产。前者如咨询服务、教师讲课,后者如批发、零售、邮政、运输服务等。按照生产系统输出(提供)服务过程中顾客是否参与,可分为顾客参与的服务型生产和顾客不参与的服务型生产。前者如医生给病人看病、理发师给顾客理发等,后者如修理手表等。

表 1-4 列出了服务型生产分类举例。

表 1-4 服务型生产分类

提供有形产品和服务	提供纯服务	
邮政 图书馆 批发与零售 　　例：电视机 　　　　收音机 　　　　手表 　　　　空调	顾客不参与的服务 　例：设计建筑图 　　　城市规划 　　　汽车修理	顾客参与的服务 　例：医疗保健 　　　理发 　　　导游 　　　财务顾问 　　　法律顾问

1.3.3 服务业与制造业运作管理上的特点比较

按照服务内容的标准化和个性化程度，可以将服务型与制造型运作加以对比，从中可以发现其存在的共同点，如表 1-5 所示。

表 1-5 服务型生产与制造型生产特点比较

生 产 特 征	服务型生产	制造型生产
产量极低，生产周期很长的产品或服务	工程项目：计算机软件开发，筹备大型宴会，翻译著作	工程项目：桥梁建设，水坝建设
产量低，生产周期短的产品或服务	单件生产：汽车修理，医疗，邮政专递，包租汽车旅游	单件生产：造船，重型机床制造
批量生产	分组服务：安排飞机或汽车班次，举办音乐会	成批生产：在若干产品中轮番生产
大批量、离散型标准产品生产	标准服务：快餐供应，标准保险，干洗店，大宗商品批发、零售	大量生产：灯泡、汽车、电视机、电冰箱制造
连续型生产	（无直接比较）	流程生产：化工、石油、冶金、造纸

以上比较说明，很多在制造业企业行之有效的管理方法，也可以根据不同情况引用到服务型生产的管理上来，反之亦然。

由于服务型生产在国民经济中的地位越来越重要，提高服务型生产的效率也就日益引起人们的重视。但是，服务型生产的运作管理与制造型生产的运作管理相比还是有很大不同，突出表现在以下四个方面。

(1) 服务型生产的生产效率难以测量，因为服务型生产的输出是无形的。一个制造业企业可以统计每天出产的产品数量，而一个提供咨询服务的专家有时可能"一字值千金"，有时可能废话连篇，因此我们很难用一个咨询专家说了多少话来衡量其生产效率。

(2) 服务型生产的质量标准难以建立，服务质量难以评价。无形产品无法触摸，无法测量，因此没有办法建立一个标准的质量体系。

(3) 顾客参与是服务型生产的一个重要内容，有时顾客就是生产系统的一个组成部分（如自助式快餐），使得生产（服务）过程难以控制，因此，这种参与往往导致效率降低。

(4) 制造型生产可以通过增加或减少库存来处理由于需求变化引起的波动，但纯服务型生产则不能通过库存来调节供需之间的波动,因为服务产品是无形的。在现实社会中,服务型生产企业为了平衡供需之间的矛盾,通常采取的措施是尽量使需求平稳。例如,电信运营商在某一段时间内采取通信资费减半的策略,就是为减少通话高峰时期线路拥挤的现象,让用户都能享受良好的通信服务。

因此,产品是看得见而服务是无形的,所以服务系统的设计更侧重于消费者的感知性要素。由于服务的设计、生产与提供给用户是同时发生的,有些时候是不可逆的,因而几乎没有时间修改某些缺陷,因此,员工的培训、过程设计和用户关系是至关重要的。因为服务性产品不可能形成库存,这就要求有很好的柔性,服务能力设计也十分重要。服务对用户是高度透明的,某些服务很容易进入和退出,竞争者效仿非常容易,因而增加了警惕竞争对手的难度。选址是服务项目(产品)设计的重要内容,因此常将服务设计与选址联系在一起。

1.4 生产/运作管理的历史发展

作为一种活动,如果要追溯生产管理的历史,可以说自从有了生产活动,就有了对生产的管理。但是,把生产管理从经验性活动上升到科学管理的层次,则还是近代的事情。生产管理大致经历了以下几个阶段。

第一阶段形成于19世纪末、20世纪初。这一阶段以美国的泰勒(Frederick W. Taylor)为代表,倡导科学管理(scientific management)运动,并写出了《科学管理原理》这一奠基性管理巨著,将过去依赖经验进行的生产管理活动上升到科学的高度,使人们认识到了通过科学的管理活动,也可以采用先进技术为企业带来利润。与泰勒同时代的还有Frank Gilbreth和Lillian Gilbreth夫妇的工作研究(industrial psychology),Henry Ford创建的装配流水线(moving assembly line)的生产组织方式,Henry Gantt的作业计划与调度方法(甘特图),以及F. W. Harris提出的经济批量模型(economic order quantity),也就是后来著名的EOQ模型。EOQ模型的提出,将定量分析方法应用到了企业的生产管理中。

第二阶段在20世纪30年代。这一时期对生产管理理论与方法体系不断完善的贡献表现在两个主要方面。一是由于流水生产方式的发展,大批量生产逐渐成为许多企业采用的主要生产组织方式,随之而来的是如何提高质量控制水平。因为批量大,逐个检验既不经济,也不可能,于是Walter Shewhart和H. F. Dodge提出了质量控制(quality control)的方法,引入统计质量控制(SQC)的概念,采用抽样检验的方法解决了质量控制的经济性问题。二是由Elton Mayo在著名的霍桑试验(Hawthorne study)中建立的人际关系学,首次提出企业的工人不仅是经济人,而首先是社会人的观点,把对人性的认识提高了一步,为企业管理者如何调动人的积极性提供了理论指导。不过,到了20世纪40年代,人际关系学逐渐成为一个独立的分支。

第三阶段发生在20世纪40年代。这时的生产管理体系主要吸收了在第二次世界大战中创立的资源优化理论与方法,形成了运筹学(operations research)在企业生产组织过程中的应用体系,在Harris提出经济批量模型后又将定量分析方法向前推进了一大步。直到现在,这些方法还是人们研究与应用的重点。

第四阶段是1950—1960年这一发展时期。这一时期对于生产管理体系的建立具有历史性的影响。在此之前,生产管理体系包含许多方面的工作,因为那时的管理体系还不是十分完整,再加上企业的管理活动大都与生产有关,所以基本上认为那时的管理活动主要是生产管理方面的问题,虽然其间也出现了人际关系学说。但是,到了20世纪50—60年代,人际关系学、运筹学、质量管理学、设备管理等逐渐形成自己的一套体系,整个管理学科也逐渐成形,这时的生产管理成为管理学科体系中的一个分支。从那时起,生产管理的学科体系就基本确定下来了。

第五阶段是20世纪70年代。这一时期最大的特点,也是生产管理发展过程中一次本质上的飞跃——计算机开始进入企业的应用领域。最具代表性的人物就是IBM的Joseph Orlicky和Oliver Wight,他们在20世纪60年代中期将计算机技术用于编制企业物料需求计划,研究出了著名的物料需求计划(material requirements planning,MRP)系统,到70年代初的时候发展成闭环MRP,从此一发不可阻挡,成为当今计算机管理软件的奠基人。

这一时期对生产管理的贡献还表现在对服务质量与生产率(service quality and productivity)的关注上,典型的案例如McDonald的运作方式。人们开始关心服务业企业的运作管理问题,生产管理也变成了生产与运作管理(production and operations management)。

从20世纪80年代之后,进入了生产运作管理发展的第六阶段。由于信息技术的发展、经济全球化的趋势以及世界范围的市场竞争环境,使得企业更加关心生产的组织方式。这一时期出现在生产运作管理体系中的新的理论与方法包括:准时生产制(JIT)、全面质量管理(TQC)、工厂自动化(factory automation)、制造战略(manufacturing strategy paradigm)、同步制造(synchronous manufacturing)、精细生产(lean production)、业务流程重构(business process reengineering)、供应链管理(supply chain management)和电子化企业(electronic enterprise)等。

进入21世纪以后,生产运作管理发展特点表现在以下几个方面。
(1) 发展柔性供应链,实现产品/服务的大批量定制生产(mass customization)。
(2) 对全球性供应商、生产与分销网络的管理。
(3) 通过"服务性工厂"(service factory)创造新的竞争力。
(4) 从服务性企业获得更好的服务,如物流服务等。
(5) 构建基于时间的竞争(time-based competition)运作管理模式。

小结与讨论

本章主要介绍有关生产运作管理的概念、企业生产物流管理的基本内容、生产类型的划分等内容。生产与服务是人类社会发展的基本活动,人类生存所需要的衣、食、住、行等物质资源只能通过生产活动获得。但与此同时,生产活动也是一种消耗资源的过程。生产系统必须从外界获得输入的资源,经过加工转换活动,才能产生向外界输出的成果。因此,如何以最少的资源消耗换取最大的产出,是企业管理中的一个核心问题。本章虽然只是介绍一些基本的概念,但却是我们进入生产运作和生产物流管理领域的基础,掌握好这些概念对于深入领会生产运作管理的本质具有重要的作用。

思考题

1. 试述生产系统的基本结构。
2. 生产管理的基本内容包括哪些？
3. 生产管理的目的是什么？
4. 生产类型有哪几种划分方法？
5. 分析按产量划分的三种生产类型的特点。
6. 服务业的运作管理与制造业的运作管理有哪些不同之处？
7. 什么是物流管理？什么是生产物流管理？物流管理对企业竞争力提高的贡献体现在什么地方？
8. 我国企业物流管理存在哪些主要问题？
9. 请阅读近期发表的关于生产运作管理的文献，并预测未来生产运作管理发展的趋势。

案例　F 汽车有限公司的供应链运作管理

为了在竞争日益激烈的环境下获得竞争优势，F 汽车有限公司构造了先进的生产运作系统——供应链及其管理体系，取得了当年组建、当年获利的好成绩。

1. F 公司的供应链系统

F 公司的供应链结构示意图如图 1-6 所示。

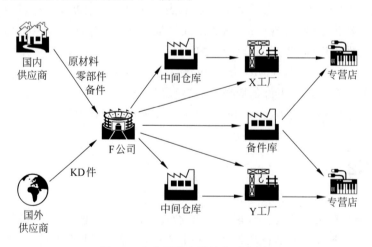

图 1-6　F 公司供应链结构示意图

在 F 公司供应链中，核心企业 F 公司的总部设在深圳，生产基地设在湖北的 Y 市、广东的 H 和 F 市。"两地生产、委托加工"的供应链组织结构模式使得公司组织结构既灵活又科学。F 公司供应链中所有企业得以有效的连接起来形成一体化的供应链，并和从原材料到向顾客按时交货的信息流相协调。同时,在所有供应链成员之中建立起了合作伙伴型的业务关系,促进了供应链活动的协调进行。

在 F 公司供应链中,F 公司通过自己所处的核心地位,对整个供应链的运行进行信息流和物流的协调,各节点企业(供应商、中间仓库、工厂、专营店)在需求信息的驱动下,通过供应链的职能分工与合作(供应、库存、生产、分销等),以资金流、物流或/和服务流为媒介,实现整个 F 公司供应链不断增值。

2. F 公司供应链的运作管理策略

F 公司供应链在结构上具有层次性、双向性、多级性、动态性和跨地域性等特点,在运作管理上涉及生产设计部门、计划与控制部门、采购与市场营销部门等多个业务实体,因此在对供应链运作管理过程中存在较大的难度。面对如此复杂的供应链系统,如何选择恰当的运作管理策略是非常重要的。

1) 供应链核心企业的选址战略

F 公司供应链中的核心企业设在广东的深圳,这是因为深圳有优惠的税收政策和发育的资本市场,并且可为今后的增资扩股、发行企业债券等提供财力支援。此外,在便利的口岸、交通、技术引进及资讯等方面,具有无可替代的地理优势。这些都是构成 F 公司供应链核心竞争力的重要因素。而位于湖北的 Y 市工厂有资金、管理及技术资源的优势,广东 H 市具有整车组装能力,这样就形成了以深圳作为供应链中销售、财务、技术、服务及管理的枢纽,而将整车装配等生产过程放在 Y 和 H 市,又以 Y 和 H 市为中心联结起众多的上游供应商,从而可以集中公司的核心竞争力完成销售、采购等核心业务,在整个供应链中就像扁担一样扛起了 Y、H 市两大生产基地。

2) 业务外包战略

F 公司"总体规划、分期吸纳、优化组合"的方式很好地体现了当代管理中的业务外包(outsourcing)及扩展企业(extended corporation)思想。这种组合的优势体现在充分利用国际大平台的制造基础,根据市场需求的变化选择新的产品,可以最大限度降低基建投资及缩短生产准备期,同时还可以共享销售网络和市场,共同摊销研发成本、生产成本和物流成本,从而减少了企业整体运行的总成本,最后确保 F 公司能生产出最具个性化、最适合中国国情的中高档轿车,同时还具有最强的竞争力。

3) 全球性资源优化配置

F 公司的技术引进战略以及 KD 件的采购战略体现了全球资源优化配置的思想。F 公司大部分的整车设计技术是由日产和中国台湾裕隆提供的,而采购则包括了 KD 件的国外进口采购和零部件的国内采购,整车装配是在国内的 H 和 Y 市两个不同地方进行,销售也是在国内不同地区的专营店进行,这就实现了从国内资源整合到全球资源优化配置的供应链管理,大大增强了整个供应链的竞争能力。

4) 供应商管理库存的管理方式

在 F 公司供应链的运作模式中,很值得学习和借鉴的就是其供应商管理库存(vendor managed inventory,VMI)的思想。F 公司的 VMI 管理策略和模式,通过与 F 公司的供应商之间建立战略性长期合作伙伴关系,打破了传统的各自为政的库存管理模式,体现了供应链的集成化管理和"双赢"思想,能更好地适应市场化的要求。例如,在 F 公司的采购过程中每 6 个月与供应商签订一个开口合同或者闭口合同,在每个月初告诉供应商每个月的要货计划,然后供应商根据这个要货计划安排自己的生产,将产品运送到F公司的中间仓库,而F公司的装配厂只需要按照生产计划凭领料单按时到中间仓库提取产品即可,库存的消耗信息由供应商采集并及时做出补充库存的决策,实现了准时化供货,节约了库存成本,为提高整个供应链的竞争力作出了贡献。

5) 战略联盟的合作意识

F公司通过业务外包的资源整合,实现了强强联合,达到了共赢的目的。通过利用全球采购供应资源和产品开发技术,以及国内第三方物流公司的优势,不仅F公司获得了投资仅一年就获利的良好开端,而且也为H市工厂、Y市工厂,以及两地中间仓库和供应商带来了巨大商机,使所有的企业都能在F公司供应链中得到好的发展。F公司供应链中的合作企业都已经认识到,它们已经构成了相互依存的联合体,各方都十分珍惜这种合作伙伴关系,都培育出了与合作结成长期战略联盟的意识。可以说,这种意识才是F公司供应链真正的价值。

3. F公司供应链的运作管理的启示

通过供应链系统,F公司建立了自己的竞争优势:通过与供应商、H市工厂、Y市工厂等企业建立战略合作伙伴关系,优化了供应链上成员间的协同运作管理模式,实现了合作伙伴企业之间的信息共享,促进了物流通畅,提高了客户反应速度,创造了竞争中的时间和空间优势;通过设立中间仓库,实现了准时化采购,从而减少了各个环节上的库存量,避免了许多不必要的库存成本消耗;通过在全球范围内优化合作,各个节点企业将资源集中于核心业务,充分发挥其专业优势和核心能力,最大限度地减少了产品开发、生产、分销、服务的时间和空间距离,实现对客户需求的快速有效反应,大幅度缩短订货的提前期;通过战略合作充分发挥链上企业的核心竞争力,实现优势互补和资源共享,共生出更强的整体核心竞争能力与竞争优势。

问题:

1. 从运作管理的角度看,F公司目前的运作管理模式是如何实现生产运作管理的目标的?

2. F公司的运作管理模式还需要从哪些方面做进一步的改进?

第 2 章 运作战略与物流管理策略

在了解了生产运作和物流管理的基本概念和相关内容基础之上,接着应该重点考虑企业生产运作及物流管理的战略决策问题。生产运作及物流管理战略在企业经营中的作用应该十分清楚,它是决定企业采用什么方式进行其产品生产或提供服务的。不同的运作战略决定不同的资源配置,带来的最终结果当然也是不一样的。选择正确的运作战略,是企业决策者必须面对的一个非常重要的问题。本章首先介绍企业所面临的竞争环境特点,从而了解在运作管理中必须将制定运作战略放在首位的必要性;其次,重点介绍制定运作战略的基本要点、方法等内容;最后,将运作战略与生产过程设计联系起来,讨论以实现运作战略为主要目标的生产运作过程设计、生产单位的专业化形式以及加工对象在生产过程中的移动策略。

2.1 运 作 战 略

虽然美国哈佛大学的阿勃纳斯教授早在 20 世纪 80 年代初期就提出过生产战略范式,但并没有引起美国人的足够重视。直到 20 世纪 90 年代以后,当日本的商品占据美国市场领先地位的时候,美国人才真正意识到问题的严重性,发出了要在 20 世纪末重新夺回美国在世界制造业的霸主地位的呼吁,生产运作战略的问题才引起了企业家和学者们的广泛关注,并将其纳入企业经营战略体系。常言道,"人无远虑,必有近忧",不注重运作战略的企业,必然会在不断更新的市场竞争的环境下被淘汰出局。现实教育了人们,如今,国内外的企业界和学术界都已认识到这一问题的重要性,开始重新审视企业内部生产系统及其管理理论,并形成了企业的运作战略体系。

2.1.1 全球竞争环境的变化

企业运作战略的提出与发展,与全球竞争环境的变化密切相关,因此,本章先从竞争环境的变化谈起。

近些年来,世界经济一体化的趋势越来越明显,这为各国企业家提供了在全球范围内施展才华的好机会。同时也必须认识到,这种变化的后面是越来越激烈的竞争,而且新形式下的竞争又有许多不同于以往的特点。

(1) 市场竞争国际化。当今世界,和平与发展依然是主流。在这一发展趋势影响下,许多国家都抓住这一良机发展本国经济,使世界范围内的进出口贸易越来越活跃,为市场竞争国际化提供了生存的土壤。另外,先进的通信、交通技术和世界贸易政策的改善,为市场竞争国际化提供了技术支持和政策保证。例如,越来越多的外国商人在中国设立了独资或合资企业，而我国也有越来越多的企业在其他国家设立自己的分支机构，经营无国界的趋势越来越明显。

（2）全球制造。全球制造和过去的跨国公司经营有所不同。跨国公司为占领某一市场，要设立健全的生产、经营、财务、人事等完整的企业组织。全球制造是近几年出现的新事物。其主要特征是，在 A 国采购原材料，送到 B 国去加工成零部件，然后运到 C 国装配，最后销往 D 国和其他地区。例如，福特汽车公司的 Festiva 车由美国人设计，在日本的马自达生产发动机，由韩国的制造厂生产其他零部件和装配，最后再在美国市场上销售。制造商这样做的目的显然是追求低成本、高质量，最终目的是提高自己的竞争能力。一个企业的生产成本越低，加工质量越好，在全球制造中越有竞争力，越有可能成为全球制造链上的一环。

（3）信息技术的应用。以计算机及其他信息技术为基础的新信息技术在企业中的应用是 20 世纪的主要特色之一，这一特色在 21 世纪得到了进一步的发展。例如，计算机辅助设计、计算机辅助制造、柔性制造系统、自动条码识别系统、RFID（无线射频识别）等，在世界各国的生产和服务中得到广泛应用。虽然信息技术应用的初始投资很高，但它会带来许多竞争上的优势。信息技术的应用不仅仅在于节省人力，降低劳动成本，而更重要的是提高了产品和服务质量，降低了废品和材料损失，缩短了对用户需求的响应时间。由于可以在很短时间内就把新产品或服务推向市场，使企业赢得时间上的竞争优势，因此信息技术的应用在当今的竞争环境下具有特别重要的意义。

（4）制造资源短缺。原材料、技术工人、能源、淡水资源、资金及其他资源越来越少，各种资源的短缺对企业的生产形成很大的制约，而且这种影响在将来会越加严重。在市场需求变化莫测、制造资源日益短缺的情况下，企业如何取得长久的经济效益，是企业制定战略时必须考虑的问题。

（5）生态平衡与环境保护。为了满足可持续发展的需要，各国政府在促进经济发展的同时，都将环保问题纳入发展战略，相继制定出各种各样的政策法规，以约束本国及外国企业的经营行为。这一变化对企业的生产战略有直接影响。在生产系统设计和生产技术选择上，企业必须首先了解国家鼓励什么，限制什么，禁止什么，因为生产战略稍有失误，就会给企业带来致命影响。

此外，还有金融、就业及其他社会问题对企业发展战略的影响，要在这样的环境下获得生存和发展，企业必须有明确的运作战略。

2.1.2 运作战略的含义

1. 运作战略

首先应了解何为战略。战略（strategy）是源于军事上的术语，一般是指依据国际、国内形势和敌对双方政治、经济、军事、科学技术、地理等因素来策划赢得战争胜利的全局性行动方针。

战略的概念现在用途很广，一般泛指重大的、带全局性的或决定全局的谋划。任何一个组织都应该有其发展战略。

运作战略（operations strategy），曾经也被称为生产战略（production strategy），是指企业在其经营战略的总体规划下，决定选择什么样的生产系统、确定什么样的管理方式来达到企业的整体经营目标的、对运作系统的整体谋划。现在讲的运作战略不仅包括企业的生产管理战略，也包括与生产或服务配套的物流运作战略。

具体地说，运作战略就是要决定企业在产品/服务、生产过程、生产方法、制造资源、质量、成本、生产周期、生产计划、企业物流模式等方面的行动方案的选择。

企业经营战略是全局性的战略，而运作战略是职能战略，其关系如图2-1所示。

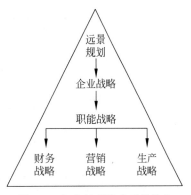

图 2-1 企业经营战略系统结构

2. 运作战略的主要内容

在图2-1所表示的概念中，远景发展规划确定了企业选择什么样的用户群和市场面，企业经营的宗旨及其生存、发展、赢利的长远目标。企业战略是从整个企业所处的市场环境、社会文化背景及政治局势出发而制定的包括企业所有职能部门在内的实现企业远景规划的方案及实施策略的长期计划。运作战略则是一种职能部门的战略，它制定出实现企业战略的产品（有形产品及服务）方案，确定构造符合企业战略的生产运作系统，以及实现企业战略的一系列决策规划内容和程序。具体地说，运作战略的制定应包含以下内容。

（1）产品或服务的选择——对象决策。每一种产品和服务的特征都直接影响生产运作决策，产品或服务对象设计完成后，所有结构上的细节特征也就随之确定下来了。

（2）厂址（或零售门店）选择——企业生产/服务网络的布局决策。从价值链增值观点出发，以供应链管理为基点，确定最适宜的企业生产运作系统。

（3）产品/服务-流程矩阵——生产类型和流程决策。确定构造何种类型的生产运作系统、需要开发什么样的产品生产技术和工艺流程，以及生产产品或提供服务所应遵循的作业流程等具体内容。

（4）物流系统规划与布置（仓库、配送中心）——（实物/服务）过程组织决策。它又包括：①企业内部物流系统（生产物流）设置与加工对象移动方式决策；②企业间物流系统（供应物流、分销物流）的设计与优化。

运作战略一直是企业经营战略的前沿，并且是成功实施企业战略的基础。我们经常会发现，没有运作战略的指导，企业经营的业绩将迅速下降。

2.2 运作战略的制定

2.2.1 价值链分析

企业在制定其运作战略时，首先要做的一件事，就是必须认识到如何构造自己的价值链（value chain）。价值链这一概念是由美国著名经济学家迈克尔·波特首先提出来的，其含义是指企业从创建到投产经营所经历的一系列环节和活动。迈克尔·波特的企业价值链如图2-2所示。

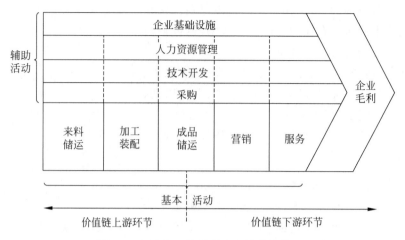

图 2-2 迈克尔·波特的企业价值链模型

企业的生产经营活动可以从两个方面进行考察。第一个方面,是为企业经营活动的正常开展所提供的管理支持和运营保障,如企业的组织机构建设、管理制度完善、人力资源管理理与配置、技术资源的配置、企业信息化管理系统的建设等。第二个方面,是生产经营活动中各个专项管理活动,如销售管理、采购管理、生产管理、物流管理、财务管理等具体业务的管理环节。

企业生产经营活动的两个方面整合起来,就构成了企业的价值链系统。了解企业价值链运行质量,找出存在的问题并从根本上加以解决,是每一个企业管理人员的首要工作。但是,目前许多企业管理人员却对此缺乏清楚的认识,结果是老问题未解决新问题又不断,忙忙碌碌但劳而无功。归结其原因,主要是缺乏对企业管理的整体思维。企业经常陷入具体运作环节的管理和事务性工作,根本无法从宏观上对运作管理进行全面的分析,大量精力耗费在烦琐的协调工作之中,问题此起彼伏,难以根治。

从企业价值链系统的概念出发,我们可以,也应该将价值链的观点再向企业外部扩展,因为当今企业的价值链早已不是单个企业的问题了。它与企业的所有合作伙伴都有着重要关系,实际上这就是供应链管理(supply chain management),如图 2-3 所示。制定运作战略也必须从供应链运作的角度来考虑。有关供应链管理的内容将在后面章节作进一步介绍。

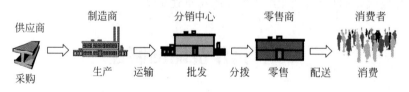

图 2-3 供应链构成示意图

2.2.2 制定运作战略的影响因素

运作战略的制定,实质上就是协调企业的市场战略、企业所拥有的资源和希望达到绩效目标之间的关系。这就是说,要考虑到来自三个方面的影响因素,以期达到相互协调的目的。其中，运作资源要素与实现绩效目标之间的协调是为实现企业经营战略目标服务的。

1. 企业的经营战略及市场定位

一个企业选择什么样的运作战略，首先与其整体经营战略及市场定位有关。企业是选择标准产品的大批量生产策略还是选择个性化生产策略，都在不同程度上影响着企业选择什么样的生产和物流系统，进而决定了选择什么样的运作战略。

2. 企业拥有的运作资源要素

在传统的生产运作管理体系中，运作战略一般只考虑本企业的资源配置问题，而在 21 世纪的竞争环境下，特别是随着供应链管理理论与实践的发展，现在的运作战略不仅要优化企业的内部资源与市场需求的协调，还要优化与企业外部资源即合作伙伴之间的协调。这包括以下几个方面。

（1）企业所具有的产能。企业产能是指一个企业在一定的技术组织条件下所能达到的最大产出水平（产品或服务），通常以单位时间的产出量来度量。与能力有关的运作战略涉及三个方面的问题。一是在一定时期内企业用于生产或（和）服务的固定资产的规模和使用效率，固定资产的规模和使用效率决定了一个企业的产出水平。二是企业的现有能力在整个运作系统中是如何配置的，包括总的能力水平、如何在各个环节进行配置等方面的问题。三是企业的固定资产所形成的能力在未来一段时间内是否发生变化以及如何变化等。

（2）生产流程方式。根据企业生产类型选择合适的生产流程方式，是制定运作战略时的主要工作之一。主要涉及产品制造或提供服务时采用的生产流程，如工厂里的设备布置、生产工艺流程的选择、信息支持技术等方面的内容。

（3）供应链网络。供应链网络包括企业内部的生产网络，也包括企业与企业之间的供应网络和分销网络，亦即供应链网络包括供应商、分销商、零售商和物流服务提供商在内的各种类型的合作伙伴。企业的运作战略就是解决好与这些合作伙伴之间的供应链优化运行问题，选择能够使整个供应链上的收益最大的业务流程方式。

3. 企业"外包-自营"决策

随着社会专业化分工越来越细、服务越来越专业，现在越来越多的企业将有限的资源集中于核心业务，纷纷将非核心业务外包给更专业的企业，通过与这些企业结成合作伙伴关系，共同提高企业的整体竞争力。因此，在决定采用什么样的运作战略时，必须确定哪些业务是本企业承担的，哪些业务是外包给其他企业的。不同程度的外包策略导致不同的生产系统构成。

4. 企业外部的市场环境

企业面临的市场环境也在随着时代的不同而不断演变。进入 21 世纪，企业面临的是互联时代的市场环境。在互联时代，信息技术、智能终端、电子商务平台、线上线下整合（O2O）、快递物流等，都在改变着消费者对企业产品或服务的需求，因此，企业制定其运作战略时，也必须特别关注市场环境的变化，不能用从前的管理经验处理今天的竞争问题。

5. 市场竞争绩效目标的影响

这些目标包括如下几个方面。

（1）成本。以尽可能低的成本为客户提供优质的产品/服务。

（2）质量。以一致的、可靠的方式为客户提供高质量的产品/服务。

（3）可靠性。在这里，可靠性是指信守合同的承诺，即在许诺的时间内将货物送到客户手中的能力。订单交付可靠性对于客户来讲是非常重要的，只有上游交付的可靠性高，才能保证整个供应链的可靠性。

（4）柔性。指快速、低成本地从提供一种产品/服务转换为提供另一种产品/服务的能力。生产运作系统的柔性是其响应性的基础。只有具有较高的柔性，才有可能具备较高的响应性。一般来说，柔性可以再分为范围柔性——一个企业可以在多大范围内改变其服务内容，响应柔性——一个企业可以多快地改变服务内容。

（5）速度（时间）。根据一般的理解，速度（时间）是指完成用户订单所消耗的时间。这个时间越短，说明企业对市场需求反应速度越快。这一点在当今竞争环境下具有十分重要的作用。例如，消费者在电子商务平台上网购之后，最看重的就是配送的速度，有时对配送速度的追求甚至超过对产品的要求。

以上几个绩效指标之间是密不可分的统一体，管理人员要通过统一的权衡，找到最有利于增强企业整体竞争力的指标组合，过度强调任何一个指标而忽视其他指标都是不可取的。

根据以上几个方面的叙述，可以将运作战略的决策影响因素表示为如图2-4所示的结构框架。

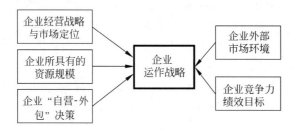

图2-4 运作战略影响因素示意图

2.2.3 制定运作战略的基点

不同时期、不同企业在制定其运作战略时都有不同的考虑。企业根据自身的资源构成及市场竞争战略确定其运作战略的优先权的工作可称之为制定运作战略的出发点，或称基点。下面介绍几种常见的制定运作战略的基点。

1. 基于成本的竞争战略（cost based strategy）

基于成本的竞争战略就是人们常说的低成本战略。这在进入一个新的市场的初期比较有效，可以依靠低成本进入市场，但是能否长期坚持，则要慎重考虑企业的长期发展战略及与之相应的运作管理模式。

2. 基于质量的竞争战略（quality based strategy）

"质量就是生命"，这样的标语在很多企业随处可见。这说明质量是企业在市场竞争中生存的基础。在制定运作战略时，将质量作为形成企业竞争力的核心地位，其他管理活动都围绕这一核心来开展，就构成了基于质量的竞争战略。

3. 基于柔性的竞争战略(flexibility based strategy)

自20世纪70年代以来,世界市场发生了很大变化,科学技术的发展和社会需求的多样化相互作用、相互促进,使过去传统的相对稳定的市场变成动态多变的市场。具体表现在:产品生命周期越来越短;从基础研究到应用研究和实用化的时间越来越短;产品型号和规格越来越多,过去标准化的东西现在也做不到标准化了。面对这种形式,靠过去那种单一品种的大量生产创造经济奇迹的时代已经过去了,取而代之的是以多品种中小批量生产为特征的生产方式。据统计,工业企业中有75%~80%的企业属于多品种中小批量生产类型。

多品种中小批量生产具有如下几个特征。

(1) 产品品种多样性。产品品种多,生产批量小,且交货期各不相同。

(2) 生产过程的多样性。由于产品品种不同,所以从毛坯到制成品的生产过程多种多样,且时常相互交叉。

(3) 能力需求不平衡。由于各品种产品的需要量不同,需要时间不同,出现了一些设备负荷不足,而另一些设备能力又不够的现象。

(4) 不确定性因素多。经常出现各种不可预料的情况,如订货产品的规格、数量和交货期的改变,外购件不能按期到达等情况。

(5) 生产计划与控制难度大。由于订货产品的规格、数量和交货期经常变化,生产过程及物流过程复杂,使生产组织和计划难度很大。环境的不确定性带来了生产实施的不可控因素多,例外管理成分高,难以取得较高的管理效益。

由于多品种中小批量生产的这些特点,传统上只能采用工艺专业化的生产方式,不能同时兼顾适应性与效率,出现了人们常说的生产运作管理上的悖论。为了解决生产运作管理上的悖论问题,人们进行了艰苦的探索,提出了柔性理论。

生产系统的柔性,就是生产系统以最短的时间、最低的成本从生产一种产品快捷地转换为生产另一种产品的能力。当生产系统从生产一种产品转为生产另一种产品的时间短得可以忽略不计,多品种中小批量生产也可以取得大量流水生产的效果。

生产系统的柔性意味着效率与适应性的统一。如果只谈适应性,工艺专业化形式的系统具有很高的适应加工对象变化的能力,但是它的转换时间花得太多,失去了效率;如果只谈效率,大量流水生产方式的效率最高,但是它基本上没有适应性。而柔性则是要使多品种中小批量生产达到大量流水生产方式的效率,达到效率与适应性的统一。因此,提高生产系统的柔性是21世纪的企业关注的主要问题之一,成为一种运作战略的核心理论。

4. 基于核心业务的竞争战略(core competence based strategy)

制定运作战略的核心内容之一,就是核心竞争力的分析与运用。随着全球性的竞争不断加剧,企业能否生存下去与其所具有的核心竞争力有关。为了强化企业的核心业务,很多企业采取了将非核心业务外包的策略,而将有限的资源用于加强核心业务的竞争力。在制定运作战略时,往往会考虑如何选择外包的合作伙伴,如何提高核心业务的竞争力等方面的问题。这一战略又可称为基于外包的战略。

5. 基于生产集成化方式的竞争战略(production integration based strategy)

生产集成化方式涉及两个方面的选择:当决定生产某个产品后,构成这个产品的全部生产过程是都集中在企业内部,还是将其中一部分委托给其他企业,这决定着对制造(服务)

资源的整合程度。也就是说,如果产品生产阶段很多,或者产品是由多种独立零部件构成的话,企业究竟从哪一阶段开始直接生产? 或者,企业到底应该从事哪部分的直接生产而将其他业务外包出去? 这些都是制定运作战略中的重要问题。生产集成化方式可以归纳为以下三种类型。

(1) 纵向集成(vertical integration)模式。当产品是由比较独立的多种零部件装配而成时,企业从事相当大一部分零部件的直接生产,或者由企业承担一个产品的绝大部分乃至全部制造活动,或者更一般地说企业的"自制"比例很高,就是所谓的纵向集成模式。传统的"大而全"、"小而全"是典型的纵向集成模式。

(2) 横向集成(horizontal integration)模式。横向集成,就是把生产中的大部分零部件或者相关业务委托给其他企业去做,自己集中精力做好具有关键性的业务。采用这一战略的优点是:一是避免自己投资带来的时间过长的问题;二是可以分散风险;三是有利于构成范围更广泛的虚拟企业。但是,这种战略也有问题,由于地域分散,企业关系不同,因而协调与管理的难度很大。

(3) 混合集成(mixed integration)模式。现实企业的生产集成方式往往会综合考虑纵向集成和横向集成的结合方式,选择最有利于企业的集成化程度。

6. 基于时间的竞争战略(time based competition strategy)

时间要素对竞争力的贡献日益明显,所以新的运作战略往往将其作为主要的战略要素来考虑。基于时间的竞争战略重点考虑响应速度。

2.3 生产过程设计

生产过程设计(production process design),或称生产流程设计,是运作战略决策中一个十分重要的内容。制造业生产过程就是原材料—零件—部件—产品的加工装配过程,服务业的生产过程主要是完成一项服务的业务流程。生产过程设计就是根据产品或服务的构成特点,详细描述生产过程的具体步骤。生产过程设计决定着生产系统的空间布置及运行中物料流的连续性。因此,生产过程设计是合理选择运作战略的关键环节。

2.3.1 生产过程分类

根据生产类型以及物流组织方式的不同,生产过程有三种基本类型:按产品组织的生产过程、按加工路线组织的生产过程和按项目组织的生产过程。下面做一简要介绍。

1. 按产品(product-focused)组织的生产过程

按产品组织的生产过程就是以产品或提供的服务为对象,按照生产产品或提供服务的生产要求,组织相应的生产设备或设施,形成流水般的连续生产,又称为流水线生产。流水线生产方式在离散型企业中应用很广,例如汽车装配线、电视机装配线、手机装配线等,都是典型的流水线生产。连续型企业的生产一般都是按产品来组织生产过程的。由于是以产品为对象来组织生产过程,所以又称为对象专业化形式。这种形式适用于大批量生产类型。

2. 按加工路线（process-focused）组织的生产过程

对于多品种生产或服务情况，每一种产品的工艺路线都可能不同，因而不能像流水作业那样以产品为对象组织生产过程，只能以所要完成的加工工艺内容为依据来构成生产过程，而不管是何种产品或服务对象。设备与人力按工艺内容组织成一个个不同的生产单位，每一个生产单位只完成相同或相似工艺内容的加工任务，国外企业称之为 job shop。不同的产品有不同的加工路线，它们流经的生产单位取决于产品本身的工艺过程，因而又叫工艺专业化形式。这种形式适用于多品种中小批量或单件生产类型。

3. 按项目（project）组织的生产过程

对有些任务，如开发一种新产品、拍一部电影、组织一场音乐会、盖一座大楼等，每一项任务基本上都没有重复。因此，对每一新项目，都按其所具有的特定工序或作业环节来组织生产过程，有些工序可以并行作业，有些工序又必须顺序作业。

以上三种生产过程的特征比较列于表 2-1 中。

表 2-1 不同生产过程特征比较

特征标记	对象专业化	工艺专业化	项目型
产品			
订货类型	批量较大	成批生产	单件、单项定制
产品流程	流水型	跳跃型	无
产品变化程度	低	高	很高
市场类型	大批量	顾客化生产	单一化生产
产量	高	中等或很小	单件生产
劳动者			
技能要求	低	高	高
任务类型	重复性	没有固定形式	没有固定形式
工资	低	高	高
资本			
投资	高	中等	低
库存	低	高	中等
设备	专用设备	通用设备	通用设备
目标			
柔性	低	中等	高
成本	低	中等	高
质量	均匀一致	变化更多	变化更多
按期交货程度	高	中等	低
计划与控制			
生产控制	容易	困难	困难
质量控制	容易	困难	困难
库存控制	容易	困难	困难

2.3.2 产品-过程矩阵

生产过程设计一个重要内容就是要使生产系统的组织与市场需求相适应。生产过程的成功和失败与生产过程组织有直接关系。不同的需求特征，匹配不同的生产过程，就构成了产品-过程矩阵（product-process matrix），如图 2-5 所示。

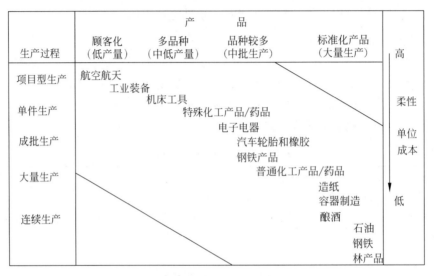

图 2-5　产品-过程矩阵

产品-过程矩阵最初由 Hayes 和 Wheelwright 提出，后来得到了广泛应用。具体反映在以下两个方面。其一，根据产品结构性质，沿对角线选择和配置生产流程，可以达到最好的技术经济性。换言之，偏离对角线的产品-过程匹配战略，不能获得最佳的效益。其二，那种传统的根据市场需求变化仅仅调整产品结构的战略，往往不能达到预期目标，因为它忽视了同步调整生产流程的重要性。因此，产品-过程矩阵可以帮助管理人员选择生产过程，对企业制定生产战略有一定的辅助作用。

对服务性企业来说，也有类似的产品-过程矩阵，称为"服务-系统设计矩阵"（service-system design matrix），如图 2-6 所示。

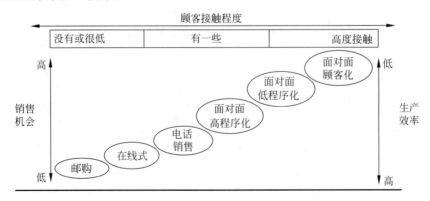

图 2-6　服务-系统设计矩阵

在图 2-6 中,服务-系统设计矩阵的最上端表示用户/服务的接触程度,从用户与服务企业的系统完全不接触,到与用户部分接触,再到与用户高度接触、直接接触用户。服务-系统设计矩阵的左侧表示市场定位变化过程,即接触用户的程度越高,销售机会越大。服务-系统设计矩阵的右侧表示用户参与程度对服务系统效率的影响,接触用户的程度越高,对服务系统效率的影响越大。服务-系统设计矩阵的中间部分列出了提供服务的途径,对应用户接触程度与服务方式的选择。

从服务-系统设计矩阵可以看出,生产效率随着用户与系统接触程度的提高而降低,因为用户对系统的影响较大。但是,面对面的接触可提供更高的销售机会,因为企业可通过和用户的深度交互,了解其特定的要求之后,再进行有针对性的设计服务,将可能的服务变成现实的服务,法律、咨询和医疗服务就是典型的例子。相反地,低接触的系统如邮购服务,可使系统高效率地运转,因为用户对系统的干扰小。但由于企业无法直接面对用户,不能针对用户的潜在需求设计服务,新创造的销售机会也就小多了。

2.3.3 影响生产过程设计的主要因素

影响生产系统生产过程设计的因素很多,其中最主要的是产品/服务的构成特征,因为生产系统就是为生产产品或提供服务而存在的,离开了用户对产品的需求,生产系统也就失去了存在的意义(图 2-7)。

输入	生产过程设计	输出
1. 产品/服务信息 　　产品/服务种类 　　价格 　　数量 　　用户要求 　　产品特点 2. 生产系统信息 　　资源供给 　　生产经济分析 　　制造技术 　　优势与劣势 3. 运作战略 　　竞争环境 　　战略定位 　　竞争武器 　　工厂设置 　　资源配置	1. 选择生产过程 　　与生产战略相适应 2. 自制-外购研究 　　自制-外购决策 　　供应商的信誉和能力 　　配套采购决策 3. 生产过程研究 　　主要技术路线 　　标准化和系列化设计 　　产品设计的可加工性 4. 设备研究 　　自动化水平 　　机器之间的连接方式 　　设备选择 　　工艺装备 5. 布局研究 　　厂址选择与厂房设计 　　设备与设施布置	1. 生产技术流程 　　工艺设计方案 　　工艺流程之间联系 2. 布置方案 　　厂房设计方案 　　设备设施布置方案 　　设备选购方案 3. 人力资源 　　技术水平要求 　　人员数量 　　培训计划 　　管理制度

图 2-7 生产过程设计的输入输出信息

1. 产品/服务需求性质

生产系统要有足够的能力满足用户需求。首先要了解产品/服务需求的特点,从需求的数量、品种、季节波动性等方面考虑对生产系统能力的影响,从而决定选择哪种类型的生产过程。有的生产过程具有生产批量大、成本低的特点，而有的生产过程具有适应品种变化快的特点，因此，生产过程设计首先要考虑产品/服务特征。

2. 自制-外购决策

从产品成本、质量、生产周期、生产能力和生产技术等几个方面综合考虑，企业通常要考虑构成产品所有零部件的自制-外购问题。本企业的生产过程主要受自制件的影响。企业自己加工的零部件种类越多，批量越大，对生产系统的能力和规模要求越高。不仅企业的投资额高，而且生产准备周期长。因此，现代企业为了提高生产系统的响应能力，只抓住关键零部件的生产和整机产品的装配，而将大部分零部件的生产扩散出去，充分利用其他企业的力量。这样一来既可降低本企业的生产投资，又可缩短产品设计、开发与生产周期。所以说，自制-外购决策影响着企业的生产过程设计。

3. 生产柔性

生产柔性是指生产系统对用户需求变化的响应速度，是对生产系统适应市场变化能力的一种度量，通常从品种柔性和产量柔性两个方面来衡量。所谓品种柔性，是指生产系统从生产一种产品快速地转换为生产另一种产品的能力。在多品种中小批量生产的情况下，品种柔性具有十分重要的实际意义。为了提高生产系统的品种柔性，生产设备应该具有较大的适应产品品种变化的加工范围。产量柔性是指生产系统快速增加或减少所生产产品产量的能力。在产品需求数量波动较大，或者产品不能依靠库存调节供需矛盾时，产量柔性具有特别重要的意义。在这种情况下，生产过程的设计必须考虑到具有快速且低廉地增加或减少产量的能力。

4. 产品/服务质量水平

产品质量过去是，现在是，而且将来仍然是市场竞争的武器。生产过程设计与产品质量水平有着密切关系。生产过程中的每一加工环节的设计都受到质量水平的约束，不同的质量水平决定了采用什么样的生产设备。

5. 接触顾客的程度

对绝大多数的服务业企业和某些制造业企业而言，顾客是生产过程的一个组成部分，因此，顾客对生产的参与程度也影响着生产过程设计。例如，理发店、医疗卫生机构、裁缝铺的运营，顾客就是生产过程的一部分，企业提供的服务就发生在顾客身上。在这种情况下，顾客就成了生产过程设计的中心，营业场所和设备布置都要把方便顾客放在第一位。而另外一些服务企业，如银行、邮局等，顾客参与程度较低，企业的服务是标准化的，生产过程的设计则应追求标准、简洁、高效。

2.3.4 生产单位的组织形式

生产过程设计要形成一定的生产单位，不同生产类型有不同的生产单位形式。根据前面对生产过程的分类研究，常见的生产单位组织有如下几种形式。

1. 工艺专业化形式

工艺专业化形式是指按照工艺特征建立的生产单位。工艺专业化形式的生产单位内集中了完成相同工艺的设备和工人，可以完成不同产品上相同工艺内容的加工，如制造业企业中的机械加工车间、锻造车间、车工工段、铣工工段等生产单位。工艺专业化生产单位具有对产品品种变化适应能力强、生产系统可靠性高、工艺管理方便的优点，但由于完成整个生产过程需要跨越多个生产单位，因而也有加工路线长、运输量大、运输成本高、生产周期长、组织管理工作复杂等缺点，由于变换品种时需要重新调整设备，耗费的非生产时间较多，生产效率低。工艺专业化形式适合于单件生产或小批量生产。

2. 对象专业化形式

对象专业化形式是指按照产品（或零部件、部件）建立的生产单位。对象专业化形式的生产单位内集中了完成同一产品生产所需的设备、工艺装备和工人，可以完成相同产品的全部或大部分的加工任务，如汽车制造厂的发动机车间、曲轴车间、齿轮工段等生产单位。对象专业化生产单位便于采用高效专用设备组织连续流水作业，可缩短运输路线、减少运输费用，有利于提高生产效率、缩短生产周期，同时还简化了生产管理。但是，对象专业化生产单位只固定了生产一种或很少几种产品的设备，因而对产品品种变化的适应能力很差。对象专业化形式适合于大量生产。

3. 固定式

对于大型、笨重等无法移动的产品，常采取加工对象固定不动，生产工人、设备和物料围绕加工对象运动。例如飞机的装配、船舶制造、内燃机车装配等。

在实际生产中，一般都综合运用上述几种形式，针对不同的零部件品种数和生产批量选择不同形式的生产单位。

4. 成组生产单元式

在实践中还有一种成组生产单元的形式。其基本原理是，首先根据一定的标准将结构和工艺相似的零部件组成一个零部件组，确定零部件组的典型工艺流程，再根据典型工艺流程的加工内容选择设备和工人，由这些设备和工人组成一个生产单元，如图2-8所示。成组生产单元类似对象专业化形式，因而也具有对象专业化形式的优点。但成组生产单元更适合于多品种的批量生产，因而又比对象专业化形式具有更高的柔性，是一种适合多品种中小批量生产的理想生产方式。

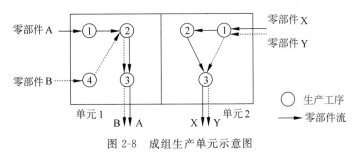

图2-8 成组生产单元示意图

2.3.5 生产过程方案选择及评价

按不同生产过程构造的生产单位形式有不同的特点，企业应根据具体情况选择最为恰当的一种。在选择生产单位形式时,影响最大的是品种数的多少和每种产品产量的大小。图 2-9 给出了不同品种-产量水平下生产单位形式的选择方案。一般而言,随着从图中的 A 点到 D 点的变化,单位产品成本和产品品种柔性都是不断增加的。在 A 点,对应的是单一品种的大量生产,在这种极端的情况下,采用高效自动化专用设备组成的流水线是最佳方案,其生产效率最高、成本最低,但柔性最差。随着品种的增加及产量的下降(B 点),采用对象专业化形式的成批生产比较适宜,品种可以在有限范围内变化,系统有一定的柔性,尽管操作上的难度较大。另一个极端是 D 点,它对应的是单件生产情况,采用工艺专业化形式较为合适。C 点表示多品种中小批量生产,采用成组生产单元和工艺专业化混合形式较好。

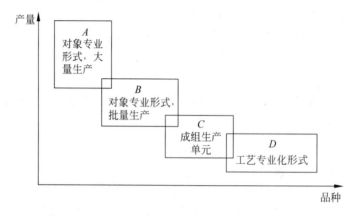

图 2-9　品种-产量变化与生产单位形式的关系

图 2-9 给出的是一种定性分析的示意图,根据这一概念确定出生产过程方案后,还应从经济上作进一步分析,如图 2-10 所示。每一种形式的生产单位的构造都需要一定的投资,在运行中还要支出一定的费用,作为一种生产战略,要充分考虑这些费用对生产过程设计的影响。图中的纵轴表示费用,横轴表示产量。产量等于零时的费用是固定费用,通常指生产系统的初始投资。从图中可以看出,对象式生产过程方案的固定费用最高,这是因为对象式生产系统一般采用较为昂贵的自动化加工设备和自动化的物料搬运设备。由于对象式生产系统的生产效率很高,单位时间出产量很大,

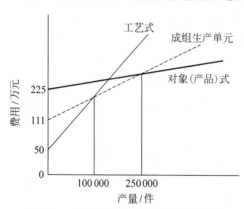

图 2-10　不同生产过程方案的费用变化

劳动时间消耗少,因此单位产品的变动费用相对最低(成本曲线变化最平缓)。以图中的数字为例,生产同一种产品的对象式系统投资额为 225 万元,成组生产单元为 111 万元,工艺式为 50 万元。当产量在 100 000 件以下时,选择工艺式最经济;当产量在 100 000～250 000 件时,成组生产单元最经济;当产量在 250 000 件以上时,对象式最经济。当然还有一种选择,如果以上几种方案都不能得到满意的投资回报时,则应放弃该产品的生产。

2.4 企业物流运作方式选择策略

生产运作战略不仅要详细考虑制造过程的合理组织问题,还需要考虑与制造过程密切相关的物流管理问题,主要是企业物流运作方式的选择。

企业物流运作方式主要分为自营物流和外包物流两种类型。

随着全球经济一体化进程的加快、信息技术在物流领域的应用和发展、对一体化多渠道市场需求的增长和物流服务供应商服务能力的扩充和完善,物流业务外包服务越来越被企业认可和接受。美国 IDC 公司进行的一项物流管理服务研究项目表明:全球物流业务外包将平均每年增长 17%,截至 2006 年年底市场总额已达 3087 亿美元。近年来,由于跨国企业正在将更多的业务转向中国,并通过外包来降低供应链成本,国内企业面临着降低成本和增强核心竞争力的压力而增加了物流外包的需求,政府采取的激励措施对物流市场需求的刺激、营销方式的不断发展和营销渠道的网络化趋势、传统仓储企业和新兴物流企业的激烈竞争等,都推动了我国物流业务外包市场的迅速发展。

企业在进行物流运作方式决策时,应根据自己的需要和资源条件,综合考虑以下因素,慎重选择物流管理模式,以提高企业的市场竞争力。

2.4.1 影响物流运作方式选择的主要因素

1. 产品覆盖的范围

企业的产品生产出来以后,必须通过分销网络将产品配送到各个市场上去。通常情况下,客户市场在地理分布上是很分散的,要求配送的地点很不集中,所以,要对销售区域进行科学合理的定位,根据消费人群所在地区的情况选择合适的管理方式,以保证提供有效的物流支持,否则不但不能很好地满足客户需求,还会付出高昂的成本。

2. 产品的多样性

产品的多样性在很大程度上影响着物流方式的选择,要考虑不同产品的消费特点及流通特点,尤其是物流特点对物流方式的影响。品种多、批量小、配送频率高,分销过程就比较复杂,组织物流的难度大,成本高。相反,品种单一、批量大的产品就比较容易采用规模效益好的、更经济的物流组织方式。

3. 物流服务提供商

物流服务提供商可分为综合物流服务提供商和专业物流服务提供商。综合物流服务提供商可以提供范围较广的服务,但是在某一专业领域不一定能够满足客户的特殊要求。而专业物流服务提供商的服务范围较窄,但是专业化水平较高,可以满足专业化物流服务需求。例如为 DELL 公司提供第三方物流服务的伯灵顿(Global Bax),就是专门从事 IT 类物流服务的,可以非常深入地配合 DELL 的生产管理要求,这是一般综合物流服务企业做不到的。由此可见,不同的物流服务提供商具有不同的组织商流、物流、信息流、资金流的能力。设计物流方案时,要根据物流服务提供商的不同并考虑本企业的需求,扬长避短,发挥各自的优势,实现供应链集成,共同完成向消费者提供物流服务的工作。

在选择物流模式时,考虑成本尽管很重要,但第三方物流企业为本企业及企业顾客提供服务的能力是最为重要的因素。也就是说,第三方物流企业在满足企业对物料需求的能力和可靠性,以及第三方物流企业对本企业客户不断变化的需求的反应能力等方面应该作为首要的因素来考虑。

服务水平的提高会提高顾客满意度,增强企业信誉,促进企业的销售,进而提高企业市场占有率。因此,在市场竞争日益激烈的今天,高水平的顾客服务对于企业竞争优势来说是至关重要的。帮助企业提高顾客服务水平和质量也就成了第三方物流企业所追求的根本目标。而第三方物流企业的能力是企业服务的重要影响因素,会制约企业的顾客服务水平。例如,在生产时由于物流问题使采购的材料不能如期到达,也许会迫使工厂停工,不能如期交付顾客订单而承担巨额违约金,更重要的是可能会使企业自身信誉受损,销量减少,甚至失去顾客的信任。由此可见物流服务提供商的服务能力和服务水平的重要性,它实际上已成为企业选择外包与否的重要因素。

4. 企业物流成本控制

新的市场竞争环境下的需求具有多品种、小批量、多批次、短周期的特点,如果企业不能将消费者的订货在一个比较短的时间内集中起来并配装在一辆送货车里,就会造成送货次数分散、送货批量降低,直接导致物流成本的提高。如果这种高物流成本只能由单个的消费者负担,就会对企业的竞争力形成极大的威胁。所以,企业的物流运作方式必须能够整合社会物流资源,使之达到一定的物流服务规模,否则物流成本肯定会居高不下。

此外,在选择物流方式时,还应该注意运输工具、运输方式及运输方案等问题。有关这方面的论述已有很多,本书不再赘述。

5. 物流对企业成功的影响度和企业对物流的管理能力

物流对企业成功的影响度和企业对物流的管理能力是影响企业物流采取自营模式还是外包模式的最重要的因素。决策状态如图 2-11 所示。

如果物流在企业战略中起关键作用,但自身物流管理水平却较低,对这类企业(Ⅱ)来说,组建物流联盟将会在物流设施、运输能力、专业管理技巧上收益极大;对于物流在其战略中不占关键地位,但其物流水平却很高的企业(Ⅳ)来说,可能寻找伙伴共享物流资源,通过增大物流量获得规模效益,降低成本。处于Ⅱ、Ⅳ区间的企业可以建立物流联盟。

图 2-11 决策分类矩阵

如果企业有很高的顾客服务需求标准,物流成本占总成本的比重很大,自己物流管理能力强,即企业(Ⅰ),一般不会选择外购物流服务,而采用自营的方式;对那些物流在其战略中地位并不很重要,自身物流管理能力也比较欠缺的企业(Ⅲ)来说,采用第三方物流是最佳选择,因为这样能大幅度降低物流成本,提高服务水平。

越是竞争激烈的产业,企业越是要强化对供应和分销渠道的控制,此时企业应该加强对物流的掌控。一般来说，产品生产的主机厂或最终产品制造商对渠道或供应链过程的控制力比较强，往往选择自营物流模式，即作为龙头企业来组织全过程的物流活动和制定物流服务标准。

6. 企业产品自身的物流特点

对于大宗工业品原料的发运或鲜活产品的分销，则应利用相对固定的专业物流服务供应商和短渠道物流；对全球市场的分销，宜采用地区性的专业物流公司提供支援；对产品线单一的或为主机厂做配套的企业，则应在龙头企业统一下选择合适的物流运作模式，可以外包也可以自营；对于技术性较强的物流服务如口岸物流服务，企业应采用委托代理的方式；对非标准设备的制造商来说，企业自营虽有利可图，但还是应该交给专业物流服务公司去做。

此外，企业是否自营物流还与企业在供应链中的位置、营销渠道战略和产品自身的物流特性等因素有关。一般来说，主机厂或最终产品制造商对渠道或供应链过程的控制力比较强，往往倾向于选择自营物流，也能够作为龙头企业来组织全程的物流活动和制定物流服务标准。对高边际利润的产品，外购物流服务成本的承受能力比较强，而且库存成本带来的损失高于物流外包的费用，因此宜选择具有快速响应能力的物流服务商。对需要进行全球市场分销的物流系统，则宜采用地区性的专业物流服务供应商提供支援。对产品线比较单一的或为主机厂做配套的企业，则往往在供应链核心企业的统一组织下自营物流。对技术性比较强的物流服务如口岸物流服务，企业往往采用委托代理的方法。对非标设备的制造商来说，企业自营物流是最有利可图的选择，但往往必须交给专业物流服务供应商去做。因此，企业采取什么样的方式组织物流服务，要根据企业的具体情况做具体的分析。

2.4.2 物流"外包-自营"决策程序

在企业物流模式选择的具体决策时，应从物流在企业中的战略地位出发，在考虑企业物流能力的基础上，充分比较各方面的约束因素，进行成本评价。参考的决策程序如图 2-12 所示。

企业是自营物流还是外包物流，并不存在唯一的决策标准。

从企业竞争战略的角度来考虑，最重要的决策变量之一是对渠道的控制力要求。越是竞争激烈的产业，企业越是要强化对供应和分销渠道的控制，往往就会倾向于自营物流。在自营物流的时候，又往往在市场营销战略的统筹规划下，专注于关键物流网点如地区性配送中心或分销中心的设置、物流服务标准的制定和物流信息资源的协调配置等。如汽车工业就倾向于拥有自己的汽车销售公司和"四位一体"的营销服务网络系统。麦当劳就专注于市场的开拓和供应商的选择。

从企业竞争战术的角度来考虑，最重要的决策变量有两个：一是看是否能够提高企业运营效率；二是看是否能够降低企业运营成本。无论是自营物流还是外包物流，都要以能否使企业获得高服务水平和低物流成本作为判断准则。因此，是否采用外包物流的方式，一个关键问题是看社会上第三方物流企业是否具有足够的物流服务能力。例如，很多跨国公司在拓展中国市场时，往往要从本土带着物流企业甚至是配套企业到我国来为其提供物流服

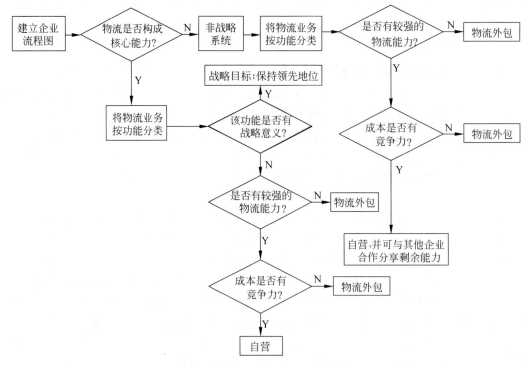

图 2-12　物流运作模式决策程序

务,主要就是因为我们的物流企业在服务理念和服务水平上无法达到客户所要求的服务标准。实际上,国内企业在进行物流服务需求决策时也面临同样的问题。物流服务专业水平程度低是制约我国企业物流外包市场发展的根本原因。

2.4.3　物流外包的优势与风险分析

在当今市场竞争日趋激烈及社会分工日益细化和专业化的背景下,将企业的物流外包给专业的第三方物流企业,已成为许多企业在设计物流运作方案时的选择之一。实践证明,将本企业并不擅长的物流业务外包,可以有效降低物流成本,提高客户服务水平,增强企业的核心竞争力。同时也需要注意到,将物流业务外包也会产生一些风险,例如,承接物流服务的企业不能达到预期的服务水平,使企业的信誉大受损失。所以,在进行企业物流方案的决策时,应该从以下两个方面对物流外包进行仔细分析。

1. 物流外包的优势

随着社会分工的进一步细化和物流业的快速发展,物流外包(logistics outsourcing)逐渐被供需双方(物流服务供应商和需求方)所认可。外包是一种长期的、战略的、相互渗透的、互利互惠的业务委托和合约执行方式。

将物流业务外包能够带来如下优势:①解决资源瓶颈问题,使企业更专注于核心业务的发展;②灵活运用新技术,实现以信息换库存,降低成本;③减少固定资产投资,加速资本周转;④企业得到更加专业化的服务,从而降低营运成本,提高服务质量;⑤可以和合作伙伴分担风险;⑥可以提高企业的运作柔性。

2. 物流外包的风险

目前,我国实施物流外包的企业中,有超过 30% 的客户对物流供应商不满意,主要原因有合作双方沟通不畅,信息反馈滞后,缺乏应急措施;物流供应商的信息技术系统落后,不能对物流活动进行有效跟踪和监控;缺乏标准化的运作程序,同一客户不同项目、不同环节服务水平参差不齐;缺乏持续改进机制;服务功能单一等。而在美国,有 80% 的企业对物流供应商感到满意。这些情况说明,我国物流供应商要想提高服务水平,仍有很长的路要走。随着物流行业的进一步整合和物流服务逐步走向一体化和系统化,物流业务技术含量的高低将是物流供应商获取市场份额的关键因素,仅仅靠功能性的专业知识取得竞争优势将日趋艰难。

很显然,与自营物流相比较,物流外包在为企业提供上述便利的同时,也会给企业带来诸多的不利,甚至会有风险。主要反映在:企业不能直接控制物流职能;不能保证供货的准确性、及时性和可靠性;不能保证顾客服务的质量和维护与顾客的长期关系;企业将放弃对物流专业技术的开发等。因此,物流外包还要考虑可能存在的风险。

物流业务外包之后,企业面临的最大的风险虽然仅仅是"可能"会对关键物流活动失去控制,但是如果真的这样发生了,那些潜在收益就无法实现。

2.4.4　物流外包失利的原因

物流外包作为一个提高物流速度、节省仓储费用和减少在途资金积压的有效手段,确实能够给供需双方带来较多的收益,尽管供需双方均有信心和诚意,但在实践的过程中,物流外包却举步维艰,常常出现中断,甚至失败。导致外包失败和黑洞出现的原因有许多,既有体制的制约、人为的失误,也有观念的陈旧和技术的缺陷等。

1. 保守的管理观念阻碍业务模式的变化

许多企业,尤其是那些管理观念保守的企业,不愿意通过物流外包的方式来改变现有的业务模式。此外,寻求外包物流的企业有时还会遇到来自企业内部某些部门的抵制,因为它们目前从事的工作很可能会被第三方物流所取代。尤其是一些国有企业,物流外包将意味着又需要安排大批富余人员,这对企业的领导人来说意味着一个非常大的挑战。

2. 担心失去对物流的控制

许多企业都宁愿有一个"小而全"的物流部门,也不愿意把对这些功能的控制交给专业的第三方物流。此外,供应链流程的部分功能需要与客户直接打交道,许多企业担心如果失去对内部物流进行管理的能力,会在客户交往和其他方面过度依赖第三方物流企业。这种担心在那些从来没有进行过物流外包业务的公司中更为普遍。大多数已经进行了物流外包的公司表示,它们通过和第三方物流的合作,实际上改善了物流和信息流,增强了控制力,改善了公司管理其业务的能力。

3. 缺乏合格的、专业的物流顾问

企业在进行物流业务外包时,如果所选择的第三方物流企业缺乏合格、专业的物流服务运作能力,物流外包也会遭受失败。物流服务供应商的运作与生产工厂类似,工厂生存的灵魂是拥有一批有专业技术才能的员工，核心技术一定是企业内部掌控，而不是依靠其他合作伙伴来提供支持。美国著名物流专家 Jack Roser 认为：在处理外包时，专业物流顾问与技术工人一样，他的作用比企业领导更重要，合格的物流专业人才能够给项目带来许多领导所不了解的东西，他需要去管理维护公司项目设计规划的过程、提供物流需求以及项目数据，而这些事情常常与外包的成败相关联。企业领导仅仅扮演监督员的角色，如果缺乏具有项目设计和作业操作技能的专业人才，那么，物流外包将无从谈起。

4. 工作范围不明确

工作范围即物流服务要求明细，它对服务的环节、作业方式、作业时间、服务费用等细节做出明确的规定，工作范围的制定是物流外包最重要的一个环节。

工作范围不明确已经成为任何其他导致物流外包失败及黑洞出现的因素中的首要原因。工作范围是委托企业告诉受托的物流企业需要什么服务并愿意付出什么价格，它是合同的一部分。跨国企业在物流外包方面具有丰富的操作经验，如 DELL、HP、IBM 等，它们在实施外包时就要求供应商与其签署两份文件：第一，签署一个一般性条款（the general articles），即一些非操作性的法律问题，如赔偿、保险、不可抗力、保密、解约等内容；第二，签署一个工作范围条款，即对服务的细节进行具体描述。如果供应商曾经与它们合作过且履行过一般性条款，则在以后的合作中将不必再签署一般性条款，供应商仅仅需要对新项目的工作范围做出明确的回复，由此可见 HP、IBM 对工作范围的重视程度。

出现物流业务外包失败的原因大多都归结于工作范围的不明确，如在物流合同中常出现的"在必要时供应商将采取加班作业以满足客户的需求"，合同双方虽然对此描述并无异议，但问题就出现在"必要"上；在实际运作中，双方就如何理解"必要"经常发生分歧，委托企业认为"提出需求时即为必要"，物流企业认为"客户提出需求且理由合理时为必要"。类似的例子合作双方经常遇到，起因归结于合作双方没有花费相当的时间和精力明确详细地制定工作范围。

2.4.5 物流外包风险防范

由于物流业务外包市场是买方市场，在分析外包过程中出现的问题后发现，往往将原因或根源归结在供应商方面，而需求方存在的不足却很难被人发现。事实上，良好的外包合作关系是建立在相互信任和尊重的基础上的，物流作业一体化的程度决定着物流供应商的服务水平和需求方的满意度，需求方如要成功实施外包，并与物流供应商建立良好、互利、长期的外包合作关系，应注意以下几个方面的问题：

(1) 正确理解物流外包；
(2) 严格筛选物流供应商；
(3) 明确列举服务要求；
(4) 合理选择签约方式。

因此，企业如要确保物流外包成功，在寻找合作伙伴时，首先要克服思想和观念的阻碍，并积极了解受托的物流企业是否拥有可以满足外包项目所需要的实力，其次与供应商签订必要的法律文件，讨论全部服务项目细节、拟定工作范围，才能保证物流外包的顺利进行。

另外，物流外包的效果好坏还需要物流服务供应商和制造商之间的整合和协同，这将有力地促成物流业务外包的"双赢"效果。对于制造商来说,应该从战略的高度与物流服务企业形成合作伙伴关系,向其提供尽可能详细的需求信息,及时准确地将产品生产计划、交付计划等与物流服务商共享。对于物流服务提供商来讲,必须建立强烈的服务意识,加紧进行技术创新和技术变革,强化竞争力,利用先进的物流技术和管理手段来提高物流运作的效率,为满足客户对物流需求定制化而做好充分的准备。

小结与讨论

在了解生产运作的基本概念和相关内容基础之上,本章重点讨论了企业生产运作战略方面的问题。在这一章中,首先介绍企业所面临的竞争环境特点,从而了解到在运作管理中必须将制定运作战略放在首位的必要性。其次,重点介绍了制定运作战略的基本要点、方法等内容。这里要指出的是,不同企业其具体的运作战略是不同的,不存在适用于所有企业的统一的运作战略。不同企业一定要根据自己的发展目标制定最适宜的运作战略。最后,将运作战略与生产过程设计联系起来,讨论了以实现运作战略为主要目标的生产运作过程设计、生产单位的专业化形式以及加工对象在生产过程中的移动策略。特别是对生产物流的管理战略,必须考虑当前供应链管理环境下对物流运作模式的要求,根据企业的实际情况选择不同的运作战略。

思考题

1. 为什么近几年人们这么重视运作战略的制定?
2. 运作战略与企业总体战略的区别与联系是什么?
3. 运作战略是一种什么性质的战略?
4. 运作战略的制定应包含哪些内容?
5. 制定运作战略的基点是什么意思?有哪些制定运作战略的基点?
6. 何为运作战略矩阵?它由哪几部分构成?试着选择一个企业,并用运作战略矩阵将其目前采用的运作战略描述出来。
7. 产品结构-生产过程匹配战略的核心思想是什么?
8. 有几种生产专业化形式?各有何特点?分别适用于何种生产类型?
9. 进行物流外包-自营决策时应考虑的主要因素有哪些?
10. 生产物流外包的好处和风险是什么?如何防范物流外包的风险?

案例　J电子公司运作管理模式的转型战略

J电子公司以单一产品(普通计费器)起家。因为产品单一且是标准化产品,公司采用大批量生产模式获得飞速发展,然而随着公司产品系列的增加和客户个性化需求的日益突出,大批量生产模式越来越不适应公司的发展。J电子公司的规划部刘主任正在考虑改革公司的生产模式,选择适应市场竞争需要和公司发展需要的延迟化策略(postponement)以实现定制生产模式的战略问题。

J电子公司是典型的制造型企业,和其他制造型企业一样,该企业也是输入资源,经过加工转换,输出产品,最终将产品送达客户手中。在所涉及的资源中,主要对象是生产资料资源。J电子公司目前的生产资料年采购额达1.8亿元,物料的采购、存储、加工直到被加工成成品是一个复杂的过程,是其日常管理中十分重要的组成部分。

J电子公司的生产运作模式是典型的传统的大批量生产方式,生产系统的组成相当分散,其生产过程被分成几大板块,运作管理功能分属不同的职能部门。J电子公司的物流运作职能及其物流功能部门分布见表2-2。

表2-2　J电子公司的物流运作职能部门及其物流功能分布表

部门	主要职责	部门主管	间接主管
采购部门	供应商管理、采购谈判、物料和服务的采购	采购主管	制造中心总经理
计划部门	主计划的确定、采购计划的编制、生产排程、滞料处理、库存控制	计划主管	制造中心总经理
仓储1	原材料的收货、入库、储存、发料及相应的ERP系统账务处理	仓储主管	制造中心总经理
仓储2	半成品的入库、储存、发料及相应的ERP系统账务处理	生产主管	制造中心总经理
仓储3	成品和备件以及退货的入库出库、储存及相应的ERP系统账务处理	综合业务主管	销售服务总经理
后勤部门	安排车辆、市内送货提货、特殊情况时长途送货上门	车队队长	后勤部部长
发货组	市场需求预测、发货排程、运输方式的确定	综合业务主管	销售服务中心总经理

由于各岗位的职责不同,这就造成对生产流程的关注重点不一样,各部门对待企业生产过程的态度迥然不同:采购主管关注的是采购,采购主管的职责范围是供应商管理和价格谈判,尽量降低采购成本,为了降低交易成本或获得商业折扣,采购主管希望尽量加大采购的批量,并且采购主管希望给予尽可能长的提前期。然而,随着采购批量的增加,存货必然增加,存储费用也必然上升,同时,公司的产品不断改进完善,产品升级频繁,如果库存量太大,就容易造成呆滞材料。原材料仓储主管希望降低仓储费用,使用较少仓库的维护人员,希望材料能均匀、准时地入库出库。生产主管关注的是生产物流,他最感兴趣的莫过于大批量连续地生产,这样可以减少转产和设备调整的时间,从而达到更高的生产效率。但是这种做法必然会降低生产系统的柔性。同时,他采取的首要措施是建立一个足够保险的在制品库存系统,结果使在制品库存量增加。销售服务中心的主要职能是销售预测和物流配送,销售服务中心的主管关注更多的是满足任意客户的需求,进而扩大销售量,为了保证随时供货,他希望有足够的成品库存量用以满足每位客户的突发需求和紧急需求,怀着这种"客户就是上帝"的理念,他们不惜做到高库存,而销售网点的布置、运输方式的选择等问题在他们的心目中就无足轻重了。物流部希望送货提货能有一定的规律性,尽可能减少紧急提货和送货的情况,他们常常埋怨让他们加班加点。计划部门关注的是各相应部门按计划行事,在计划部门的指挥和协助下有条不紊地运行。他们抱怨销售预测不准确,材料供应不及时等

情况。相似地,其他部门由于信息的不对称性和立足本部门的职责及利益,他们不可能从公司整体利益的角度系统地分析问题和解决问题。

综上所述,在整个企业生产过程中,由于到处存在过量的库存,系统中的流量大大增加,而流速更加缓慢了,大量的流动资金沉淀在生产过程中,同时,大量的浪费也在生产过程中产生。

随着客户个性化需求的增长,公司的产品也随之形成了较强的个性化特征。但是,在满足客户需求的方式上,销售服务中心为了加速对市场的快速响应,对各种成品都建立了相当数量的库存。由于J电子公司的成熟产品有八大系列,近600个品种,常有市场需求的产品有近280多个品种,采用这种方式使公司拥有相当惊人的成品库存。在整个企业的运营体系中,到处存在过量的库存。表2-3是某一时期库存状况的统计。

表2-3 J电子公司某年1—6月库存价值统计   元

项目	1月	2月	3月	4月	5月	6月
原材料	24 803 379	23 462 297	25 591 698	26 591 698	28 207 430	34 034 544
半成品	3 260 056	3 365 593	3 469 059	4 130 426	5 678 900	4 624 392
成品	12 700 017	10 393 716	10 609 108	13 891 169	15 658 048	15 458 987
合计	40 763 452	37 221 606	39 669 865	44 613 293	49 544 378	54 117 923

资料来源:J电子公司库存统计分析报告。

J电子公司始终坚持"精益求精"的经营理念,特别是在产品的设计和工艺方面,他们力争做得更好。只要发现产品有一丝不能令客户或自己满意的地方,他们就坚持不懈地改进。然而为了快速响应市场需求,J电子公司必须尽快把新产品推向市场,所以产品的升级十分频繁(这里的产品升级包括硬件升级和软件升级)。例如,GSM无线计费电话是J电子公司快速开发出来的新产品,产品的概念是5月中旬提出的,而产品是在同年9月上旬推向市场的。在不太长的时间内,该产品的销售额就已经超过6000万元人民币,而GSM无线计费电话主板在不到一年的时间内经过5次升级,有6种版本,GSM无线计费电话主板升级状况十分频繁。J电子公司为了使自己的产品始终处于技术水平的前沿,当新版本产生时就经常要求旧版本禁止使用,而库存的成品则通过返工升级到最新版本,这虽然保持了产品技术的先进性,但同时造成了公司资源的巨大浪费,返工工时十分突出。表2-4是J电子公司某年6—12月装配线返工工时统计。

表2-4 J电子公司某年6—12月装配线返工工时统计

月份	6月	7月	8月	9月	10月	11月	12月
返工时间/h	3248	5007	1355	4603	1071	2110	2887

资料来源:根据J电子公司工作效率分析报告整理得出。

由于J电子公司的生产运作模式不合理,生产流程的运作管理方式仅能基本满足大批量生产模式的需要,在面临产品升级快、库存量大、返工工时多、客户个性化需求高、市场反应速度快的新的竞争环境下,原有的适应大量生产的管理模式越来越成为公司快速发展的障碍。因为随着客户的个性化需求越来越高、客户要求的交付期越来越短,快速响应客户的个性化需求成为公司核心竞争力的重要组成部分。为了提高公司的核心竞争力,采用定制化生产模式来适应市场竞争的需求和公司自身的发展已成为一种必然之路。为了顺利实施公司采用定制生产模式的战略部署，J 电子公司决定采用延迟化策略，因为相对 J 电子公司而言，采取延迟化策略是实现定制生产方式的最有效的手段。

问题：

虽说延迟化策略在公司管理层已经达成了较为一致的认识，但是如何实施延迟化策略，却正在让刘主任大伤脑筋。你能帮助刘主任解决这个问题吗？

第 3 章 生产组织方式与生产物流管理

生产物流在企业整个生产过程中起着承上启下的重要作用,生产物流的畅通与否直接影响企业生产过程的有效进行和企业经济效益的提高。一方面,生产物流是和生产同步进行的,生产物流的特点和运作方式要受到生产类型、生产规模、生产的专业化水平与协作水平、内部管理等因素的制约。另一方面,高效的生产物流,对于缩短生产周期,保证完工产品如期发送交货、减少资源消耗、加速资金周转、降低生产成本、提高经济效益等都有着极其重要的意义,生产物流在生产运作管理中也扮演着重要角色。

3.1 合理组织生产过程的要求

3.1.1 生产过程的概念

生产过程包括劳动过程和自然过程。劳动过程是利用劳动手段作用于劳动对象,使之成为产品的全部过程。自然过程是借助于自然力,改变加工对象的物理和化学性能的过程,如化工产品的化合作用、制造厂铸件的自然冷却等。

服务业企业的生产过程与上述内容类似,指从接受顾客需求开始,直到完成顾客服务为止的全部过程。

生产过程的构成可以从要素结构和功能结构两个方面来理解。

1. 生产过程的要素结构

按照生产过程组织的构成要素,可以将生产过程分为物料流过程、信息流过程和资金流过程。

1) 物料流过程

生产过程包括采购过程、加工过程或服务过程、运输(搬运)过程、仓储过程等主要环节。原材料经过这样一系列流程之后,就转换为市场上所需要的产品(服务)。这一过程既是物料的转换过程和增值过程,也是一个物流过程。例如,在制造业企业中,经过包括铸造、锻造、机械加工、热处理、检验和装配等活动在内的转换过程后,原材料就成为具有使用功能的产品了,而与此同时,各种形态的物料也在整个过程的各个环节中流动着。对物料流过程管理得好坏,直接关系到整个生产过程的绩效,如生产周期的长短、库存水平及生产成本的高低等。如前所述,根据有关资料统计,在制造业企业生产过程中,消耗在加工过程的时间一般仅占全部生产过程时间的 5%,其余的时间都消耗在等待、停顿上了。因此,物料流过程和工艺过程管理是生产管理的基本内容。

2）信息流过程

生产过程中的信息流是指在生产活动中，将其有关的原始记录和数据的数据集合，按照需要加以收集、处理、反馈，并使之朝一定方向流动的过程。所谓数据集合，即反映客户订单、产品图纸、生产指令、原始凭证、台账、统计报表、各种规章制度等的原始记录和资料。信息反馈是把输出信息反馈回来，同原来规定的标准、定额、目标值进行对比（如目标成本、质量标准等），及时发现偏差，加以纠正，再调节输出，指导和促进物流过程。例如，统计报表和会计报表就是对原始记录、台账等进行处理后，可作为信息反馈用于指导生产和控制生产过程。

3）资金流过程

生产过程中资金流是以在制品和各种原材料、辅助材料、动力、燃料设备等实物形式出现的，分为固定资金与流动资金。资金的加速流转和节约是提高生产过程经济效益的重要途径。

2. 生产过程的功能结构

按照生产过程组织的功能和承担的任务不同，可以将生产过程划分为基本生产过程、辅助生产过程、生产服务过程和附属生产过程。

1）基本生产过程

基本生产过程是指与企业的基本产品实体构成直接相关的生产过程。所生产的产品以市场销售为目的。

2）辅助生产过程

辅助生产过程是指为保证基本生产过程的实现（不直接构成与基本产品实体相关的生产过程）。例如，制造企业不以销售为目的，仅为本企业的需要而进行的动力、工具、设备修理用备件等的生产过程。

3）生产服务过程

生产服务过程是指为保证基本生产过程和辅助生产过程正常进行的服务性生产活动，如原材料和半成品的供应、运输、配送、仓储管理等物流支持活动。

4）附属生产过程

附属生产过程是指利用企业生产主导产品而产生的边角余料、富余的其他资源、技术能力等，生产市场所需的但不属于企业专业方向的产品的生产过程，如电机厂利用边角余料生产小电器制品的生产过程。

附属生产过程与基本生产过程是相对的，根据市场的需求，企业附属生产的产品也可能转化成为企业的主导产品。在综合利用企业资源，实现多种经营的基础上，原有企业由单一产品发展为多种系列产品，企业发展成企业集团，以系列产品供应市场。

需要特别强调的是，随着市场竞争特点的不断变化，现在的企业在组织生产的过程中，并不一定要求由本企业承担起所有生产过程的组织，对于某些过程，如辅助生产过程或生产服务过程中的业务，可以采取外包或外协的方式，与其他企业结成战略联盟关系，充分利用企业的外部资源来完善自己并不擅长的业务过程，而将本企业的资源集中于增强自己的核心业务的竞争力。例如，可以将仓储、运输等业务外包给第三方物流企业。

3.1.2 组织生产过程的基本要求

组织生产过程的主要目标之一是缩短生产周期。因此,生产过程的组织必须满足连续性、平行性、比例性、均衡性、准时性和柔性等方面的基本要求。

1. 生产过程的连续性

生产过程的连续性,是指产品生产过程的各个阶段、各个工序的活动是衔接的,加工对象在整个生产过程中始终处于运动状态,很少或者没有停顿、等待现象。保持生产过程的连续性,可以缩短生产周期、加速流动资金的周转。因此,科学的生产系统设计、科学地确定工厂平面布置及车间内部设备的布置、合理地组织物料的运输策略,可以减少零部件在企业之间、工序之间,以及车间之间的停顿等待现象,减少交叉迂回运输、频繁装卸的活动,从而缩短流程时间和工件等待时间。以机械制造企业为例,运输和等待加工时间占生产过程时间的95%,缩短这部分时间,对缩短生产过程有重要意义。目前世界各国都十分重视提高生产过程连续性的研究,包括生产过程的合理组织,运输工具自动化,工位器具标准化、零部件通用化等。

2. 生产过程的平行性

生产过程的平行性是指生产过程的各个阶段、各个工序平行交叉进行。组织平行作业有利于缩短生产或服务时间。

3. 生产过程的比例性

生产过程的比例性是指各个工艺阶段之间、工序之间在生产能力与人员配置上均保持一定的比例关系。这种比例性是以企业所生产的产品结构与产量为依据的。保持生产过程的比例性,有利于企业生产顺利进行,使企业的设备、生产面积、人力和资金得以充分利用。

4. 生产过程的均衡(节奏)性

生产过程均衡(节奏)性是指产品在加工过程中,从投料到最后完工,在相等的时间间隔内生产产品的产量大致相等或递增,设备和生产工人经常保持均匀负荷,均衡地完成生产任务。

均衡生产有利于建立正常的生产秩序,加强技术管理和质量管理,贯彻工艺规程和劳动纪律,改善劳动组织,创造良好的工作环境,促进产品质量的提高,为提高劳动生产率创造条件。

对于多品种生产的企业,均衡生产的另一种含义是在相等的时间间隔内,生产的产品品种数量大致相等或均衡上升,企业生产达到产品品种、数量、设备负荷、劳动工时全面均衡,以保证企业能均衡地出产各种品种规格的产品。

但是,由于市场需求是波动的,也是企业无法控制的,所以,均衡生产不能绝对化(不能单纯、片面地看待企业的生产均衡性,作为适应市场需求变化的组织要求),要处理好均衡生产与需求波动的矛盾。

5. 生产过程的准时性

生产过程的准时性,是指根据用户(下游工序也可以当作用户)的需求,准时完成生产任务,既不延误,也不提前,在需要的时间,按需要的数量,提供需要的产品(或零部件)。过多、过早或延迟出产都是不允许的,否则就会增加原材料、在制品和半成品在生产过程中的存储数量和存储时间。生产过程中各种物料的存储数量太多,或存储时间太长,都会造成资金积压,会增加资金的时间成本,影响企业的经济效益。另外,存储的各种物料过多也容易掩盖生产过程中存在的问题。因此,生产过程组织的准时性不仅可以消除过量生产或延期交付现象,而且可以避免因过高库存水平而掩盖管理矛盾的现象。

6. 生产过程的灵活性

生产过程的灵活性是指生产系统对市场需求变化的迅速反应能力。生产过程的灵活性高低,关系到企业能否根据市场需求的变化及时调整企业的生产经营活动,对市场需求做出快速响应。

3.2 组织生产过程的方式

当生产的某种零部件(或者处理对象)的个数在两件以上时,就存在着零部件在生产运作系统中采用何种移动方式的问题。所谓移动方式,就是零部件在上道工序加工完毕后,是整批地移动到下道工序,还是立即移动到下道工序,即零部件在生产过程中的运送组织方式问题。不同的移动方式,对生产物流运作的绩效指标的影响不同。一般来说,零部件的移动方式有三种,即顺序移动、平行移动和平行顺序移动。

确定零部件移动方式是生产运作中的一项重要决策内容。移动方式的不同将决定一批零部件的生产周期、在制品占用时间与数量等方面的效果。

下面分两种情况进行讨论:单一品种一批零部件的移动方式;一批零部件中多品种的移动方式。

3.2.1 单一品种一批零部件的移动方式

1. 顺序移动方式

顺序移动方式的特点是每批零部件在前道工序全部完成之后,再整批地转送到后道工序,如图 3-1 所示。

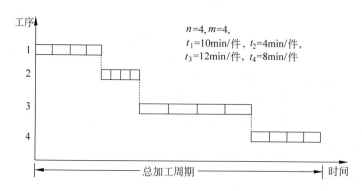

图 3-1 顺序移动方式

设零部件批量为 n(件)，工序数目为 m，一批零部件不计算工序间运输时间，只考虑加工时间，设其加工的周期为 T(min)，零部件在第 i 道工序的单件工时为 t_i(min/件)，$i=1, 2,\cdots,n$。

为了使问题讨论简化，将工序间的运输时间和辅助时间忽略不计。

由图 3-1 可以看出，该批零部件的加工周期 $T_顺$ 应为

$$T_顺 = nt_1 + nt_2 + \cdots + nt_m = n\sum_{i=1}^{m} t_i \tag{3-1}$$

设：$n=4, m=4, t_1=10$ min/件，$t_2=4$ min/件，$t_3=12$ min/件，$t_4=8$ min/件，则 $T=4\times(10+4+12+8)=136$ (min)。

2. 平行移动方式

平行移动方式的特点是一批零部件中的每个零部件，在前道工序完成之后，立即转移到后道工序上继续加工，如图 3-2 所示。由图可知，在相邻工序中，当后工序单件时间较短时会出现设备停歇时间。其周期时间比顺序移动的周期时间短。

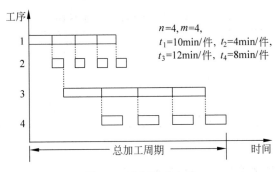

图 3-2 平行移动方式

零部件平行移动的加工周期 $T_平$ 为

$$T_平 = t_1 + t_2 + nt_l + \cdots + t_m$$
$$= \sum_{i=1}^{m} t_i + (n-1)t_l \tag{3-2}$$

式中：t_l——最长的单件工序时间。

将前例数据代入公式(3-2)，可得

$$T_平 = \sum_{i=1}^{m} t_i + (n-1)t_l = (10+4+12+8) + (4-1)\times 12 = 70 \text{ (min)}$$

3. 平行顺序移动方式

平行顺序移动的特点是既保持一批零部件顺序加工，又尽可能使相邻工序加工时间平行进行，如图 3-3 所示。

加工周期为

$$T_{平顺} = n\sum_{i=1}^{m} t_i - (n-1)\sum_{i=1}^{m-1} t_{si} \tag{3-3}$$

式中：t_{si}——每个相邻工序中较短工序单件工时。

将数据代入公式(3-3)，得

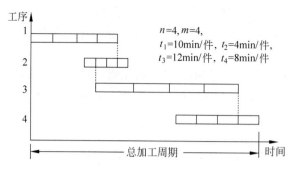

图 3-3 平行顺序移动方式

$$T_{平顺} = 4 \times (10+4+12+8) - (4-1) \times (4+4+8) = 88 \text{（min）}$$

三种移动方式各有其优缺点,它们之间的比较如表 3-1 所示。

如果时间是个重要的考虑因素,可以用平行系数来表示生产过程中的平行性程度。

平行系数 $P = 1 - $ 一批零部件加工周期 / 顺序移动下零部件的加工周期 　　（3-4）

表 3-1 零部件三种移动方式的优缺点

比较因素	顺序移动	平行移动	平行顺序移动
加工周期	长	短	中
移动次数	少	多	中
设备效率	好	差	好
组织管理	简单	中	复杂

3.2.2　多品种生产条件下零部件的移动方式

1. 顺序移动方式

加工周期为

$$T_{顺} = \sum_{j=1}^{m} \sum_{i=1}^{n} t_{ij} \qquad (3-5)$$

式中：$T_{顺}$——多品种生产在顺序移动方式下的加工周期；

　　　n——品种数（零部件个数）；

　　　m——工序数（零部件个数）；

　　　t_{ij}——第 i 个零部件在第 j 道工序上的单件工时。

2. 平行移动方式

加工周期为

$$T_{平} = \sum_{j=1}^{m-1} t_{1j} + \sum_{i=1}^{n} t_{im} + TW \qquad (3-6)$$

式中：$T_{平}$——多品种生产在平行移动方式下的加工周期；

　　　t_{1j}——第一个零部件在第 j 道工序上的单件工时；

　　　t_{im}——第 i 个零部件在第 m 道工序上的单件工时；

　　　TW——在本道工序上设备等待的时间之和。

由式(3-6)可看出,零部件多品种生产平行移动方式生产周期包含了三个部分:
(1) 首先投产的零部件的加工总时间减去该零部件在末道工序的单件工时;
(2) n 种零部件的末道工序的单件工时之和;
(3) 加工过程中 n 种零部件末道工序的加工设备的等待时间。

3. 平行顺序移动方式

加工周期为

$$T_{平顺} = \sum_{i=1}^{n} t_{i1} + \sum_{j=2}^{m} t_{nj} + \text{TS} \tag{3-7}$$

式中:$T_{平顺}$——多品种生产在平行顺序移动方式下的加工周期;

t_{i1}——第 i 个零部件在第一道工序上的单件工时;

t_{nj}——最后投产的零部件在第 j 道工序上加工的单件工时;

TS——最后投产的零部件在各道工序上停歇时间之和。

由式(3-7)可知,平行顺序移动方式的生产周期也由三部分组成:
(1) n 种零部件第一道工序的单件工时之和;
(2) 最后投产零部件加工的总时间减去该零部件在首道工序上的单件工时;
(3) 最后投产零部件在加工过程中各道工序上的停歇时间之和。

比较三种移动方式,零部件按顺序移动方式加工时,每一工序加工的设备连续开动,每个零部件都有等待加工的时间,因此零部件加工周期长。

平行移动方式,加工设备有停歇,零部件也有等待加工时间,由于 n 种零部件平行地进行加工,生产周期最短。

平行顺序移动方式是在保证各工序的加工设备连续运转的前提下,n 种零部件平行生产。这种移动方式的生产周期介于上述两种移动方式之间。

3.3 MTS/MTO 的生产物流管理

3.3.1 MTS 生产类型的生产物流管理

1. MTS 生产模式的特点

如第 1 章中所介绍的,备货型生产(MTS)的主要特点是预测驱动,指在没有接到用户订单时,经过市场预测按已有的标准产品或产品系列进行的生产,生产的直接目的是补充成品库存,通过维持一定量的产品库存来即时满足用户的需求。

备货型生产的生产模式具有以下主要特点。
(1) 能够及时满足客户共性化的需求,有利于企业编制计划并按计划组织生产活动。
(2) 适用于通用性强、标准化程度高、有广泛用户的产品。对标准产品,客户订单直接抵消库存,以便以最短的供货期供货。
(3) 通常要经过分销渠道销售。

(4) 生产方式上常常采用流水线生产。

(5) 主生产计划实施可靠性相对较高,主生产计划是按最终产品制定的,最终产品按预测需求生产。

(6) 顾客只能在制造商提供的有限的产品品种当中做出选择,在不确定因素日益增加的情况下,往往造成库存积压和产品短缺并存。

(7) 由于制造计划主要是按预测信息制定的,因此,必须对需求预测的精度进行控制。这意味着在备货型生产中,预测误差是造成不确定性的主要原因,所以,生产管理系统必须及时反映错误并进行相应的纠正。

2. MTS生产类型的生产物流组织

1)基本思想

生产的目标应是围绕着物料转化组织制造资源,制定和调节产品需求预测、主生产计划、物料需求计划、能力需求计划、物料采购计划、生产成本核算等环节。信息流在每道工序、生产单元或车间之间传递,而生产物流要严格按照反工艺顺序确定的物料需要数量、需要时间(物料清单所表示的提前期),从前道工序"推进"到后道工序或下游生产单元,而不管后道工序或下游车间当时是否需要。信息流与生产物流是分离的。信息流控制的目的是要保证按生产作业计划要求按时完成物料加工任务,如图3-4所示。

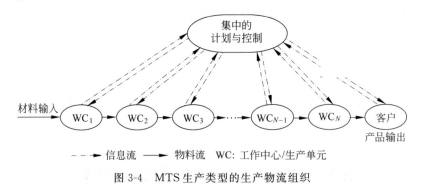

图3-4 MTS生产类型的生产物流组织

2) MTS生产类型生产物流管理的特色

(1) 在管理标准化和制度方面,抓好例行管理,做好处理突发事件的准备,如生产线突然中断,等等。

(2) 在生产物流方式上,以加工对象为中心,严格执行生产计划,各工序之间维持一定量的在制品库存用于缓冲各类故障。

(3) 在生产物流计划编制和控制上,以零部件需求为依据,编制主生产计划、物料需求计划和生产作业计划。执行中以各层计划为中心,工作的重点是保证各个环节均能协同生产。

(4) 在对待在制品库存的问题上,认为市场需求波动是客观存在的现象,因此必要的库存是合理的。即为了防止计划与实际生产过程波动所带来的交付延期现象,编制物料需求计划时,往往采用较大的安全库存和固定提前期,留有比较大的缓冲余地。

3.3.2 MTO 生产类型的生产物流管理

1. MTO 生产类型的特点

MTO 的生产类型具有以下主要特点。

(1) 产品种类比较多。由于是按单生产,且客户订单的细节要求往往各不相同,导致面向订单生产的企业的产品种类比较多。

(2) 需求波动比较大。这种波动包括需求时间和数量上的波动。有的产品,客户可能只下一次订单,后面就再也没有订单了;而有的产品生命周期远远大于设计的生命周期。另外,需求的数量受市场的影响也很不稳定,波动很大。

(3) 单个订单对产品的需求数量相对比较小,不像 MTS 产品那样,一种产品的生产都是成千上万的。

(4) 需求变更频繁。MTO 产品的生产提前期(lead time)相对比较长。因此正所谓"夜长梦多",在此期间内客户变更需求的机会就比较大。这种变更包括:增加或取消订单;交期的提前或延后;数量的增加或减少;产品结构或包装方式的变更;甚至原来要 A 产品,现在改要 B 产品等。

(5) 紧急订单(rush order)多,插单多,生产周期太长往往难以满足客户期望,客户可能通过各种方式(如联系公司高层)提升订单的优先级,以获得更短的交货期。

(6) MTO 产品的生产过程比较复杂,生产中多会用到采购提前期长的关键物料和复杂的生产工艺。

2. MTO 生产类型的生产物流组织

1) 基本思想

强调按订单生产与物流同步管理。第一,在必要的时间将必要数量的物料送到必要的地点。理想状态是整个企业按同一节拍有比例性、节奏性、连续性和协调性,根据后道工序的需要投入和产出,不生产不需要的、过量制品(零部件、组件、产品),过多生产出来的零部件由于没有订单会导致滞销。第二,必要的生产工具、工位器具要按位置摆放,挂牌明示,以保持现场无杂物。第三,从最终市场需求出发,每道工序、每个车间都按照当时的需要向前道工序、上游车间下达生产指令,前道工序、上游车间只生产后道工序、下游车间需要的数量。信息流与物流完全结合在一起,但信息流(生产指令)与(生产)物流方向相反。信息流控制的目的是要保证按后道工序要求准时完成物料加工任务,如图 3-5 所示。

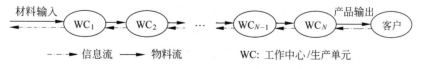

图 3-5 MTO 生产类型的生产物流组织

2) MTO 生产类型生产物流管理的特色

MTO 模式下生产物流管理具有以下特色。

(1) 在管理标准化和制度方面,重点管理好各个环节的同步产出。

(2) 在生产物流方式上,以零部件为中心,要求前一道工序加工完的零部件立即进入后一道工序,强调物流平衡而没有在制品库存,从而保证物流与市场需求同步。

(3) 在生产物流计划编制和控制上,以零部件为中心编制物料生产计划,并加强作业计划的执行和控制,工作的重点在制造现场。

(4) 在对待库存的问题上,同样认为外部的"波动"将影响订单交付,因此库存管理思想表现为:一方面强调供应对生产的保证,但另一方面强调对低库存的要求,以不断暴露生产中基本环节的矛盾并加以改进,不断降低库存以消灭生产中的"浪费"现象。

3.4 延迟制造与物流延迟

3.4.1 延迟制造与物流延迟的含义

延迟制造(postponement)的概念最初由 Alderson 于 1950 年提出。近年来,学者开始深入研究此概念在生产物流中的应用问题。延迟制造的原理是:产品的外观、形状或生产、组装、配送等工序应尽可能推迟到收到顾客订单后再确定。管理全球产品的需要迫使许多行业的管理者把延迟制造作为大规模定制得以有效开展的供应链策略来认真考虑。延迟制造也被看做所有敏捷性战略中的关键要素之一,以及减少并控制需求不确定性的一个有效策略。它在保持企业成本竞争力的同时增强了企业在时间上竞争的能力。延迟制造增加了公司应对来自不同细分市场需求变化的灵活性。

一般来说,有两种延迟制造形式:生产延迟或称定型延迟(form postponement)和物流延迟或称时间延迟(logistic postponement),而配送中往往存在加工活动,所以实施延迟策略既可采用形成延迟方式,也可采用时间延迟方式。具体操作时,常常发生在诸如贴标签(定型延迟)、包装(定型延迟)、装配(定型延迟)和配送(时间延迟)等领域。

1. 延迟制造

生产延迟实施的重点集中于产品的最终成型上,延迟制造的目标在于尽量使产品保持一般性状态,先批量生产出较多数量的标准产品或基础产品以实现规模化经济,收到客户的订单后再在交货时间前根据客户的要求做出个性化配置,诸如颜色等配置可以推迟到收到客户订单以后。

最早的延迟制造的例子之一是根据客户要求混合油漆颜色。混合储存程序的实现显著地减少了在零售漆商店中储存的数目单位,零售店不是持有预先混合好的颜色,而是储存一种基色调,再根据客户特殊的订单来混合配制不同颜色的油漆,然后再发货给客户。

延迟制造的影响主要有两个方面。首先,销售预估的不同产品的种类可以减少,因此,物流失误的风险较低。其次,更为重要的影响是,更多地使用物流设施和渠道关系来进行批量生产和最后的集中组装。在某种程度上而言,产品的客户化最好在最接近客户终点、最靠近市场的地方完成。

2. 物流延迟

物流延迟战略是一种基于时间的物流战略。在传统的配送计划安排中,大多数的库存是按照对未来市场需求的预测来设置的,这样就存在着预测风险,当预测量与实际需求量不符时，就出现库存过多或过少的情况，从而增加配送成本。

物流延迟实施的重点则在于集中时间，集中库存，将不同的产品集中在中心仓库内，当收到客户订单后做出快速反应，将产品直接装运发送到客户手中。

物流延迟的潜力随着加工和传送能力的增长以及具有高度精确性和快速的订单发送能力而得到提高。物流延迟以快速的订单和配送取代当地市场设置的仓库，以此降低整个系统的库存。与延迟制造不同，利用物流延迟，可以在保持完全的生产规模经济的同时，使用直接装运的能力来满足客户服务要求。

延迟制造模式以不同的运作方式提高生产和物流的效率。具体采用哪种形式的延迟方式，则取决于订单、产品数量、价值高低、竞争主动性强弱、规模经济大小，以及客户期望的交货速度等因素。在某些情况下，不同形式的延迟制造模式可集成在一个物流战略中。

3.4.2 延迟制造与物流延迟的实施方法

1. 延迟制造的实施方法

在延迟制造中，把推式流程与拉式流程的分界点称为顾客需求切入点(customer order decoupling point，CODP)。它是一个企业中产品的生产从基于预测转向响应客户需求的转折点。

在延迟制造的实施中，CODP 的定位是延迟制造成败的关键，因为它会直接影响到规模与变化的程度，若 CODP 过于偏向生产过程的上游，那么通用化阶段就无法产生相应的规模经济；反之，若 CODP 过于偏向生产过程的下游，差异化阶段也无法获得多样化的优势。

总体而言，在延迟制造的实施中，CODP 一般可能会出现在以下五个位置。

(1) CODP 处于装配与发运之间，此时装配及其上游的所有生产业务均已按通用化阶段要求生产，产品已经被制造出来，顾客只能在其中选购，常见于日常生活用品、家用电器等产品生产模式中。

(2) CODP 处于加工与装配之间，这是一种常见的定位，也是实现大规模定制最常用的手段，一般发生在 ATO 环境下，常见于汽车、个人计算机等产品生产中。

(3) CODP 处于原材料采购与零部件加工之间，一般发生在 MTO 方式中，常见于机械产品，一些软件系统如 ERP、MRP 等产品生产中。

(4) CODP 处于设计与采购之间，顾客对产品的原材料、加工装配工艺有特殊要求，常见于 BTO 方式中。

(5) CODP 处于设计阶段之前，此时设计及其下游生产业务均按顾客的特定要求进行，一般发生在 ETO(engineering to order)方式中，常见于大型机电设备和船舶等产品的生产以及建筑行业中。

2. 物流延迟的实施方法

物流延迟实施库存集中控制，关键的、高成本的部件保存在中央仓库，以快速的订单和发送代替在当地市场仓库中的库存，从而降低总的库存水平，在保持规模经济效益的同时，使用直接装运能力来满足客户的要求。物流延迟最好的例子就是接驳转运(cross ducking)战略。在接驳转运系统中，产品从制造商处运到中心仓库，在仓库的停留时间很短，然后尽快运送给零售商,通过缩短储存时间而降低库存成本和缩短提前期,如图 3-6 所示。

图 3-6　实施物流延迟的配送流程图

物流延迟战略将产品的最后制造和物流作业延迟到收到客户订单后再进行,虽然在产品或者时间上进行了一定的延迟,但是从整个物流系统的角度看,在减少物流预测的风险、满足客户的个性化需要和进行批次规划的同时,也压缩了整个系统的业务流程,提高了系统的反应速度。

例如,美国一家生产金枪鱼罐头的企业通过采用物流延迟策略改变配送方式降低了库存水平。过去,这家企业为提高市场占有率曾针对不同的市场设计了几种标签,产品生产出来后运到各地的分销仓库储存起来。由于顾客偏好不一,几种品牌的同一产品经常出现某种品牌因畅销而缺货,而另一些品牌却滞销压仓。为了解决这个问题,该企业改变以往的做法,在产品出厂时都不贴标签就运到各分销中心储存,当接到各销售网点的具体订货要求后,才按各网点指定的品牌标志贴上相应的标签,这样就有效地解决了此消彼长的矛盾,从而降低了库存。

物流延迟战略将产品的最后制造和各个物流环节延迟到收到客户订单之后,这样固然可以减少物流预测的风险,但同时也增加了违约和物流成本上升的风险。由于收到客户订单之后再进行产品的最后制造和物流运作,时间受到了限制,在更短的时间内达到客户的要求无疑增加了违约的风险,违约又会带来客户流失的可能性;同时,为了在更短的时间内满足客户的要求,企业要进行小批量的生产和物流作业,这样从整个物流系统的角度看物流成本有可能会增加。在实施物流延迟战略的过程中,减少物流预测风险的同时,又能不增加违约和物流成本的风险。

物流延迟技术则是在考虑产品技术特点、产品顾客化程度、企业之间的距离、流通渠道的分散程度等因素的条件下,采用多目标规划方法,研究延迟形式选择和分离点定位决策的优化问题。

3.4.3　延迟制造与物流延迟的适用环境

1. 延迟制造的适用环境

延迟制造是由制造商事先生产中间产品或可模块化的部件,等最终用户对产品的功能、外观、数量等提出具体要求后才完成生产与包装的最后环节。如 IBM 公司事先生产出不同型号的硬盘、键盘等各种电脑配件,在接到订单后再按客户要求进行装配。在很多企业,最终的制造活动被放在离顾客很近的地方进行,如由配送中心或第三方物流中心完成,在时间和地点上都与大规模的中间产品或部件生产相分离,这样企业就能以最快的响应速度来满足顾客的要求。

2. 延迟制造实施的前提

延迟制造能将供应链上的产品生产过程分为"不变"与"变"两个阶段,将不变的通用化生产过程最大化,生产具有通用性的标准部件,当接到客户订单时,企业便能以最快的速度完成产品的差异化过程与交付过程,以不变应万变,从而缩短产品的交货提前期,并降低供应链运作的不确定性。

但并非所有的产品生产过程都可以采用延迟制造,一般而言,延迟制造的实施必须具备以下几个条件。

(1) 产品可模块化生产。产品在设计时,可分解为几个较大的模块,这几个模块经过组合或加工便能形成多样化的最终产品,这是延迟制造实施的重要前提。

(2) 零部件可标准化、通用化。产品可模块化只是一个先决条件,更重要的是零部件具有标准化与通用化的特性,这样才能彻底从时间上与空间上将产品的生产过程分解为通用化阶段和差异化阶段,并保证最终产品的完整。

同时,由于各模块产品具有标准化与通用化的特性,企业可将一些技术含量低、增值能力弱的模块外包出去,自己只生产技术含量高、增值能力强的核心产品,从而提高供应链的核心竞争力。

(3) 经济上具有可行性。实施延迟制造一般会增加产品的制造成本,除非其收益大于成本,否则延迟制造没有必要执行。如果最终产品的制造在重量、体积和品种上的变化很大,推迟最终的产品加工成形工作,能节省大量的运输成本和减少库存产品的成本,并简化管理工作,那么延迟策略的实施便会带来巨大的经济利益。

(4) 适当的交货提前期。通常来说,过短的提前期不利于延迟制造的实施,因为它要求给最终的生产与加工过程留有一定的时间余地,过长的提前期则无需延迟制造。

3. 物流延迟的适用环境

物流延迟策略特别适合关键的高价值的物品,在整个物流网络中只在少数的中央库存保持必要的最低量的库存以确保所有潜在的需求,一旦需求发生,订单通过电子邮件传到中央库,然后采用快速直运方式送到客户手中。

一般来说,实施延迟策略的企业应具备以下几个基本条件。①产品特征:模块化程度高,产品价值大,有特定的外形,产品特征易于表述,定制后可改变产品的容积或重量。②生产技术特征:模块化产品设计,设备智能化程度高,定制工艺与基本工艺差别不大。③市场特征:产品生命周期短,销售波动性大,价格竞争激烈,市场变化大,产品的提前期短。

无论是生产延迟还是物流延迟,都需要得到现代信息技术的支持,没有准确快速的信息传递,任何的延迟方式都将难以实行。它们都是基于时间要素的策略,使活动尽可能地推迟到需求发生的时刻,以避免因预测失误而造成的损失。但操作的方法完全不同,生产延迟着眼于产品,尽可能地等到需求明确时才生产;而物流延迟则着眼于地理位置,尽可能地等到需求明确时再向需求地点作最后的运送。随着信息技术的发展,从用户需求到供应商之间的整个物流系统会变得越来越透明,延迟策略的有效性会日益突出,这种方式是对传统的基于预测的物流实践的一种挑战。

3.5 逆向物流

3.5.1 逆向物流的含义与意义

1. 逆向物流的产生及其概念

近些年,各行业的知名企业,如通用汽车、IBM、3M、西尔斯、强生、雅诗兰黛等,通过实施一系列控制措施、引进信息化系统,开始着手在逆向物流管理领域降低由退货造成的资源损失率。对逆向物流的关注,不但为它们带来了直接的效果,与此同时,它们还获得了成本下降、客户满意度提高、环保等多方面的间接经济与社会效益。

随着绿色制造理念的发展,逆向物流开始受到企业界、理论界的重视。"逆向物流也许是企业在降低成本中的最后一块处女地了。"西尔斯负责物流的执行副总裁曾这样说。国外的一篇商业评论也指出,"退货中所孕育的未知机会,直到现在还少有企业考虑过"。而美国物流管理协会的资深专家、南佛罗里达大学教授詹姆斯·斯多克对逆向物流的描述更为精辟:"公司对退货如何处置,已经成为一项标新立异的竞争战略,并正成为提高效率的全新领域。"早在1999年,美国逆向物流委员会的专项调查就已表明,当年美国各企业逆向物流的成本超过了350亿美元。

企业废弃物物流是指对企业排放的无用物进行运输、装卸、处理等的物流活动。企业在生产、供应、销售的活动中总会产生各种边角余料和废料,这些东西回收是需要伴随物流活动的,而且,在一个企业中,回收物品处理不当,往往会影响整个生产环境,甚至影响产品质量,也会占用很大空间,造成浪费。

根据美国逆向物流协会的定义,逆向物流是为恢复价值或合理处置,而对原材料、中间库存、最终商品及相关信息,从消费地到起始地的高效、低成本流动所进行的计划、管理和控制过程。简单地说,逆向物流就是使物品从最终目的地回流的过程,其目的是对回流的物品进行适当的处理并获取价值和利润。逆向物流有退货和回收两类过程。退货是指下游顾客将不符合要求的产品退回给上游供应商。回收物流是指将最终顾客所持有的废旧物品回收到供应链上各相关节点企业。

逆向物流的构建,使原来单向的企业物流变为完整循环的物流网,有利于减少不适当物流所带来的环境污染。

逆向物流的内涵可以从逆向物流的对象、流动目的和活动构成等方面来说明。

(1) 从回流对象看,逆向物流是不合格产品、瑕疵产品、废旧物品及零部件、运输容器、包装材料等回流物品沿供应链渠道的反向流动过程。

(2) 从回流的目的看,逆向物流是为了重新获得产品的使用价值,获得再生资源,或者对最终废弃物进行正确处置,以避免对环境造成危害。

(3) 从物流活动构成看,为实现逆向物流的目的,逆向物流活动应该包括对回流物品的运输、储存、回收、检验、分类、拆分、重用、翻新、再生循环、报废处理以及逆向物流信息的收集处理等。

2. 逆向物流与正向物流的联系

正向物流和逆向物流是一个完整物流系统的两个子系统,两者相互连接、相互作用、相互制约,共同构成了一个开放式的物流循环系统。

逆向物流是在正向物流运作过程中产生和形成的,没有正向物流,就没有逆向物流;逆向物流流量、流向、流速等特性是由正向物流属性决定的。如果正向物流利用效率高、损耗小,则逆向物流必然流量小、成本低,反之则流量大、成本高。而在一定条件下,正向物流与逆向物流也可以相互转化,正向物流管理不善、技术不完备就会转化成逆向物流;逆向物流经过再处理、再加工、改善管理方法制度,又会转化成正向物流,被生产者和消费者再利用。

3. 逆向物流与正向物流的区别

与正向物流相比,逆向物流有着明显的不同特点。

(1) 逆向物流的反向性。逆向物流同正向物流运作的起始点和方向基本相反,它更加趋向于反应性的行为与活动,其中实物和信息的流动基本都是由供应链末端的成员或最终消费者引起的。

(2) 逆向物流的分散性和不确定性。由于退回的物品有各种不同的原因,逆向物流产生的地点、时间和数量是难以预见的,因此废旧物资流可能产生于生产领域、流通领域或生活消费领域,涉及任何领域、任何部门、任何个人,在社会的每个角落日夜不停地发生。

(3) 逆向物流的缓慢性。回流物品的数量少、种类多,只有在不断汇集的情况下才能形成较大的流动规模。废旧物资的产生也往往不能立即满足人们的某些需要,它需要经过收集、分类、整理、运输、加工、改造等环节,甚至只能作为原料回收使用,这是一个较复杂的过程,所需要的时间比较长,这一切都决定了废旧物资逆向物流具有缓慢性这一特点。

(4) 逆向物流的混杂性与复杂性。在进入逆向物流系统时,不同种类、不同状况的回流物品通常混杂在一起;由于回流物品的产生地点、时间分散、无序,因此不可能集中一次转移,而且对于不同的回流物品需要采用不同的处理方法,从而导致管理的复杂性。

(5) 逆向物流的处理费用高。由于这些回流物品通常缺乏规范的包装,又具有不确定性,难以形成运输和储存的规模效益;另一方面,许多物品需要人工的检测、分类、判断、处理,效率比较低,大大增加了人工处理的费用。

(6) 逆向物流的价值递减性与递增性。一些回流产品,由于逆向物流过程中会产生一系列的运输、仓储及处理费用,因而会使其本身的价值递减。而另一些回流物品,对消费者而言没有什么价值,但是通过逆向物流系统处理后,又会变成二手产品、零部件或者生产的原材料,获得了再生的价值,因此,逆向物流又具有价值的递增性。

3.5.2 逆向物流的运行特点

近几年,企业界对逆向物流也产生了浓厚兴趣。因为随着资源枯竭的威胁加剧,对使用过的产品及材料的再生恢复,逐渐成为企业满足消费市场需求的关键力量。同时,西方工业国家纷纷制定减少浪费的政策也促使企业以循环使用理念取代"一次使用"的观念。此外,消费者日益高涨的呼声也要求企业最大限度地降低产品与加工流程对环境的影响。

在这些力量的推动下,过去20多年中,产品的恢复再生无论是在规模,还是在范围上都有了巨大发展。全球主要复印机厂商施乐、佳能等均投入大量财力物力对使用过的设备进行再生产,而柯达公司从10多年前就已开始回收一次性相机。

全新的资源环境观和经济观的演变,导致逆向物流进入了突破性发展阶段。在某种意义上,有着"绿色物流"、"环保物流"美誉的逆向物流,对优秀企业而言,还承载着另外一项重要职责——显示公司竞争力和领先优势的利器。于是,通用汽车、西尔斯、3M 以及许多在线零售商等,都将逆向物流提到高层会议上,因为它们清楚地知道,有效的逆向物流系统和流程能节约成本、增加利润,并提高客户服务质量。

1. 逆向物流的分类

逆向物流作为企业价值链中特殊的一环,与正向物流相比,有着明显的不同。首先,逆向物流产生的地点、时间和数量是难以预见的。正向物流则不然,按量、准时和指定发货点是其基本要求。其次,发生逆向物流的地点较为分散、无序,不可能集中一次向接受点转移。再次,逆向物流发生的原因通常与产品的质量或数量的异常有关。最后,逆向物流的处理系统与方式复杂多样,不同处理手段对恢复资源价值的贡献差异显著。对逆向物流特点的重视与否,形成了企业逆向物流管理能力以及水准高低的分水岭。

按成因、途径和处置方式的不同,根据不同产业形态,逆向物流被学者们区分为投诉退货、终端使用退回、商业退回、维修退回、生产报废与副品,以及包装等6大类别。表3-2 显示的正是6类主要逆向物流的特点。

表3-2 中列出的6类典型的逆向物流类别,普遍存在于企业的经营活动中,其涉及的部门从采购、配送、仓储、生产、营销到财务部门。因此,从事逆向物流管理的经理需要处理大量协调、安排、处置、管理与跟踪的工作,企业才能完成资源的价值再生。然而在许多企业,逆向物流的管理却往往被忽视或简单化,甚至被认为是多余的。

表3-2 逆向物流的类别与特点

类别	周期	驱动因素	处理方式	例证
投诉退货 运输短少、偷盗、质量问题、重复运输等	短期	市场营销 客户满意服务	确认检查、退换货补货	电子消费品如手机、录音笔等
终端退回 经完全使用后需处理的产品	长期	经济 市场营销	再生产、再循环	电子设备的再生产、地毯循环、轮胎修复
		法规条例	再循环	白色和黑色家用电器
		资产恢复	再生产、再循环、处理	电脑元件及打印硒鼓
商业退回 未使用商品退回还款	短到中期	市场营销	再使用、再生产、再循环、处理	零售商积压库存,时装、化妆品
维修退回 缺陷或损坏产品	中期	市场营销 法规条例	维修处理	有缺陷的家用电器、零部件、手机
生产报废和副品 生产过程的废品和副品	较短期	经济 法规条例	再循环、再生产	药品行业、钢铁业
包装 包装材料和产品载体	短期	经济	再使用	托盘、条板箱、器皿
		法规条例	再循环	包装袋

企业想通过建立有效的逆向物流系统,以挖掘新的利润源、增强客户满意度绝非易事,它需要强大的信息系统和运营管理系统的支持才能奏效。当然,有效的逆向物流带给企业的回报也是非常丰厚的。

几年前,面对由于忽视逆向物流而造成的巨额利润流失,雅诗兰黛公司痛下决心,决定改善其逆向物流管理系统。它投资 130 万美元购买用于逆向物流的扫描系统、商业智能工具和数据库。系统运转的第一年,就为雅诗兰黛带来了以前只有通过裁员和降低管理费用才能产生的成本价值。其后,逆向物流系统通过对雅诗兰黛 24% 以上的退货进行评估,发现可以再次分销的产品居然是真正需要退回的 1.5 倍,于是,每年又为雅诗兰黛节省了一笔人力成本。与此同时,系统对超过保质期的产品识别精度也大大提高。1999 年,雅诗兰黛因为超过保质期,销毁了 27% 的退货,而在 1998 年,这个比例是 37%。据雅诗兰黛逆向物流部门的主管经理预计,只要信息系统和营运系统能够基于更严格的退货时间识别出过保质期的产品,产品销毁率完全可能降到 15% 以下。

2. 逆向物流的特点

逆向物流和正向物流一样有其特性,逆向物流具有逆向性、不可控性、依赖性和高成本性的特征。

1) 逆向性

逆向物流中退回的产品或报废产品的流动与正常的商品流的方向刚好相反。逆向物流更加趋向于反应性的行为与活动,其中实物和信息的流动都是由供应链企业或最终消费者引起,即从消费者→中间商→制造商→供应商。

2) 不可控性

这里指的不可控性并不是绝对的不可控,而是个相对的概念。在逆向物流的流程运行过程中,客户处于主导地位,企业处于响应地位。因此,客户发出退货要求的地点、时间和数量都是企业预先未知的,而且企业经常是非经济批量回收,甚至是单件产品。企业管理中的一些复杂的预测技术并不能轻易地应用到返回物品的供应管理上,因此说逆向物流具有不可控性。另外,逆向物流中的产品的成本内容广泛,而且由于产品"返回"的原因各不相同,对于各种产品的价格与成本的核算标准也不尽相同。对于部分产品,在逆向渠道中还要进行适当的处理之后才能够再次出售,这又会产生一部分附加成本,因此逆向物流的成本核算难也反映出其可控性差的特点。

3) 依赖性

逆向物流的依赖性源于物的正向物流和逆向物流是循环物流系统的两个子系统,逆向物流依赖于正向物流。逆向物流是在正向物流运作过程中产生和形成的,没有正向物流,就没有逆向物流;逆向物流流量、流向、流速等特性是由正向物流属性决定的。如果正向物流利用效率高、损耗小,则必然物流量小、成本低,反之则流量大、成本高。另外,正向物流与逆向物流在一定条件下可以相互转化。正向物流管理不善、技术不完备就会转化成逆向物流;逆向物流经过再处理、再加工,又会转化成正向物流,被生产者和消费者再利用。

4) 高成本性

首先,投资于逆向物流的资产具有高度的专用性,如建立回收商品处理中心、建立逆向物流信息系统等,这些巨额资产企业只能应用于对逆向物流的管理中,使得逆向物流的成本巨大。其次,回收产品通常缺少规范的包装,又具有不确定性,难以充分利用正常运输和仓储的规模效益。最后,许多商品需要人工的检测和处理,极大地增加了人工的费用,同时效率也低下。这三个方面的原因使得逆向物流具有高成本性。

3.5.3　逆向物流的优化与实施方法

逆向物流作为一个新兴领域,具有分散性、缓解性、混杂性和多变性等不同于正向物流的自身特征,它的实施并非传统的正向物流的简单逆过程,需要资金、设备、专业技术和人力资源共同支持配合才能完成。要管理好逆向物流,必须突破以往的单向物流模式,把逆向物流和正向物流有机结合起来,促使逆向物流在供应链中求得发展。

1. 逆向物流的网络优化

在传统正向物流管理中,物流网络设计具有战略重要性。同样,逆向物流网络设计是否合理从根本上决定了逆向物流运作的效率和效益。逆向物流网络设计是指确定废旧物品从消费地到起始地的整个流通渠道的结构,包括各种逆向物流设施的类型、数量和位置,以及废旧物品在设施间的运输方式等。根据废旧物品种类及其回收处理方式的不同,可分为不同的逆向物流网络类型和结构,如产品回收逆向物流网络和商业退回逆向物流网络等。

逆向物流网络设计主要有3种方式:

(1) 构建独立的逆向物流网络;

(2) 在传统正向物流网络基础上进行扩建,增加逆向物流功能;

(3) 进行逆向物流网络和正向物流网络的集成设计,建立一体化的物流网络。

从实际情况看,已经建立正向物流网络的企业多数倾向于采用第二种方式,这样既可以节约成本,而且不会对原有网络造成太大影响。

2. 优化逆向物流的组织——建立"返品中心"

美国一些大型零售商为了提高逆向产品处理效率,分区域设立了"返品中心"以集中处理返回产品,这成为逆向物流管理的开始。"返品中心"可以提高返回产品的流通效率,降低逆向物流消耗的成本,加速返回产品资金的回收。受"逆向物流中心"和"返品中心"的启发,按照专门化和集约化的原则,基于正向物流园区的理论和实践,建立逆向物流园区。

(1) 逆向物流园区中产品的流动都是从零散的地方积聚到园区,然后再进行整合处理并统一运出园区。产品流入园区具有很强的不确定性,因此,要求逆向物流园区在规划时应考虑运作和经营的灵活性。

(2) 各种回收产品经分拣后产生大量的不可再用废弃物具有同质性,需要经过焚烧、填埋等方法进行处理。应设立可对园区所有企业产生的废弃物进行集中处理的场所和设施,以实现场地的节约和设备共享。

(3) 企业可根据回收产品的特性和企业的经济状况决定是否入驻逆向物流园区。

(4) 建立逆向物流园区并不受各地区有无正向物流园区的影响,但是在建立过程中要认真考虑正向物流园区可能会对逆向物流园区产生的各种影响,应结合这些影响因素进行科学规划,避免造成交通系统复杂而影响流通速度,真正做到与正向物流园区资源共享、业务共享和业务互补。

回收中心能够使回流物品(包括任何时候的退货和使用后的物品)处理更有效率。回收中心作为处理回收物品的第一个节点,具备存储、处理回流物品的功能,然后把这些物品递送到逆向物流的下一个节点。回收中心具有强大的分类、库存调节功能,帮助企业通过逆向物流管理获得收益。

3. 逆向物流的实施

逆向物流的成功实施能够产生显著的经济和社会效应。为了发挥其潜在的效应,需要多种因素的共同作用。图3-7是逆向物流实施模式的示意图。

1) 技术维度分析

(1) 建立逆向物流信息系统

为了更好地管理逆向物流,企业需要建立一套完善的信息系统。自动采集回收物品信息,进行归类和分别处理;直接跟踪物流过程及处理成本;对每次回流物品原因及最后处理情况编订代码,统计回流物品的回流率、再生利用率、库存周

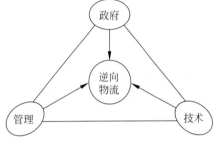

图 3-7 逆向物流实施模式示意图

转率,以便管理者进行实时跟踪和评估等。另外,企业通过在供应链范围内构建逆向物流系统,可以解决逆向供应链存在的需求信息逐级放大的问题,即"长鞭"效应。这样有利于提高整个逆向物流系统的运作效率以及整个供应链上企业的竞争力。

(2) 严格控制退货逆向物流的入口

在退货逆向物流流程的入口,对顾客要求回流的物品进行审查,加速逆向物流流程。首先,辨识退货原因;其次,根据公司政策,确定退货的必要性;最后,及时将产品更新信息传递给逆向物流检验人员。

(3) 建立专业化的回收处理中心

回收中心作为处理回流物品的第一个节点,具备存储、分类、处理回流物品等功能,能够帮助企业通过有效管理逆向物流而使其更有效率。首先,回收中心将回流物品按照去向细分,如再出售、加工后再出售、提取有用材料、废弃处置等;其次,回收中心能够帮助零售商减少无法销售的库存产品,有效地降低整个供应链的成本;最后,回收中心集中化的运作可以节省人力成本和发挥运输批量经济的优势。

(4) 加强回收物品的导向技术

对回收物品的导向可以看做逆向物流和顾客的桥梁。对回收物品的导向主要通过以下两种媒介进行:首先是传统媒介,企业用信函、报纸、电视等方式向顾客告示新的回收政策;其次是网络媒介,企业一般都可以在自己的网站上提供丰富的回收物品的导向及相关信息。另外,在电子商务条件下,合理建立购物网站对提高消费者的满意度、降低商品退货率、增加退货与回收的便利等也起着非常重要的作用。

2) 管理维度分析

(1) 提高企业的逆向物流意识

通过理念宣传、企业内部教育、政府引导、法规强制等方式来强化逆向物流观念,促使企业逐步重视其逆向物流的实施。

(2) 分层次实施逆向物流活动

为了使逆向物流效率最大化,企业应该按照这种顺序来分层次实现逆向物流目标:资

源缩减—重复利用—再生循环—废弃处置。逆向物流首先应注重"资源缩减",即通过环境友好的产品设计,使原料消耗和废弃物排放最小化,使正向物流和逆向物流活动量最低化;其次是"重复利用",即应尽量使产品零部件以材料本身形态被多次重复利用;再次是"再生循环",即经过物理或化学处理后,使废弃材料再次变成可利用的资源的过程;"废弃处置"是最后的选择,即采用焚烧或填埋的方式进行处理。

(3) 合理协调正向物流与逆向物流业务

逆向物流的包装、运输、流通加工、库存和配送等环节可能会与正向物流环节相冲突。大多数企业很关心正向物流,当两者业务发生冲突时,企业常常会放弃逆向物流。要提高逆向物流的效率,就必须通过建立一体化的信息系统,对产品的销售、处理等事宜及时进行跟踪,时刻把握整个供应链的运作情况,统筹考虑货物的双向流动,充分合理利用企业的人力、物力、财力等。这样会有助于企业加强对正向物流与逆向物流的协调,降低物流总成本,提高经济效益。

(4) 外包给第三方物流供应商实施逆向物流活动

在选择供应商时,要对其管理水平、信息监控、运输能力、业务覆盖范围、同行经验以及费用等方面进行综合考虑。其实,第三方物流企业提供逆向物流服务有很多优势,如专业化运作可以在很大程度上提高逆向物流管理效率,且厂商不必建立自己的逆向物流系统而进行较大投资和承担风险等。

3) 政府维度分析

政府需要出台一些必要的管制及激励政策与法律条例来保证其顺利实施。

(1) 制定废弃物收费与押金返还制度

根据污染物产生的数量来收取废弃物处理费,能促使企业主动降低生产过程和物流过程中的废弃物排放,主动实施废弃物循环再利用策略。对污染物制造者收取押金是一个较好的手段。如它能将政府无法实施的监督阻止行为转换为可操作的旨在归还产品后就可赎回押金的自觉行动,能激励厂商减少生产过程中的原料消耗,还能促使厂商寻找对环境损害更小的替代材料,以摆脱押金返还制度的监管并降低损失。

(2) 通过立法来控制废弃物及促进回收再循环

针对废弃物处理问题,很多国家制定了一系列的相关法律条例,禁止某些产品的废弃填埋,鼓励或强制要求进行废弃物的循环利用,以此控制废弃物的产生,控制废弃物对环境的破坏。例如,德国1991年颁布了《包装废弃物处理法》,规定了对一些包装容器的回收再利用率;美国佛罗里达州政府制订了《废弃物处理预收费法》,规定只要达到一定的回收再利用率就可以申请免除包装废弃物的税收。

"回收再循环法"不仅是为了解决废弃物过多的问题,同时也是为了缓解资源危机问题。欧洲许多国家通过法律条例来促使产品生产商承担起产品寿命终结后的回收处理责任。目前欧盟的回收法中要求回收的产品涉及家用电器、IT产品、汽车及零部件、电池等许多行业的产品。回收法不仅推动了逆向物流的产生,而且也促进了面向回收、面向拆卸的产品设计方法的诞生,促进了"资源缩减"目标的实现。

(3) 制定回收再利用的税收优惠政策

对使用原生材料征税。该税收增加了产品成本,提高了产品价格,因此减少了对产品的需求,从而也减少了废弃物的产生。该方法同时还会导致对可循环材料的需求增加,从而减少了对废弃物土地填埋处理的需求。对回收再循环给予税收优惠。这一点旨在鼓励企业回收产品或产品包装物,并确保回收材料的循环利用。该政策还鼓励在新产品生产中使用再生资源或再生零部件,这将促进逆向物流的快速发展,有利于资源节约和环境保护。

从政府部门角度来讲,除了加快出台相关立法与政策以及加大执行力度外,还应健全社会信誉制度,积极宣传回收再循环理念,引导全社会积极参与;并且可以采取适当补贴或融资便利等方式,以降低企业实施逆向物流的表面高昂成本,增强企业实施逆向物流的积极性与信心,促进逆向物流的顺利进行。

4. 实施逆向物流管理的意义

逆向物流中的机器维修退回的零部件,不但在促使企业不断改善品质管理体系上具有重要的地位,而且可以提高潜在事故的透明度,加速新产品的开发。ISO 9000 版将企业的品质管理活动概括为一个闭环式活动——计划、实施、检查、改进,逆向物流恰好处于检查和改进两个环节上,承上启下,作用于两端。企业在退货中暴露出的品质问题,将透过逆向物流资讯系统不断传递到管理阶层,提高潜在事故的透明度,管理者可以在事前不断地改进品质管理,以根除产品的隐患。

在物流中加入包装材料和产品载体类逆向物流后,就可以大大减少废弃物数量。在一个受管制的经济环境中,减少废弃物量,不仅减少了对环境的危害,也会降低企业因处理废弃物所发生的成本。

小结与讨论

本章主要讨论了合理组织生产过程的条件与要求;单一品种与多品种生产条件下组织生产过程中零部件移动的三种方式;不同生产类型生产物流组织的特点;延迟制造与物流延迟的区别与联系,以及它们的实施方法与适用环境;最后讨论了逆向物流的含义及特点,以及如何实施逆向物流等。

思考题

1. 组织生产过程的方式有哪几种?它们各自的优缺点如何?
2. 简述不同生产类型的生产物流管理的特色。
3. 简述延迟制造与物流延迟的联系与区别。
4. 举一个使用延迟制造与物流延迟相结合的例子。
5. 简述逆向物流的特点及作用。

第 4 章　生产设施布局与物流优化

生产设施布局与物流优化是企业生产与运作管理中的一个经典问题，早期的工业工程师的主要工作就是解决企业设施布置和优化问题的。虽然当今市场环境和生产方式都有了很大变化，生产设施布局与物流优化仍然是生产过程组织的重要内容。所不同的是，设施布局问题早已超出针对制造业企业这一特定范畴。除了制造业企业外，其他类型的组织如医院、储运公司、学校、办公室、银行、购物中心、航空港等，都有设施布局问题。许多设备、设置的布置一旦确定下来，其影响是永久性的。当生产设施布局投入运行以后才发现问题，再想改动就十分困难了。因此，为了寻求生产系统的最优运行效果，尤其是其中的物流运行效果，必须在系统设计时就优化其布置方案。

4.1　影响企业生产单位构成的因素

本节以制造业企业为例讨论企业内部生产结构问题。从制造型企业的一般结构特点看，企业内部的分厂或生产车间是基本生产单位，车间下设工段或生产小组，实行分层管理，分别完成各项生产任务。

企业生产单位的构成因行业不同差异很大，尤其是机械制造企业生产单位设置比较复杂。每个企业的生产部门构成都有自身的特点，但一般都会受到下列因素的影响。

（1）产品的结构与工艺特点。生产单位的设置应根据产品结构要求，设置相应的制造车间。如生产机械产品的制造企业，生产单位可由毛坯、加工、装配车间组成；流程式的化工行业则严格按工艺流程的阶段组成车间。同类型的产品，结构相似，可能采用不同的工艺方法。如齿轮厂的毛坯，可以模锻而成或精密铸造，因而相应地设置锻造车间或铸造车间，或者锻造与铸造车间均设置。

（2）企业的专业化与协作化水平。企业的专业化是以生产的产品品种多少和工艺类型与方法的单一化程度来衡量的。专业化程度高的企业，年产量较大，生产单位（车间）的任务比较单一。企业的生产专业化形式不同，相应设置的生产单位也不同。采用产品专业化形式的企业，要求企业有较为完整的生产单位，应设置毛坯车间、机械加工车间、热处理车间、装配车间等，如汽车制造企业。采用零部件专业化形式的企业，多数没有完整的加工工艺阶段，各个工艺阶段可不设置装配车间或毛坯车间，如齿轮厂等。采用工艺专业化的企业，一般只设有相应工艺阶段的车间，如装配厂，只有部件装配车间、总装车间等。

企业的专业化程度高，必然有大量的外协件需要进行协作化生产，企业将零部件的制造扩散出去，采用外包的方式组织制造资源，这样一来企业自身的制造活动就少了许多，这时候就更强调企业间的合作，强调以本企业为核心的供应链管理。供应链管理水平的高低有时也是一个在选址和布置时的重要考虑因素。

企业的协作化水平不同,生产单位组成的特点也不同。协作范围越广,外包的业务越多,则企业自身的生产单位组成越简单。

(3)企业的生产规模。企业的生产规模是指劳动力和生产资料在企业的集中程度。根据企业职工人数、固定资产总值、产品总产值等,可分为大、中、小规模企业。大型企业的车间规模大,为了便于组织生产,同类生产性质的车间往往设置多个,如机械加工一车间、机械加工二车间;对于小型企业,则可将加工与装配同设置在一个车间。

4.2 物料流程形式与设施布置形式

4.2.1 物料流程形式

如前所述,布置决策的目标之一是使物流成本最小。当物流成本最小是主要目标时,流程分析在布置中就是很重要的问题。流程形式可以分为水平的和垂直的。如果所有的设备、设施都在同一个车间里时,就按水平方式考虑,当生产作业是在多个楼层周转时,就按垂直方式考虑。常见的水平流程形式如图 4-1 所示。

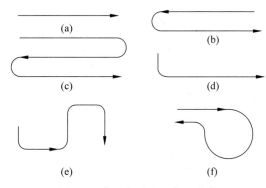

图 4-1 常见水平流程布置形式

4.2.2 设施布置类型

1. 固定式布置

固定式布置(fixed position layout)是指加工对象位置固定,生产工人和设备都随加工产品所在的某一位置而转移,例如内燃机车的装配、造船装配等,这种布置形式适用于大型产品的装配过程。由于某些产品体积庞大笨重,不容易移动,所以可保持产品不动,将工作地按生产产品的要求来布置,如大型飞机、船舶、重型机床等。对于这样的项目,一旦基本结构确定下来,其他一切功能都围绕着产品而固定下来,如机器、操作人员、装配工具等。图 4-2 所示为固定式布置

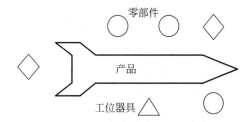

图 4-2 固定式布置示意图

示意图。

2. 按产品布置

按产品布置（product layout）就是按对象专业化原则布置有关机器和设施。最常见的如流水生产线或产品装配线，如图 4-3 所示。

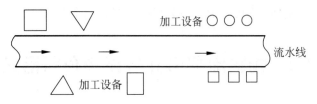

图 4-3　按产品（对象）布置的示意图

3. 按工艺过程布置

按工艺过程布置（process layout），又称工艺专业化布置，就是按照工艺专业化原则将同类机器集中在一起，完成相同工艺加工任务，如图 4-4 所示。

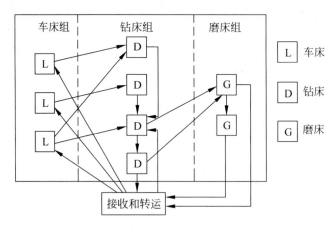

图 4-4　按工艺过程布置示意图

4. 按成组制造单元布置

按工艺专业化布置生产和服务设施，带来的问题是很明显的。它容易造成被加工对象在生产单位之间交叉往返运输，不仅引起费用上升，而且延长了生产周期。人们经过研究，通过实践创造了成组生产单元（layouts based on group technology）的形式。其基本原理是，首先根据一定的标准将结构和工艺相似的零部件组成一个零部件组，确定出零部件组的典型工艺流程，再根据典型工艺流程的加工内容选择设备和工人，由这些设备和工人组成一个生产单元，如图 4-5 所示。成组生产单元类似对象专业化形式，因而也具有对象专业化形式的优点。但成组生产单元更适合于多品种的批量生产，因而又比对象专业化形式具有更高的灵活性，是一种适合多品种中小批量生产的理想生产方式。

5. 按 C 形制造单元布置

成组制造单元具体地可以布置成 C 形，简称 C 形制造单元布置（C-line cell），如

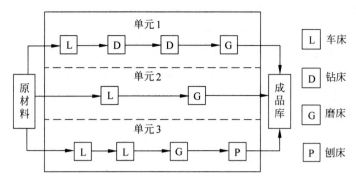

图 4-5 成组生产单元布置示意图

图 4-6 所示。

6. 按 U 形制造单元及生产线布置

U 形制造单元及生产线布置(U-line cell)如图 4-7 所示。

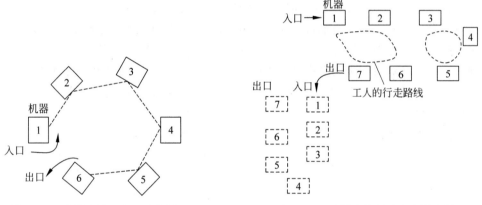

图 4-6 C 形制造单元布置示意图　　　图 4-7 U 形制造单元及生产线布置

在实际生产中,一般综合运用上述几种形式,针对不同的零部件品种数和生产批量以及物流成本和效率要求选择不同形式的生产单位。

4.3 组织生产单位的专业化原则

生产单位专业化的原则和形式,影响企业内部的生产分工和协作关系,决定着物料流向、物流路线和运输量,它是企业与车间平面布置中必须考虑的重要问题。按照生产流程的不同类型,生产单位专业化原则有工艺专业化和对象专业化原则,详细内容可见第 2 章。

4.3.1 按工艺专业化原则组织的生产单位

按照工艺专业化特征建立的生产单位,形成工艺专业化车间。工艺专业化形式的生产单位内集中了完成相同工艺的设备和工人,可以完成不同产品上相同工艺内容的加工,如制造业企业中的机械加工车间、锻造车间、车工工段、铣工工段等生产单位。工艺专业化生产单位具有对产品品种变化适应能力强、生产系统可靠性高、工艺管理过程方便的优点,但由于完成整个生产过程需要跨越多个生产单位,因而也有加工路线长、运输量大、运输成本高、生产周期长、组织管理工作复杂等缺点,由于变化品种时需要重新调整设备,耗费的非生产时间较多,生产效率低。

4.3.2 按对象专业化原则组织的生产单位

对象专业化是指按照产品(或零部件)建立的生产单位。对象专业化形式的生产单位内集中了完成同一产品生产所需的设备、工艺装备和工人,可以完成相同产品的全部或大部分的加工任务,如汽车制造厂的发动机车间、曲轴车间、齿轮工段等生产单位。对象专业化生产单位便于采用高效专用设备组织连续流水作业,可缩短运输路线、减少运输费用,有利于提高生产效率、缩短生命周期,同时还简化了生产管理。但是,对象专业化生产单位只固定了生产一种或很少几种产品的设备,因而对产品品种变化的适应能力很差。

按对象专业化形式组成的车间(工段)的主要优点是,有利于提高工作地的专业化程度,可以采用高效率的专用设备,提高工作效率,提高生产过程的连续性,缩短生产周期,简化生产管理工作。在以对象专业化形式建立的车间与工段内多是采用流水生产组织形式。这种形式的主要缺点是,适应市场需求变化的应变能力较差。对象专业化原则布置形式适用于大批量生产类型。

采用这两种专业化形式组织的生产单位相应有两种布置形式,分别如图 4-8 和图 4-9 所示。

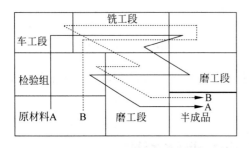

图 4-8　工艺专业化形式示意图

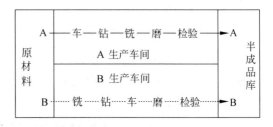

图 4-9　对象专业化形式示意图

事实上,任何企业,特别是机械制造企业,纯粹按工艺专业化形式或对象专业化形式布置的较少,常常是同时采用两种专业化形式进行车间或企业的布置。工艺专业化原则适用于多品种小批量生产,对象专业化原则适用于大批量生产。

工艺专业化原则和对象专业化原则具有普遍的适用意义。例如,政府部门有各种不同职能部门,一般是按职能分工布置,可以认为是工艺专业化原则。在这种布置下,一份公文的审批要经过若干个部门,花费时间多,效率较低。如果围绕某种特殊任务,如审批外商投资项目,为提高办公效率,往往从有关职能部门抽出办事人员集中在一起,采用流水作业方式处理项目申请,很快就可以办完手续,这就是对象专业化原则的具体应用。

4.4 装配线生产物流平衡优化

4.4.1 装配线生产物流平衡的提出

所谓装配线平衡,又称工序同期化,是对于某装配流水线,在给定流水线的节拍后,求出装配线所需工序的工作地数量和所用工人数最少的方案。装配线平衡问题还可以表述为:对于特定的产品,给定工作地数量,求出使流水线节拍最小的配置方案。这两种表达方式都是要使各工作地的单件作业时间尽可能接近节拍或成节拍的整数倍。

某装配线有 6 道工序,其作业顺序和工序作业时间如图 4-10 所示。假定节拍为 5 min/件,计算工序负荷率。

通过简单分析不难看出,工序负荷率最高的只有 60%,即 3、4 两道工序,而工序 6 的负荷率只有 20%。这种现象会导致:

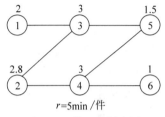

图 4-10 装配线顺序图

(1) 浪费时间资源;
(2) 忙闲不均,引起矛盾;
(3) 浪费人力资源。

为了解决这些问题,必须对装配线的工序进行新的组合分析,重新组织工作地。

4.4.2 装配线生产物流平衡优化方法

在这里,我们主要讨论基于时间的装配线生产物流平衡方法。

1. 装配线节拍的计算

所谓装配线节拍,是指装配线上连续出产两件相同制品的时间间隔。其计算公式是

$$r = \frac{\text{计划期有效工作时间}}{\text{计划期内计划产量}} = \frac{F_e}{N} = \frac{F_0 \eta}{N}$$

例 4-1 某装配线计划日产量为 150 件,采用两班制生产,每班规定有 21 min 停歇时间,计划不合格品率为 2%,计算该流水线的节拍。

$$r = \frac{\text{计划期有效工作时间}}{\text{计划期内计划产量}} = \frac{F_e}{N} = \frac{8 \times 2 \times 60 - (21 \times 2)}{150 \times (1 + 0.02)} = 6 \text{ (min/件)}$$

2. 装配线时间平衡的方法

装配线时间平衡是指以适当的方式将装配线上若干个相邻工序合并成一个大工序(又称工作地),并使这些大工序的作业时间接近或等于装配线的节拍。具体步骤如下。

(1) 确定装配流水线节拍。
(2) 计算装配线上需要的最少工作地数。

$$S_{\min} = \left[\frac{\sum t_i}{r} \right]$$

(3) 组织工作地。按以下条件向工作地分配小工序：

① 保证各工序之间的先后顺序；

② 每个工作地分配到的小工序作业时间之和(T_{ei})不能大于节拍；

③ 各工作地的作业时间应尽量接近或等于节拍($T_{ei} \to r$)；

④ 应使工作地数目尽量少。

(4) 计算工作地时间损失系数、平滑系数。

$$\varepsilon_L = \frac{Sr - \sum_{i=1}^{S} T_{ei}}{Sr} \times 100\%$$

$$SI = \sqrt{\sum_{i=1}^{S}(T_{emax} - T_{ei})^2}$$

例 4-2 启明公司开发出一种款式新颖的三轮童车，试销结果表明深受顾客欢迎。公司决定建立一条装配流水线，大批量生产这种三轮童车，面向全国销售。现需要对这条装配线进行组织设计，装配线平衡过程如下。

三轮童车装配路线如图 4-11 所示。三轮童车装配作业先后顺序如图 4-12 所示。

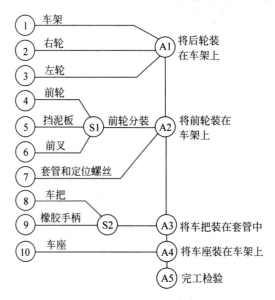

图 4-11　三轮童车装配路线示意图

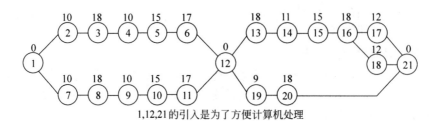

图 4-12　三轮童车装配作业先后顺序

(1) 装配作业的分解和节拍的确定。由生产计划和工作班次，三轮童车装配线的节拍为

$$r = 20 \text{ s/件}$$

(2) 计算最小工作地数。
$$S_{min} = 253/20 = 12.65 \approx 13$$

(3) 组织工作地。根据装配作业顺序图，用试算法进行工作地重新划分，共划分出 15 个工作地。

(4) 计算装配线的时间损失系数和平滑系数。

$$\varepsilon_L = \frac{Sr - \sum_{i=1}^{S} T_{ei}}{Sr} \times 100\% = \frac{15 \times 20 - 253}{15 \times 20} \times 100\% = 16\%$$

$$SI = \sqrt{\sum_{i=1}^{S}(T_{emax} - T_{ei})^2} = \sqrt{(20-20)^2 + (20-18)^2 + (20-18)^2 + \cdots + (20-12)^2}$$
$$= \sqrt{5 \times 2^2 + 2 \times 3^2 + 2 \times 8^2 + 3 \times 5^2} = \sqrt{241} = 15.5$$

4.5 设施布局与物流优化的定量方法

4.5.1 运量图法

物料运量图法是按照生产过程中物料的流向及市场单位之间运输量布置企业的车间及各种设施的相对位置。其步骤如下。

(1) 根据原材料、在制品在生产过程中的流向，初步布置各个生产车间和生产服务单位的相对位置，绘出初步物流图；

(2) 统计车间之间的物料流量，制定物料运量表；

(3) 按运量大小进行初始布置，将车间之间运量大的安排在相邻位置，并考虑其他因素进行改进和调整。

4.5.2 作业相关图法

作业相关图法由穆德提出，它是根据企业各个部门之间的活动关系密切程度布置其相互位置。首先将关系密切程度划分为 A、E、I、O、U、X 六个等级(其含义见表 4-1)，然后列出导致不同程度关系的原因(见表 4-2)。使用这两种资料，将待布置的部门一一确定出相互关系，根据相互关系重要程度，按重要等级高的部门相邻布置的原则，安排出最合理的布置方案。

表 4-1 关系密切程度分类表

代 号	密切程度	代 号	密切程度
A	绝对重要	O	一般
E	特别重要	U	不重要
I	重要	X	不予考虑

表 4-2 关系密切原因

代 号	关系密切原因	代 号	关系密切原因
1	使用共同的原始记录	6	工作流程连续
2	共用人员	7	做类似的工作
3	共用场地	8	共用设备
4	人员接触频繁	9	其他
5	文件交换频繁		

例 4-3 一个快餐店欲布置其生产与服务设施。该快餐店共分成 6 个部门，计划布置在一个 2×3 的区域内。已知这 6 个部门间的作业关系密切程度，如图 4-13 所示。请根据图 4-13 作出合理布置。

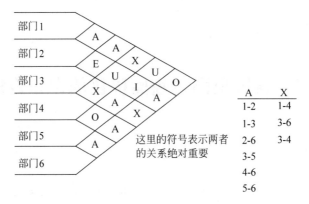

图 4-13 作业相关图示例

解 第一步，列出关系密切程度分类表（只考虑 A 和 X）。

第二步，根据列表编制主联系簇，如图 4-14 所示。原则是，从关系"A"出现最多的部门开始，如本例的部门 6 出现 3 次，首先确定部门 6，然后将与部门 6 的关系密切程度为 A 的部门——联系在一起。

第三步，考虑其他"A"关系部门，如能加在主联系簇上就尽量加上去，否则画出分离的子联系簇。本例中，所有的部门都能加到主联系簇上去，如图 4-15 所示。

图 4-14 联系簇 1   图 4-15 联系簇 2

第四步，画出"X"关系联系簇，如图 4-16 所示。
第五步，根据联系簇图和可供使用的区域，用实验法安置所有部门（见图 4-17）。

1	2	6
3	5	4

图 4-16 X 关系联系簇   图 4-17 最后结果

4.5.3 从-至表法

从-至(from-to)表是一种常用的生产和服务设施布置方法。利用从-至表列出不同部门、机器或设施之间的相对位置,以对角线元素为基准计算各工作点之间的相对距离,从而找出整个单位或生产单元物料总运量最小的布置方案。这种方法比较适合于多品种、小批量生产的情况。其基本步骤如下:

(1) 选择典型零部件,制定典型零部件的工艺路线,确定所用机床设备;
(2) 制定设备布置的初始方案,统计出设备之间的移动距离;
(3) 确定出零部件在设备之间的移动次数和单位运量成本;
(4) 用实验法确定最满意的布置方案。

例 4-4 有一单位由 A、B、C、D、E 五个部门组成,已知初始方案各个部门之间的加工零部件的移动次数,如表 4-3 所示。试用从-至表法重新布置该单位各部门的位置。

表 4-3 部门布置初始方案

从＼至	A	B	C	D	E
A		1	4		1
B	2		1	1	
C		2		3	1
D					4
E	1	1		2	

解 首先计算出初始方案的总移动量。表中对角线右上方各格所列数字代表零部件加工沿设备排列顺向的移动次数,对角线左下方各格所列数字代表零部件加工沿设备排列逆向的移动次数。

在从-至表中,表中数据所在位置距对角线的格距单位数就是相应部门(设备)之间的距离单位数。越靠近对角线的方格表示对应两个部门(或设备)的距离越近。

最佳的部门(设备)布置,应使单位内典型零部件加工过程中总的往返距离最小。因此,部门(设备)之间零部件往返次数最多的应调到相邻位置。例如在表 4-3 中,A 至 C 共计 4 次,在需要调整部门中移动次数最多,应将 C 调至与 A 相邻位置。

初始方案的总移动量计算如下。

顺向移动格距:
$$(1+1+3+4) \times 1 = 9$$
$$(4+1+1) \times 2 = 12$$
$$1 \times 4 = 4$$

逆向移动格距:
$$(2+2+2) \times 1 = 6$$
$$1 \times 3 = 3$$

$$1 \times 4 = 4$$

总计：

$$25 + 13 = 38$$

根据上述最佳布置原则，应将移动次数多的两个部门相邻布置，经过调整之后的部门排列顺序见表 4-4。再据此计算总移动量。计算结果表明，此方案比前方案有所改进。

表 4-4 调整后的部门布置方案

从＼至	B	A	C	D	E
B		2	1	1	
A	1			4	1
C	2			3	1
D					4
E	1	1		2	

经过有限次的移动后，可以找到最满意的方案（即总移动量最小的布置方案）。

调整后的方案总移动量计算如下。

顺向移动格距：

$$(2 + 4 + 3 + 4) \times 1 = 13$$
$$(1 + 1) \times 2 = 4$$
$$(1 + 1) \times 3 = 6$$

逆向移动格距：

$$(1 + 2) \times 1 = 3$$
$$2 \times 2 = 4$$
$$1 \times 3 = 3$$
$$1 \times 4 = 4$$

总计：

$$23 + 14 = 37$$

可见，改进方案后减少了总移动量。

从-至表试验法的改进方案是近优解，每次改进方案都是靠观察、试验而得出，若使用计算机进行辅助运算，将十分简便。

4.5.4 线性规划

线性规划在管理领域的应用十分广泛，在生产运作管理中也大量地应用线性规划的理论与方法对生产设施的布局进行优化，其基本模型如下。

设：n = 机器数量；

c_{ij} = 机器 i 布置在 j 时，单位时间的成本；

d_{jr}＝从位置 j 到位置 r 物料移动一次的成本；
f_{ik}＝单位时间内机器 i 到机器 k 的平均移动次数；
S_i＝机器 i 可能布置的位置的集合；

$$a_{ijkr} = \begin{cases} f_{ik}d_{jr}, & i \neq k \text{ 或 } j \neq r \\ c_{ij}, & i = k \text{ 和 } j = r \end{cases}$$

$$x_{ij} = \begin{cases} 1, & \text{如果机器 } i \text{ 布置在位置 } j \\ 0, & \text{其他} \end{cases}$$

a_{ijkr} 是单位时间机器 i 布置在位置 j 和机器 k 布置在位置 r 物料运输费用。这个费用仅在 x_{ij} 等于 x_{kr} 情况下出现。因此，总成本的表达式为

$$\frac{1}{2}\sum_{i=1}^{n}\sum_{j=1}^{n}\sum_{k=1}^{n}\sum_{r=1}^{n}a_{ijkr}x_{ij}x_{kr}$$

约束条件有：

$$\sum_{j=1}^{n}x_{ij} = 1, \quad i = 1,2,\cdots,n$$

$$\sum_{i=1}^{n}x_{ij} = 1, \quad j = 1,2,\cdots,n$$

$$x_{ij} = 0 \text{ 或 } 1, \quad i = 1,2,\cdots,n; \quad j = 1,2,\cdots,n$$

$$x_{ij} = 0, \quad i = 1,2,\cdots,n; \quad j \notin S_i$$

优化的目标是使总的物料搬运成本最低。这是一个四重分配问题，一般来说，该问题用人工求解是极为困难的。不过，现在市场上有许多软件公司开发出来的优化软件包，例如 LINGO，就可以非常方便地解决这些问题。

4.5.5 计算机辅助优化方法

随着计算机在企业管理中的应用，越来越多的管理人员处理生产与服务设施布置时，通过计算机解决一些比较复杂的问题。

计算机辅助选址决策与设施布置的软件水平越来越高。图 4-18～图 4-20 是一个实际企业物流网络选址决策的应用示例。图 4-18 是该企业"工厂—配送中心—客户"系统的地理分布图。图中的圆圈表示配送中心，三角形表示工厂，大大小小的黑色方块表示客户所在地。

图 4-19 是某种布局方案。在这种方案下，该企业现行的"工厂—配送中心—客户"设置总成本为 12 621 233.00 美元。

通过采用某软件公司开发的选址优化软件进行重新设计，如图 4-20 所示，在这种方案下，该企业的"工厂—配送中心—客户"设置总成本为 10 012 763.00 美元。两者相比，后一方案比前一方案大约节约了 260 多万美元。

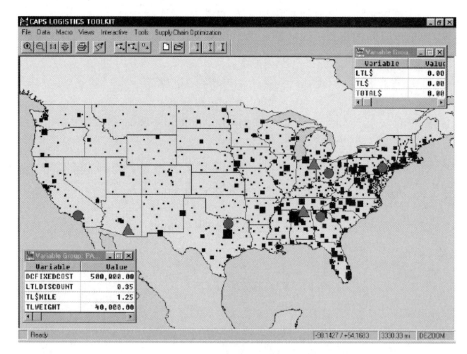

图 4-18 某企业物流网络布局示意图 1

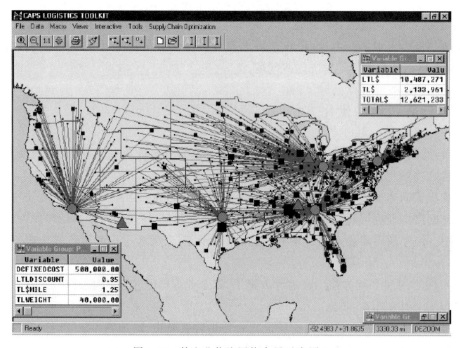

图 4-19 某企业物流网络布局示意图 2

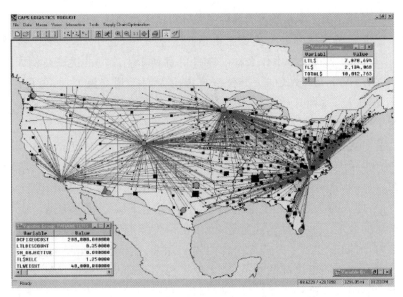

图 4-20　某企业物流网络布局示意图 3

4.6　非制造业的设施布置

非制造业行业种类繁多，难以归纳成如制造业的几种基本类型。这里，仅介绍一下办公室布置。当今，"白领"人员在就业人口中所占比重越来越大，因此，如何通过合理、有效的办公室布置提高工作效率，提高"白领"的劳动生产率也正在日益成为一个重要问题。

办公室与制造系统相比，有许多根本不同的特点。首先，生产制造系统加工处理的对象主要是有形的物品，因此，物料搬运是进行设施布置的一个主要考虑因素；而办公室工作的处理对象主要是信息以及组织内外的来访者，因此，信息的传递和交流方便与否，来访者办事是否方便、快捷，是主要的考虑因素。其次，在生产制造系统中，尤其是自动化生产系统中，产出速度往往取决于设备的速度，或者说与设备速度有相当大的关系。在办公室，工作效率的高低往往取决于人的工作速度，而办公室设备，又会对人的工作速度产生极大影响。再次，在生产制造系统中，产品的加工特征往往在很大程度上决定设施布置的基本类型，生产管理人员一般只在基本类型选择的基础上进行设施布置；而在办公室布置中，同一类工作任务可选用的办公室布置有多种，包括房间的分割方式、每人工作空间的分割方式、办公家具的选择和布置形式等。此外，在办公室的情况下，组织结构、各个部门的配置方式、部门之间的相互联系和相对位置的要求对办公室布置有更重要的影响，在办公室布置中要予以更多的考虑。但在办公室布置中，也有一些考虑原则与生产制造系统是相同的。例如，按照工作流程和能力平衡的要求划分工作中心和个人工作站，使办公室布置保持一定的柔性，以便于未来的调整和发展等。

办公室布置的主要考虑因素有两个：①信息传递与交流的迅速、方便；②人员的劳动生产率。其中信息的传递与交流既包括各种书面文件、电子信息的传递，也包括人与人之间的信息传递与交流。对于需要跨越多个部门才能完成的工作，部门之间的相对地理位置也是一个重要问题,这一点与生产系统相似。本章所述的各种图表分析技术也同样应用于办公室布置。

办公室布置中要考虑的另一个主要因素是办公室人员的劳动生产率,必须根据工作性质的不同、工作目标的不同来考虑什么样的布置更有利于生产率的提高。例如,在银行营业部、贸易公司等的情况下,开放式的大办公室布置使人们感到交流方便,可促进工作效率的提高;而在一个出版社,这种开放式的办公室布置可能会使编辑们感到会无端受到干扰,无法专心致志地工作。

尽管办公室布置根据行业的不同、工作任务的不同有多种,但仍然存在几种基本的模式:一种是传统的封闭式办公室,办公楼被分割成多个小房间,伴之以一堵堵墙、一个个门和长长的走廊。显然,这种布置可以保持工作人员足够的独立性,但却不利于人与人之间的信息交流和传递,使人与人之间产生疏远感,也不利于上下级之间的沟通。而且,几乎没有调整和改变布局的余地。另一种模式是近20多年来发展起来的开放式办公室布置,在一间很大的办公室内,可同时容纳一个或几个部门的十几人、几十人甚至是上百人共同工作。这种布置方式不仅方便了同事之间的交流,也方便了部门领导与一般职员的交流,在某种程度上消除了等级的隔阂。但这种方式的一个弊病是,有时会相互干扰,会带来职员之间的闲聊等。因此,后来进一步发展起来的一种布置是带有半截屏风的组合办公模块。这种布置既利用了开放式办公室布置的优点,又在某种程度上避免了开放式布置情况下的相互干扰、闲聊等弊病,而且,这种模块式布置有很大的柔性,可随时根据情况的变化重新调整和布置。有人曾估算过,采用这种形式的办公室布置,建筑费用比传统的封闭式办公建筑能节省40%,改变布置的费用也低得多。实际上,在很多组织中,封闭式布置和开放式布置都是结合使用的。20世纪80年代,在西方发达国家中又出现了一种称为"活动中心"的新型办公室布置。在每一个活动中心,有会议室、讨论室、电视电话、接待处、打字复印、资料室等进行一项完整工作所需的各种设备。楼内有若干个这样的活动中心,每一项相对独立的工作任务在这样一个活动中心进行,工作人员根据工作任务的不同在不同的活动中心之间移动。但每人仍保留有一个小小的传统式个人办公室。显而易见,这是一种比较特殊的布置形式,较适用于项目型的工作。

20世纪90年代以来,随着信息技术的迅猛发展,一种更加新型的办公形式——"远程"办公也正在从根本上冲击着传统的办公布置方式。所谓"远程"办公,是指利用信息网络技术,将处于不同地点的人们联系在一起,共同完成工作。例如,人们可以坐在家里办公,也可以在出差地的另一个城市或飞机、火车上办公等。可以想象,当信息技术进一步普及,其使用成本进一步降低以后,办公室的工作方式和对办公室的需求,以及办公室布置等,均会发生很大的变化。

小结与讨论

本章介绍了物料流程形式与设施布置的主要形式,讨论了在组织生产单位决策中的两个原则——工艺专业化和对象专业化原则,分析了这两个原则的特点及应用场合。为了帮助管理人员优化布置方案,还介绍了几种常用的设施布局与物流优化的定量方法。作为一种普遍应用的布置问题,本章介绍了装配线生产物流平衡优化的方法,讨论了装配线时间平衡的概念及平衡方法,并简要介绍了非制造业设施布置的问题。

思考题

1. 你所在地区的印刷厂或其他你所熟悉的企业的布置是什么样的？
2. 有哪些影响企业生产单位构成的主要因素？
3. 讨论几种布置类型的特点。
4. 为什么要进行装配线时间平衡？装配线平衡的方法是什么？
5. 一产品装配线计划每小时出产 300 件产品，每小时用于生产的时间是 50 min，表 4-5 是装配工序、每道工序的作业时间及紧前工序等信息。请：①画出装配工序先后顺序图；②计算该装配线的节拍是多大；③计算每小时装配 300 件产品的最小工作地数。

表 4-5　思考题 5 装配线工序及其作业时间

工　序	工序作业时间/min	紧前工序
A	0.69	—
B	0.55	A
C	0.21	B
D	0.59	B
E	0.70	B
F	1.10	B
G	0.75	C、D、E
H	0.43	G、F
I	0.29	H

6. 一个装配线计划每小时装配 200 件产品，每小时用于生产的时间是 50 min。表 4-6 是装配工序、每道工序的作业时间及紧前工序等信息。请：①画出装配工序先后顺序图；②计算该装配线的节拍是多大；③计算每小时装配 200 件产品的最小工作地数；④进行装配线平衡，使时间损失率最小。

表 4-6　思考题 6 装配线工序及其作业时间

工　序	工序作业时间/min	紧前工序
A	0.20	—
B	0.05	—
C	0.15	—
D	0.06	—
E	0.03	A、B
F	0.08	C、D
G	0.12	E、F
H	0.05	—
I	0.05	—
J	0.12	H、I、J
K	0.15	J
L	0.08	K

案例　海喻光纤光缆厂选址分析

海喻光纤光缆有限公司(以下简称海喻公司)是一家大型的光纤光缆制造企业,位于武汉高新技术产业开发区,产品主要是销往华东地区和国外市场。为了保持和发展其在国内光纤光缆领域的优势,海喻公司于2000年秋天决定扩大光缆的制造能力,以满足不断增长的市场需求。海喻公司现有的场地、厂房等设施和服务不具备继续扩大生产规模的条件,因此海喻公司决定另觅新址,同时对未来的厂址提出了如下要求。

(1) 地理位置好,要接近市场、运输方便。光缆产品一般按客户订单组织生产,属于多品种、小批量的生产类型。交货期短,平均为7天,短的为2~3天。因此,产品的快速交付逐渐成为竞争力的重要因素。所以,光缆产品属于"消费地指向"的产品。

(2) 要有足够的厂区面积。根据新厂建设规划的要求,新厂目标年生产能力要达到200万芯公里。考虑到光缆生产工艺流程的要求、厂区平面布置和厂内运输的要求,需要征地大约 $45\ 000\ m^2$。

(3) 人力资源丰富。新建工厂拟采用四班三转制,工厂定员大约为220人。因此,要求新厂所在地区具有较好的工业历史,能比较容易从当地招聘技术工人和管理人员。

(4) 土地价格相对较低。

(5) 投资政策和环境好。

(6) 配套基本设施及服务好。

(7) 气候、环境、生活条件适宜,以便吸引所需的技术员工和管理人员。

(8) 离主要生活区的距离不超过2小时车程,以利于员工上下班交通。

(9) 金融服务体系完善,包括外币业务。

由于现在全球性的光纤短缺持续时间不能确定,所以时不我待,海喻公司必须尽快作出决策。海喻公司为此特别成立一个项目小组,负责项目的可行性研究、项目选址、项目批报、项目建设等工作。项目小组根据公司对选址初步考虑的条件,决定新建的工厂位于中国经济最发达的华东地区,即上海、南京、杭州之间的长江三角洲地区。经过进一步的分析,决定优先考虑上海地区。项目小组经过考虑,在上海初选了以下几个地区进行考察和评价,考察和了解的地区包括:金桥出口加工区、张江高科技园区、外高桥出口保税区、漕河泾工业区、莘庄工业区、松江工业区。

项目小组的调查结果是:外高桥出口保税区地理位置和政策较适宜于完全的出口加工或出口贸易企业,保税区的土地价格达 90 美元$/m^2$,以内销为主的光缆厂并不适合。漕河泾工业园区是上海最早的开发区,已经发展成为一个成熟的工业区,并不具备进一步发展的空间。闵行的莘庄工业区发展较为成熟,计划开发中的地区的地理位置偏僻,开发周期太长。由于上述原因,这三个区域首轮就被淘汰。张江高科技园区产业导向十分强烈,对非微电子企业不欢迎,而且由于张江成为新的投资热点,土地开发能力明显不够,无法满足海喻公司建设的需要。从供应链和运输因素综合来看,松江和金桥基本上都能满足要求,因此海喻公司将选址的重点集中于金桥和松江。

金桥和松江是上海开发区中两种类型的代表,前者是上海市政府的重点开发区,后者则是当地区政府重点开发的地区。从地理位置和园区级别来看,松江工业区位于上海市南郊松江区，是市级工业区，距离上海市中心30 km。金桥出口开发区是国家级开发区，位于浦东新区中部，地理位置相对来说比松江开发区优越。松江工业园区周边有沪杭高速公路等几条高等级的公路，沪杭铁路也横穿工业园区，距离港口、集装箱码头、机场都不超过50 km，而且有连接上海市区的轻轨，这对以后来自上海市区的员工上下班都很有好处，可以降低公司的运行费用。金桥出口加工区位于上海市内和外环线之间，距虹桥国际机场25 km，浦东国际机场30 km，交通便利，但暂时无地铁和轻轨到达。两个园区的基本配套设施和生活设施都能满足项目的要求，但在2小时车程范围内的生活区条件方面，金桥要略优于松江，但是这基本上不会对高级别员工的吸引力方面造成显著影响。人力资源方面，两个地区相对来说都很丰富，高级管理人才主要来自上海市区。松江原来是一个非工业县城，劳动力的素质并不是很高，缺乏熟练劳动力，但普通技术工人的工资水平低于金桥出口加工区。从地区政府的态度来看，引资部门态度都很积极，都有很优惠的政策，比如"三免二减半"，同时松江工业园区还对总投资额在1000万美元以上的新办生产性投资企业，可以延长三年免征所得税。在土地供应方面，两个园区的土地价格分别为：松江工业园区24美元/m^2，金桥出口加工区80美元/m^2，都是50年工业用地批租。在可供选择地块条件上，松江要优于金桥，松江的综合用地成本具有优势。从进入园区的企业来看，各有世界500强的20多家企业进驻，而金桥出口加工区所在的浦东新区内国际知名大企业较多，规模较大。

问题：

海喻公司项目组在选址因素方面考虑是否周全？还有其他需要考虑的因素吗？应当在松江工业园区和金桥出口加工区之间选择哪个地区？请你为海喻公司的选址提供建议。

第 5 章　生产计划与物料需求计划

企业如何做到以最低的资源消耗生产出市场上所需要的产品或提供优质服务，是企业管理者最为关注的事情。他们也一直在为达到这一目的而不断寻找有效的管理方法。其中，做好生产计划是最为首要、最为基础的工作。任何一个企业的运作管理都是建立在有效的计划体系上的。这一计划体系包含了指挥企业各种活动的各项计划，如销售和经营计划、年度(总体)生产计划、物料需求计划、能力平衡计划、车间作业计划等。没有一个好的生产计划，就无法保证资源的最优配置，无法保证按期交货，无法获得用户的信任，最终影响到企业在市场上的竞争力。企业生产计划的制定是一个复杂的过程，里面有许多问题需要我们去研究和解决。

5.1　生产计划概述

5.1.1　生产计划系统的构成

根据企业组织层次和管理目标的不同，人们将生产计划也分为不同的层次。最为常见的三层体系结构如图 5-1 所示，每一层次都有特定的内容。

长期计划的计划期一般为 3~5 年，主要给出企业战略性的生产发展计划。长期计划是企业的最高层管理部门制定的计划，它涉及产品发展方向、生产发展规模、技术发展水平、新生产设施的建造等。

中期计划的计划期一般为 1 年，主要给出在计划年度内企业要实现的目标。中期计划是企业中层管理部门制定的计划，确定出现有条件下生产经营活动应该达到的目标，如产量、品种、产值、利润等，具体表现为生产计划、能力计划和产品出产进度计划。由于中期计划的计划期通常是 1 年，所以又将其称为年度生产计划。

短期计划的计划期一般为 1 个月，有的甚至只有一周或更短的时间。短期计划详细给出了企业各个单位和个人在计划期内的生产任务。短期计划是执行部门编制的计划，确定日常生产经营活动的具体安排，常以物料需求计划、能力需求计划和生产作业计划等来表示。

5.1.2　生产计划的指标体系与期量标准

生产计划主要的任务是回答生产什么、生产多少、何时生产等问题，它是由一系列的指

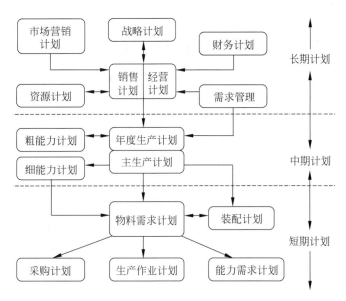

图 5-1 企业生产与物流计划体系一般结构

标来表示的,故称为生产计划的指标体系。我国企业中常见的生产计划指标体系的主要内容有品种、产量、质量、产值和出产期。

(1) 品种指标:是企业在计划期内出产产品的品名、规格、型号和种类数,它涉及"生产什么"的决策。确定品种指标是编制生产计划的首要问题,关系到企业的生存和发展。随着客户需求日益个性化和新技术、新材料的迅猛发展,品种多样化逐渐成为企业成功的决定性因素之一。

(2) 产量指标:是企业在计划期内出产的合格品数,它涉及"生产多少"的决策,关系到企业能获得多少利润。

(3) 质量指标:是企业在计划期内产品质量应达到的水平,常采用诸如"一等品率"、"合格品率"、"废品率"等指标表示。近年来,随着经济全球化的进程加快,企业也逐步将质量指标与国际接轨,包括 ISO 质量标准、欧盟质量标准、各种国际环保质量标准等,都在企业内得到广泛采用。

(4) 产值指标:是企业在计划期内应完成任务的货币表现。根据具体内容和作用的不同,分为商品产值、总产值、净产值。

(5) 出产期指标:是为了保证按期交货确定的产品出产日期。正确地决定出产期很重要。因为出产期太紧,保证不了按期交货,不但会给用户带来损失,企业自己的信誉也受损;出产期太松,不利于争取用户,还会造成生产能力的浪费。而随着顾客化大量定制时代的到来,按照顾客的要求制定出产期和交货期也成为企业制订计划的一个重要挑战。

不同类型的生产企业,其关注的指标体系也略有不同。例如,对于 MTO 企业,确定交货期和产品价格是生产计划主要的决策;对于 MTS 企业,主要是确定品种和产量。

5.2　年度生产计划

编制生产计划,不仅要确定全年的产量任务,而且要将全年生产任务具体安排到各个月份,这就是确定产品出产计划,或者说年度生产计划,或总体计划(aggregate planning,AP)。合理安排产品生产计划,可以进一步落实销售计划,使销售人员做到心中有数。同时,也有利于有效地运用企业内部资源,提高劳动生产率,降低生产成本。产品生产计划还是编制生产作业计划和其他执行计划的重要依据。因此,生产计划的制定与优化是一项非常重要的工作。生产计划的制定方法因企业所面临的市场需求变化的性质不同而不同。这里对MTS企业和MTO企业两种不同类型的企业分别讨论。对MTS企业而言,主要内容包括品种与产量的确定、产品出产计划的编制,对MTO企业而言,主要介绍接受订货决策、品种、价格与交货期的确定等内容。

5.2.1　MTS企业年度生产计划的制订

备货型生产企业编制出产进度计划的核心内容是确定品种、产量和出产日期,一般没有针对具体顾客的交货期设置问题,因为顾客有需求将直接用产品库存给予满足。制定生产计划要统筹考虑市场要求、企业内部条件等多方面的影响因素,要在各种影响因素之中寻求平衡。生产计划的制定过程就是一个统筹安排、综合平衡的过程。因此,MTS企业在制定生产计划时,在处理品种、产量等指标的优选及出产进度计划安排时,要有一定的策略和方法。

1. 品种的确定

对于大量大批生产,品种数很少,而且所生产的产品品种一般是市场需求量很大的产品,所以一般根据市场对某种产品的需求量安排不同产品的计划产量。

对于多品种中批量生产,则有品种选择问题。确定生产什么品种的产品,对企业的利润水平有至关重要的影响,是十分重要的决策。品种优选就是要确定出最有利于实现企业经营目标的产品,优选可以采用收入利润顺序法。

2. 产量的确定

产量的确定是指在品种数一定的情况下,优化各种产品的计划生产数量,使企业利润达到最大化。确定产量水平时,涉及人力、设备、材料、资金等多方面因素,因此,常借用一些数学规划方法来优化产品产量。线性规划是用得较多的方法。

线性规划是运筹学中的一个重要应用领域。利用线性规划,可以求得在一组资源约束下各种产品的产量,使利润最大化。

假定有 n 种产品,m 种资源约束,可采用以下线性规划方法来优化:

$$\max Z = \sum_{i=1}^{n}(r_i - c_i)x_i$$

满足:

$$\sum_{i=1}^{n} a_{ik} x_i \leqslant b_k, \quad k = 1, 2, \cdots, m$$

$$x_i \leqslant U_i$$

$$x_i \geqslant L_i, \quad L_i \geqslant 0, \quad i = 1, 2, \cdots, n$$

式中：x_i——产品的产量；

b_k——资源 k 的数量；

a_{ik}——生产一个单位产品 i 需资源 k 的数量；

U_i——产品 i 最大潜在销售量（通过预测得到）；

L_i——产品 i 的最小生产量；

r_i——产品 i 的单价；

c_i——产品 i 的单位可变成本。

例 5-1 某厂有三个车间，每个车间有 600h 的生产能力。现有 6 种产品要生产，每种产品在三个车间的单台加工时间和可获得利润的情况见表 5-1。制定可使利润达到最大的生产计划。

表 5-1 单台产品加工时间和可获得的利润值　　　　　　　　　　　　　　元

产　　品	P_1	P_2	P_3	P_4	P_5	P_6
在一车间的加工时间	2	1	0	0	0	1
在二车间的加工时间	0	2	3	2	0	0
在三车间的加工时间	0	0	0	1	2	1
单台产品利润/百元	4	6	5	5	3	4

解 设产品 P_i 的年产量为 X_i。

目标函数：$\max Z = 4X_1 + 6X_2 + 5X_3 + 5X_4 + 3X_5 + 4X_6$

约束条件：$2X_1 + X_2 + X_6 \leqslant 600$

$2X_2 + 3X_3 + 2X_4 \leqslant 600$

$X_4 + 2X_5 + X_6 \leqslant 600$

$X_i \geqslant 0$

用单纯形法求解，得到

$X_1 = 0, \quad X_2 = 300（台）, \quad X_3 = 0, \quad X_4 = 0, \quad X_5 = 150（台）, \quad X_6 = 300（台）$

总利润为

$$Z = 600 \times 300 + 300 \times 150 + 400 \times 300 = 345\,000 \text{（元）}$$

用于产量优选的数学方法还有很多，如整数规划、目标规划等，此处不一一列举，需要的时候可以参考有关运筹学的书籍。

3. 处理非均匀需求的策略

编制产品出产计划需要解决的一个基本问题是如何处理非均匀需求，即由季节性因素或其他因素影响而出现的市场需求波动。

对于均匀需求，即市场需求平稳且需要量大的产品，出产进度计划可以采取均匀分配的方式，将全年的计划出产量分配到各个月份，也可以采取平均递增的分配方式，将全年计划产量按劳动生产率每月平均增长率,分配到各个月份。这种情况多出现在大量生产类型的产品上。

对于非均匀需求,即市场需求有波动性,如需求量随季节不同而变化的情况,而企业的生产能力是相对稳定的,要解决这个矛盾,就要考虑选择什么样的处理非均匀需求的策略。

1) 改变需求的方法

(1) 通过改变价格转移需求

通过价格差别使得高峰需求转移到低峰时期。如平时上班时间电话费率高,节假日、周末和夜间电话费率低;白天乘飞机票价高,夜间乘飞机票价低;晚上打保龄球费率高,上午打保龄球费率低;晚上12点以后过桥不收过桥费等。这些都是通过价差转移需求的例子。这种方法在服务业用得多,且对价格需求弹性大的产品和服务最有效。

(2) 推迟交货

将某期间的交货推迟一段时间交货,同时给顾客一定的价格折扣。能否成功应用这种方法取决于顾客的态度,推迟交货有失售的损失和失去顾客的危险。

2) 调整能力的方法

(1) 改变劳动力数量

任务重的时候多雇工,任务轻的时候少雇工。这种方法在服务业用得较多。一些旅游景点具有明显的季节性,夏天或假日游客多,服务能力不能满足需要;冬天和平时,游客少,人员闲置。对这种企业,可以少用固定职工,在接待任务重时招募临时工。国外许多学生利用假期打工挣学费,正是这种策略为他们提供了机会。使用这种方法要求工作是非专业性的,一般人员经简单培训或观摩就可以胜任。对于制造业,由于需要专门技术,难以随时招募技术员工,或者需要经过系统培训才能上岗,这种办法不一定可行。而且解雇职工会受到法律的限制和工会的反对,同时还会影响职工的劳动情绪,遭到职工的反对。现在越来越多的企业视职工为最重要的竞争资源,而不是一种可变成本。

(2) 忙时加班加点,闲时培训

加班加点是职工比较容易接受的策略,也容易实行,有利于企业维持稳定的职工队伍和增加职工收入。但这种方法不是永远可行的,过多的超时工作会使人厌倦,工作效率和质量降低,甚至引起安全事故。在工作任务少时,抽调部分职工进行培训,可以提高他们的技能。

(3) 利用半时工人

在一天工作时间内,有时工作负荷重,有时又很轻闲。如果按照工作负荷最重的时候确定职工人数,会造成人员过多。利用半时职工可以解决这个问题。比如饭馆和超级市场,在忙时用"钟点工",以提高企业的服务能力。

(4) 利用库存调节

在制造业多采用利用库存调节生产的方法。如图5-2所示,市场需求如图中粗线所示,是波动的,而生产能力在一定时期是确定不变的。如果从总量上讲,生产能力与负荷是平衡的,为了使生产能力在一定时间满足任务的需要,可以利用库存来调节生产。从图5-2可以看出,当生产率和需求率相等($0<t<t_1$ 和 $t>t_3$)时,库存不变;当需求小于生产能力($t_1<t<t_2$)时,由于生产率维持不变,库存量就会上升;当需求大于生产能力($t_2<t<t_3$)

时，将消耗库存来满足需要，库存就会减少。采取这种策略不必按最高生产负荷配备生产能力，可节约固定资产投资，是处理非均匀需求的常用策略。成品库存的作用好比水库，可以蓄水和供水，既防旱又防涝，保证水位正常。但是，通过改变库存水平来适应市场的波动，会产生维持库存费用，同时，库存也破坏了生产的准时性，掩盖了管理问题，纯劳务性生产不能采用这种策略。

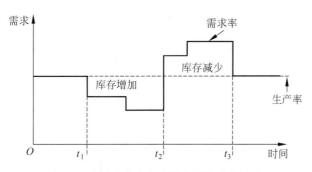

图 5-2 通过改变库存水平来吸收需求波动

(5) 转包

转包(subcontracting)就是把一部分生产任务转给其他企业去做，利用其他企业的生产能力加工本企业的产品，相当于扩大了本企业的能力。当然，转包也可能会带来能否按期交货的问题和质量一致性问题，丧失部分控制权，而且会损失一部分收益。但是，处在激烈变化环境中的企业，不可能完全通过本企业的能力生产多变的产品或提供多样化的服务。与其花费巨大的投资去扩充生产能力，还不如借用其他企业的资源来满足特定的需要。

(6) 改变"自制还是外购"决策

如果能力不够，变某些自制产品或零部件为外购；如果能力有富余，变某些外购产品或零部件为自制。前提是市场可以提供所需的产品或零部件，并且本企业有能力制造原先确定为外购的产品或零部件。

5.2.2　MTO企业年度生产计划的制订

单件小批生产(job-shop production)是典型的订货型生产，其特点是按用户订单的要求，生产规模、质量、价格、交货期不同的专用产品。

单件小批生产方式与大量大批生产方式都是典型的生产方式。大量大批生产具有低成本、高效率与高质量的优势，使得一般中等批量生产难以与之竞争。但是，单件小批生产却以其产品的创新性与独特性，在市场中牢牢地站稳了脚跟。其原因主要有三个：

(1) 大量大批生产中所使用的各种机械设备是专用设备，专用设备是以单件小批生产方式制造的。

(2) 随着技术的飞速发展和竞争的日益加剧，产品生命周期越来越短，大量研制新产品成了企业赢得竞争优势的关键。新产品即使要进行大量大批生产，但在研究与试制阶段，其结构、性能、规格还要做各种改进，只能是单件小批生产方式。

(3) 单件小批生产制造的产品大多数为生产资料，如大型船舶、电站锅炉、化工炼油设备、汽车厂的流水线生产设备等，它们是为新的生产活动提供的。

对于单件小批生产，由于订单到达具有随机性，产品往往又是一次性需求，无法事先对计划期内的生产任务做总体安排，也就不能应用线性规划进行品种和产量组合上的优化。但是，单件小批生产仍需编制生产计划。生产计划可以对计划年度内企业的生产经营活动和接受订单进行指导。一般来讲，制订计划时，已有部分确定的订货，企业还可以根据历年的情况和市场行情，预测计划年度的任务，然后根据资源的限制进行优化。单件小批生产企业的生产计划只能是指导性的，产品出产进度计划是按订单做出的。因此，对单件小批生产企业，接受订货决策是十分重要的。

1. 接受订货决策

当用户订单到达时，企业要做出接不接、接什么、接多少和何时交货的决策。在做出这项决策时不仅要考虑企业所能生产的产品品种，现已接受任务的工作量，生产能力与原材料、燃料、动力供应状况，交货期要求等，而且要考虑价格是否能接受。因此，这是一项十分复杂的决策。

2. 品种、价格与交货期的确定

1) 品种的确定

对于订单的处理，除了前面所讲的即时选择的方法之外，有时还可将一段时间内接到的订单累积起来再作处理。这样做的好处是可以对订单进行优选。

对于单件小批生产也可用线性规划方法确定生产的品种和数量。对于单件生产，无所谓产量问题，可采用 0-1 整数规划来确定要接受的品种。例如已接到 A、B 和 C 3 个订货，其加工时间和可获得的利润如表 5-2 所示，能力工时为 40 个时间单位，接受哪些产品最有利？这是一个 0-1 整数规划问题。决策变量取 0，表示该品种不生产，取 1 表示生产。其数学模型为

$$\max 10x_A + 13x_B + 25x_C$$

满足：

$$12x_A + 8x_B + 25x_C \leqslant 40$$

$$x_A, x_B, x_C = 0 \text{ 或 } 1$$

表 5-2 产品的加工时间和利润

	产 品		
	A	B	C
加工时间	12	8	25
利润	10	13	25

0-1 整数规划的解法十分复杂，对于 n 个品种，有 2^n 种组合情况。对于规模较大的实例，在正常的时间范围内是得不到最优解的。因此，需要采用启发式算法。有一种启发式算法是按（利润/加工时间）的值从大到小排序，即优先考虑单位加工时间利润最大的任务。对本例：

A：10/12＝0.83， B：13/8＝1.63， C：25/25＝1

于是，得到优选顺序 B—C—A。选择 B，余下能力为 32，再选 C，余下能力为 7，不足以加工 A。只能选 B 和 C，结果获利 38。

0-1 整数规划问题的一般形式为

$$\max \sum p_i x_i$$

满足：

$$\sum t_{ij} x_i \leqslant c_j$$
$$x_i = 0 \text{ 或 } 1$$
$$i = 1, 2, \cdots, m; j = 1, 2, \cdots, n$$

式中：p_i——产品 i 的单位利润；

t_{ij}——生产一个单位产品 i 需资源 j 的数量；

c_j——j 种资源的可供量。

2）价格的确定

确定价格可采用成本导向法和市场导向法。成本导向法是以产品成本作为定价的基本依据，加上适当的利润及应纳税金，得出产品价格的定价方法。这是从生产厂家的角度出发的定价法，其优点是可以保证所发生的成本得到补偿。但是，这种方法忽视了市场竞争与供求关系的影响，在供求基本平衡的条件下比较适用。

市场导向法是按市场行情定价，然后倒算成本应控制范围。按市场行情，主要是看具有同样或类似功能的产品的价格分布情况，然后再根据本企业产品的特点，确定顾客可以接受的价格。按此价格来控制成本，使成本不超过某一限度，并尽可能小。

对于单件小批生产的机械产品，一般考虑采用成本导向定价法。由于单件小批生产的产品的独特性，它们在市场上的可比性不是很强。因此，只要考虑少数几家竞争对手的类似产品的价格就可以了。而且，大量统计数据表明，机械产品原材料占成本比重的 60%～70%，按成本定价是比较科学的。

由于很多产品是第一次生产，而且在用户订货阶段，只知产品的性能、质量上的指标，并无设计图纸和工艺，按原材料和人工的消耗来计算成本是不可能的。因此，往往采取类比的方法来定价。即按过去已生产的类似产品的价格，找出一大类产品价格与性能参数、质量之间的相关关系，来确定将接受订货的产品价格。

3）交货期的确定

出产期与交货期的确定对单件小批生产十分重要。产品出产后，经过发运，才能交到顾客手中。交货迅速且准时可以争取顾客，正确设置交货期是保证按期交货的前提条件。交货期设置过松，对顾客没有吸引力，还会增加成品库存；交货期设置过紧，超过了企业的生产能力，会造成误期交货，给企业带来经济损失和信誉损失。

对单件小批生产，设置交货期不仅要考虑产品从投料到出产之间的制造周期，而且还要考虑包括设计、编制工艺、设计制造工装、准备大型铸造件和采购供应原材料等活动所需的生产技术准备周期。然而，由于产品的独特性，生产技术准备周期和制造周期难以估计。因而，统计方法一直是最广泛使用的方法。

5.3 主生产计划

5.3.1 主生产计划的定义

主生产计划(master production scheduling, MPS)是由主生产计划员负责制定的、确定每一具体的最终产品在每一具体时间段内出产数量的计划。

这里的最终产品是指对于企业来说最终完成、要出厂的完成品,它要具体到产品的品种、型号。这里的具体时间段,通常是以周为单位,在有些情况下,也可以是日、旬、月。主生产计划详细规定生产什么、什么时段应该产出,它是独立需求计划。主生产计划根据客户合同和市场预测,把经营计划或生产大纲中的产品系列具体化,使之成为展开物料需求计划的主要依据,起到了从综合计划向具体计划过渡的承上启下作用。主生产计划必须考虑客户订单和预测、未完成订单、可用物料的数量、现有能力、管理方针和目标等。因此,它是生产计划工作向下延伸的一项重要计划。

5.3.2 主生产计划的约束条件及编写步骤

编制主生产计划时要确定每一具体的最终产品在每一具体时间段内的生产数量。它需要满足以下两个约束条件。

(1) 主生产计划所确定的生产总量必须等于总体计划确定的生产总量。该约束条件包括两个方面:①每个月某种产品各个型号的产量之和等于总体计划确定的该种产品的月生产总量;②总体计划所确定的某种产品在某时间段内的生产总量(也就是需求总量)应该以一种有效的方式分配在该时间段内的不同时间生产。

当然,这种分配应该是基于多方面考虑的,例如,需求的历史数据、对未来市场的预测、订单以及企业经营方面的其他考虑。此外,主生产计划既可以周为单位,也可以日、旬或月为单位。当选定以周为单位以后,必须根据周来考虑生产批量(断续生产的情况下)的大小,其中重要的考虑因素是作业交换成本和库存成本。

(2) 在决定产品批量和生产时间时必须考虑资源的约束。与生产量有关的资源约束有若干种,例如设备能力、人员能力、库存能力(仓储空间的大小)、流动资金总量等。在制订主生产计划时,必须首先清楚地了解这些约束条件,根据产品的轻重缓急来分配资源,将关键资源用于关键产品。

主生产计划的编制可分为以下几个步骤进行。

1) 产品资料的准备

产品需求是主生产计划的主要依据,因此,编制工作的第一步是准备产品需求资料。不同生产类型的企业,需求资料的来源往往不同。对大量大批生产企业,一般根据历史资料产生未来的产品需求量;对单件小批生产类型的企业,则根据积攒的用户订货,或通过走访用户而预计的订货量来确定产品需求量。对成批生产企业则从用户订货与预测两方面来确定需求量。

2) 制定主生产计划草案

主生产计划是一种指导生产用的计划，不是销售用的计划，故在编制计划时应考虑以下问题：

- 现有库存量能满足的部分不列入计划；
- 选择适当的批量和间隔期，以保证生产的经济性；
- 检查负荷量是否存在急剧的波动性，是否超过或低于实有的生产能力；
- 某些需求过于笼统，应将它们具体化为产品的品种、型号和规格。

对于大批大量生产的企业，一般将产量均匀地安排到各季各月，以便与流水生产方式相适应。对于成批生产企业，要着重考虑产品品种的合理搭配；对于产量较大、需求变动较少的产品可分配到全年的各季各月生产；对于产量较小的产品，尽量集中在某段时间内生产。当然，这种安排以不违反交货期要求为准则。对于单件小批生产，主要根据订货合同规定的数量和期限，适当地兼顾其他方面的要求，如同类型的产品集中安排，新产品与生产难度大的老产品错开安排等。

3) 检查生产能力能否满足需要

主生产计划的生产能力单位主要是生产车间，如铸造车间、机械加工车间；或取设备大组，如大件加工、齿轮加工、部件装配、总成装配；或取全车间的车工加工、钳工加工等的能力为核算单位。按这样的能力单位分配产品生产任务，并进行任务量与实有生产能力的核算平衡。为此，需先计算产品任务在各能力单位的负荷分布。这种负荷计算分两步进行：首先按产品结构层次分解出每层物料（部件、零部件、毛坯等）包含的项目和它们的计划交库时间，再按零部件的工艺路线和劳动定额资料计算它们在各能力组的负荷量，然后分时间周期（月）汇总成负荷分布图。负荷分布图的示例如图5-3所示。

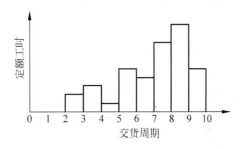

图 5-3　产品负荷分布图

将各种产品的负荷分布图叠加起来，就可得到整个计划的生产能力需要量分布图。从生产能力需要分布图可以清楚地看出哪些时期负荷过重，哪些时期负荷不足，进而对它们的进度时间或能力单位的能力进行调整，以得到一个合理可行的计划。

5.3.3　主生产计划的编制原则

编制主生产计划应遵循以下原则。

(1) 各种产品的出产时间和数量应首先保证已有的订货合同的要求。在安排产品的顺序上，要分清轻重缓急。如先安排重点客户订货、出口产品等的任务，再安排其他的一般性任务。

(2) 多品种生产的企业，要做到产品品种的合理搭配。尽量减少各计划周期（季、月）的生产品种；同时又能使各车间在各周期的设备和人力的负荷比较均衡。

(3) 新产品试制任务应在全年内均匀分摊,避免生产技术准备工作忙闲不均。

(4) 要使原材料、外构件、外协件的供应时间和数量与主生产计划的安排协调一致。

(5) 要注意跨年度计划之间的衔接。如安排年初出产的产品时,应考虑上一年度的产品在制情况;而对于第四季度则要考虑为下一年度的产品出产做好准备。

5.3.4 主生产计划编制的技巧

1. 主生产计划与总体计划的连接

在主生产计划的基本模型中,并未考虑利用生产速率的改变、人员水平的变动或调节库存来进行权衡、折中。但是,总体计划是要考虑生产速率、人员水平等折中因素的,因此,在实际的主生产计划制订中,是以综合计划所确定的生产量而不是市场需求预测来计算主生产计划量。也就是说,以总体计划中的生产量作为主生产计划模型中的预测需求量。总体计划中的产量是按照产品系列来规定的,为了使之转换成主生产计划中的市场需求量,首先需要对其进行分解,分解成每一计划期内对每一具体型号产品的需求。在作这样的分解时,必须考虑到不同型号、规格的适当组合,每种型号的现有库存量和已有顾客订单量等,然后将这样的分解结果作为主生产计划中的需求预测量。

总而言之,主生产计划应是对总体计划的一种具体化,当主生产计划以上述方式体现总体计划的意图时,主生产计划就成为企业整个经营计划中的一个重要的、不可或缺的部分。

2. 主生产计划的"冻结"(相对稳定化)

主生产计划是所有部件、零部件等物料需求计划的基础。由于这个原因,改变主生产计划,尤其是对已开始执行,但尚未完成的主生产计划进行修改时,将会引起一系列计划的改变以及成本的增加。当主生产计划量要增加时,可能会由于物料短缺而引起交货期延迟或作业分配变得复杂;当主生产计划量要减少时,可能会导致多余物料或零部件的产生(直至下一期主生产计划需要它们),还会导致将宝贵的生产能力用于现在并不需要的产品。当需求改变,从而要求主生产量改变时,类似的成本也同样会发生。

为此,许多企业采取的做法是,设定一个时间段,使主生产计划在该期间内不变或轻易不得变动。也就是说,使主生产计划相对稳定化,有一个"冻结"期。"冻结"的方法可有多种,代表不同的"冻结"程度。一种方法是规定"需求冻结期",它可以包括从本周开始的若干个单位计划期,在该期间内,没有管理决策层的特殊授权,不得随意修改主生产计划。例如,将主生产计划设定为8周。在该期间内,没有特殊授权,计划人员和计算机(预先装好的程序)均不能随意改变主生产计划。另一种方法是规定"计划冻结期"。计划冻结期通常比需求冻结期要长,在该期间内,计算机没有自主改变主生产计划的程序和授权,但计划人员可以在两个冻结期的差额时间段内根据情况对主生产计划作必要的修改。在这两个期间之外,可以进行更自由的修改,例如,让计算机根据预先制定好的原则自行调整主生产计划。这两种方法实质上只是对主生产计划的修改程度不同。例如,某企业使用3个冻结期,8、13和26周。在8周以内,是需求冻结期,不得轻易修改主生产计划;从第8周到第13周,主生产计划仍较呈刚性,但只要不导致零部件发生短缺,可对最终产品的型号略作变动;从第13周到第26周,可改变最终产品的生产计划,但前提仍是物料不会发生短缺。第26周以后,市场营销部门可根据需求变化情况随时修改主生产计划。

总而言之,主生产计划冻结期的长度应周期性地审视,不应该总是固定不变。此外,主生产计划的相对冻结虽然使生产成本得以减少,但也同时减少了响应市场变化的柔性,而这同样是要发生成本的。因此,还需要考虑二者间的平衡。

3. 不同生产类型中的主生产计划的变型

主生产计划是要确定每一具体的最终产品在每一具体时间段内的生产数量。其中的最终产品,是指对于企业来说,最终完成的要出厂的产品。但实际上,这主要是指大多数备货生产型的企业而言。在这类企业中,虽然可能要用到多种原材料和零部件,但最终产品的种类一般较少(如图 5-4 所示),且大都是标准产品,这种产品的市场需求的可靠性也较高。因此,通常是将最终产品预先生产出来,放置于仓库,随时准备交货。

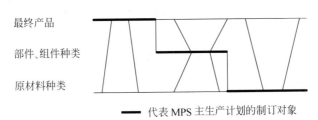

图 5-4　主生产计划的制订对象

在另外一些情况下,特别是随着市场需求的日益多样化,企业要生产的最终产品的"变型"是很多的。所谓变型产品,往往是若干标准模块的不同组合。例如,以汽车生产为例,传统的汽车生产是大批量备货生产类型,但在今天,一个汽车装配厂每天所生产的汽车可以说几乎没有两辆是一样的,因为顾客对汽车的车身颜色、驱动系统、方向盘、座椅、音响、空调系统等不同部件可以自由选择,最终产品的装配只能根据顾客的需求来决定,车的基本型号也是由若干不同部件组合而成的。

例如,一个汽车厂生产的汽车,顾客可选择的部件包括:3 种发动机(大小)、4 种传动系统、2 种驱动系统、3 种方向盘、3 种轮胎尺寸、3 种车体、2 种平衡方式、4 种内装修方式、2 种制动系统。基于顾客的这些不同选择,可装配出的汽车种类有 $3×4×2×\cdots=10\ 368$ 种,但主要部件和组件只有 $3+4+2+\cdots=26$ 种,即使再加上对于每辆车来说都是相同的那些部件,部件种类的总数也仍比最终产品种类的总数要少得多。因此,对于这类产品,一方面,对最终产品的需求是非常多样化和不稳定的,很难预测,因此保持最终产品的库存是一种很不经济的做法。而另一方面,由于构成最终产品的组合部件的种类较少,因此预测这些主要部件的需求要容易得多,也精确得多。所以,在这种情况下,通常只是持有主要部件和组件的库存,当最终产品的订货到达以后,才开始按订单生产。这种生产类型被称为组装生产。这样,在这种生产类型中,若以要出厂的最终产品编制 MPS,由于最终产品的种类很多,该计划将大大复杂化,而且由于难以预测需求,计划的可靠性也难以保证。因此,在这种情况下,主生产计划是以主要部件和组件为对象来制订的。例如,在上述汽车厂的例子中,只以 26 种主要部件为对象制订 MPS。当订单来了以后,只需将这些部件作适当组合,就可在很短的时间内提供顾客所需的特定产品。

还有很多采取订货生产类型的企业,如特殊医疗器械、模具等生产企业,当最终产品和主要的部件、组件都是顾客订货的特殊产品时,这些最终产品和主要部件、组件的种类比它们所需的主要原材料和基本零部件的数量可能要多得多。因此,类似于组装生产,在这种情况下,主生产计划也可能是以主要原材料和基本零部件为对象来制订的。

5.4 物料需求计划

5.4.1 物料需求计划的产生与发展

物料需求计划(materials requirements planning,MRP)源于20世纪60年代的美国,最初是针对当时制造企业生产管理中存在的普遍问题以及传统库存控制方法的不足而提出的一种库存管理技术。

认识MRP产生的背景,首先应该从库存控制中的订货点法开始。

1. 订货点法的局限性

定量订货库存控制方法可称为订货点法,通常的做法是根据历史记录来推测未来的需求,根据物料的需求来确定订货点和订货批量,进而事先将产品生产出来存放于仓库中,一旦有用户提出订货需求,可以即刻交付客户的订单。订货点法适合于具有独立需求特点(即外生需求)的物料。然而,在实际生产中,不仅要解决满足外生的需求库存控制问题,而且要满足相关需求特点(即内生需求)的库存控制要求。另外,即使是独立需求的库存控制,也有面临需求波动性的问题。在这种情况下,使用订货点法来处理制造过程中的某些物料便暴露出一些明显的缺陷。

(1) 盲目性。由于需求的不均匀以及对需求的情况不了解,企业不得不保持一个较大数量的安全库存来应付这种需求。这样盲目地维持一定量的库存会造成资金积压。例如,对某种零部件的需求可能出现如表5-3所示的情况。按经济订货批量(EOQ)公式,可以计算出经济订货批量,比如说为50件。对于第1种情况,第一周仅需20件,若一次订50件,则余下30件还需存放1周,还满足不了第3周的需要。因此在第3周前又要提出数量为50件的订货,到第3周消耗掉40件后,剩余的40件将存放7周。对于第2种情况,剩余的30件无缘无故地存放了9周,而且还不满足第10周的需要。靠经常维持库存来保证需要,是由于对需求的数量及时间不了解所致。显然,这样的盲目性造成了生产和物流过程中的极大浪费。

表5-3 某零部件的需求

周次 情况	1	2	3	4	5	6	7	8	9	10
1	20	0	40	0	0	0	0	0	0	0
2	20	0	0	0	0	0	0	0	0	40

(2) 高库存与低服务水平。用订货点方法会造成高库存与低服务水平。由于对需求的情况不了解,只有靠维持高库存来提高服务水平。这样会造成很大浪费。传统的订货点方法使得低库存与高服务水平两者不可兼得。服务水平越高则库存越高。而且,服务水平达

到95%以上时,再要提高服务水平,库存量上升很快。从理论上讲,服务水平接近100%则库存量必然趋于无穷大。

如果装配一个部件需要5种零部件,当以95%的服务水平供给每种零部件时,每种部件的库存水平会很高。即使如此,装配这个部件时,5种零部件都不发生缺货的概率仅为$(0.95)^5=0.774$,即装配这种部件时,几乎4次中就有一次碰到零部件配不齐的情况。一台产品常常包含上千种零部件,装配产品时不发生缺件的概率就很低了。这就是采用订货点方法造成零部件积压与短缺共存局面的原因。

(3) 形成"块状"需求。采用订货点方法的条件是需求均匀。但是,在制造过程中形成的需求一般都是非均匀的:不需要的时候为零,一旦需要就是一批。采用订货点方法加剧了这种需求的不均匀性。

制造业产品的生产过程是从原材料到产成品的一系列加工和装配过程。从库存系统的观点看,可以按生产过程的逆过程将其看做从成品到原材料的订货过程(这里的订货就是两个生产阶段之间的生产指令),如图5-5所示。要装配产品,必须向零部件生产阶段发出订货,提出需要什么样的零部件,需要多少,何时需要;同样,要加工零部件,必须向毛坯生产阶段发出订货,提出需要什么样的毛坯,需要多少,何时需要,等等,一直追溯到原材料供应。这样,前后相邻的两个生产阶段就成了供需关系。于是,传统上,人们就仿照独立需求库存管理的方法,用订货点法来组织产品生产。然而,实践证明,用订货点法来处理相关需求问题存在着很大的局限性,以致影响到企业的经济效益。其影响可从下面的例子看出来。

图5-5 产品生产阶段示意图

一个机床制造厂生产某种型号车床的经济批量是100台,市场对该产品的需求均匀。

这种型号的车床由数百种零部件装配而成,作为例子,现只考虑最终产品(车床)和其中一种零部件——丝杠的库存变化情况。当按计划开始装配100台车床时(图5-6(a)中的A点),要向提供丝杠的零部件库发出订货,从中提取100根丝杠(一台车床需要一根丝杠),丝杠的库存量立刻下降,如图5-6(b)所示。假设提取100根丝杠后,丝杠的库存降到订货点以下,于是就发出生产丝杠的指令,经过一定时间的生产后补充库存(如图5-6(b)中的B点所示)。此时应注意,直到下一批车床装配工作开始之前,不会再有对丝杠的需求,因此,B点到C点的这段时间丝杠的库存量是不变的,这就是人们常说的用订货点法处理相关需求时出现的"块状"需求。可以设想一下,如果这段时间比较长,丝杠占用的流动资金、库存空间及所引起的其他费用支出也相应增多,会给企业带来较大的损失。为什么会出现"块状"需求呢?参看图5-7就一清二楚了:独立需求是相对平稳的,而相关需求则是"跳跃"式的。在没有需求发生时,库存着成批零部件,一旦有需求发生,库存陡然下降一大截,使得需求图形出现"块状"。由此可以看出,在产品的需求率为均匀的条件下,由于采用订货点方法,造成对零部件和原材料的需求率不均匀,呈"块状"。"块状"需求与"锯齿状"需求相比,平均库存水平几乎提高一倍,因而占用更多的资金。

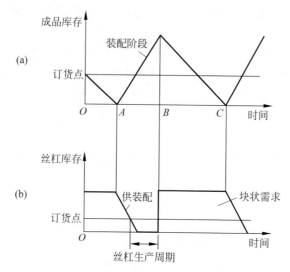

图 5-6 产品和零部件的库存变化关系

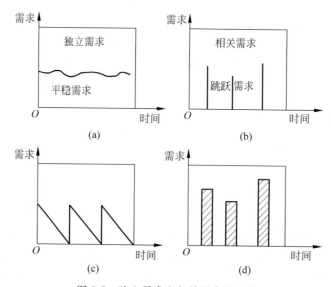

图 5-7 独立需求和相关需求的比较

能不能消除"块状"需求呢？理论上说是可以的。如果对相关需求的物品，如上例中的丝杠，不按订货点来发出生产指令，而是在装配工作开始的那一时刻，根据丝杠的加工周期反推出其投入生产时间，在装配工作开始时准时供货，就可以避免出现"块状"需求，如图 5-8 所示。图中的 C 点是装配开始时间，LT 是丝杠的生产周期，M 点是丝杠开始生产时间，到 P 点时，丝杠生产完毕，正好供应装配阶段，这样就避免了"块状"需求。

由于一般产品都由成百上千种零部件组成，若用人工去一一计算每一种零部件的需求量和需求时间，要消耗大量的人力和计算时间，因此在实用中受到了一定的限制。例如，早年美国有一个企业采用这种方法时，只能一个季度计算一次零部件的需求量，还是达不到管理上的要求。随着计算机在企业管理中普遍应用，人们研究出了基于计算机的 MRP 系统，帮助人们解决了这一问题。

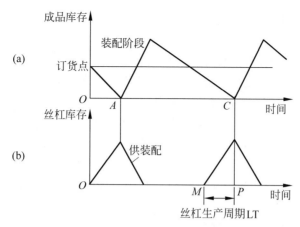

图 5-8　产品和零部件的库存变化关系

2. MRP 的产生

要根据产品的需求来确定其组成物料的需求数量和需求时间是非常复杂的,必须知道相关的各种数据,例如销售计划或客户订单情况、物料的现有库存、各种产品的组成结构、材料消耗定额、自制零部件的生产周期、外购件和原材料的采购周期等。这些数据必须是准确的、及时的,能动态反映实际情况。由于现代工业产品的结构极其复杂,一台产品常常由成千上万种零部件和部件构成,用手工方法不可能在短期内确定如此众多的零部件及相应的制造资源的需要数量和需要时间。据报道,在使用电子计算机以前,人们用手工计算各种零部件的需要数量和时间,一般需要 6～13 周时间。人们称这样编制生产作业计划的方式为"季度订货系统"。由于这样制订的计划只能每季度更新一次,计划不可能很细、很准,而且计划的应变性很差。

由于企业处于不断变化的环境之中,实际情况必然偏离计划的要求,其原因可能是对产品的需求预测不准确,引起产品的交货时间和交货数量的改变;也可能是外协件、外购件和原材料的供应不及时;还可能是其他一些偶然因素,如出废品、设备故障、工人缺勤等,使生产不能按计划进行。当计划与实际执行情况已经出现了较大偏差,通过主观努力已不可能达到计划的要求,或者计划本身不能完全反映市场需求时,必须修改计划。但是修改计划和制订计划一样费事,计划制订得越细致,修改计划的工作量就越大,越困难。而且,修订计划要求在很短的时间内完成;否则,修订的计划跟不上变化。

很显然,不使用电子计算机,单靠手工方式是无法缩短计划编制时间的,也就无法及时对计划作出修改和调整。

随着计算机应用于解决订货点方法所暴露的问题,逐渐产生了 MRP 的思想。最早提出解决方案的是美国 IBM 公司的 J. Orlicky 博士,他在 20 世纪 60 年代设计并组织实施了第一个 MRP 系统。其主要思想是打破产品品种台套之间的界限,把企业生产过程中所涉及的所有产品、零部件、原材料、中间件等,在逻辑上视为相同的物料,再把所有物料分成独立需求(independent demand)和相关需求(dependent demand)两种类型,并根据产品的需求时间和需求数量进行展开,按时间段确定不同时期各种物料的需求。

3．MRP 的基本思想

1）根据产品出产计划倒推出相关物料的需求

任何企业的生产活动都是围绕生产客户所需的产品而进行的，对于加工装配式生产，其工艺顺序（即物料转化过程）是：将原材料制成各种毛坯，再将毛坯加工成各种零部件，零部件组装成部件，最后将零部件和部件组装成产品。

如果要求按一定的交货时间提供不同数量的各种产品，就必须提前一定时间加工所需数量的各种零部件；要加工各种零部件，就必须提前一定时间准备所需数量的各种毛坯，直至提前一定时间准备各种原材料。因此，根据产品的出产数量和出产时间，就可以推算出需要什么样的零部件，需要多少，何时需要；根据要加工的零部件的数量和交货期，就可以推算出需要什么样的毛坯，需要多少，何时需要；根据要制造的毛坯信息，就可以推算出对原材料的订货信息。MRP 正是根据这种逻辑来确定物料需求信息的。

2）围绕物料转化组织制造资源，实现按需要准时生产

从加工装配式生产的工艺顺序来看，如果确定了产品出产数量和出产时间，就可按产品的结构确定产品的所有零部件和部件的数量，并可按各种零部件和部件的生产周期，反推出它们的出产时间和投入时间。物料在转化的过程中，需要不同的制造资源（机器设备、场地、工具、工艺装备、人力和资金等），有了各种物料的投入出产时间和数量，就可以确定对这些制造资源的需要数量和需要时间，这样就可以围绕物料的转化过程，来组织制造资源，实现按需要准时生产。企业内部的生产计划活动也就可以按这种思路来进行，如图 5-9 所示。

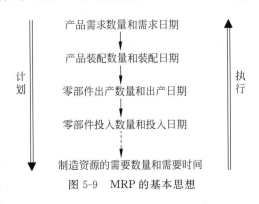

图 5-9　MRP 的基本思想

如果一个企业的经营活动从产品销售到原材料采购，从自制零部件的加工到外协零部件的供应，从工具和工艺装备的准备到设备维修，从人员的安排到资金的筹集与运用，都围绕 MRP 的这种基本思想进行，就可形成一整套新的方法体系，它涉及企业的每一个部门、每一项活动。因此，人们又将 MRP 看成一种新的生产方式。

以物料为中心来组织生产，还是以设备为中心来组织生产，代表了两种不同的指导思想。以物料为中心组织生产体现了为顾客服务的宗旨。物料的最终形态是产品，它是顾客所需要的东西，物料的转化最终是为了提供使顾客满意的产品。因此，围绕物料转化组织生产是按需定产思想的体现。以设备为中心组织生产，即有什么样的设备生产什么样的产品，是以产定销思想的体现。以物料为中心来组织生产，要求一切制造资源围绕物料转。要生产什么样的产品，决定了需要什么样的设备和工具，决定了需要什么样的人员。以物料为中心可以把企业内各种活动有目的地组织起来。比如，某工艺装备是为满足某零部件的某道工序的加工要求而设计制造的，该工艺装备应该在该零部件的哪道工序开始进行时提供，既不能早，也不能迟。以设备或其他制造资源为中心组织生产，则会陷入盲目性。比如导致追求所有设备的满负荷，追求每个人每时每刻必须有活干，等等。

以物料为中心组织生产，要求上道工序应该按下道工序的需求进行生产，前一生产阶段应该为后一生产阶段服务，各道工序做到既不提前完工，也不误期完工，因而是最经济的

生产方式。MRP 正是按这样的方式来完成各种生产作业计划的编制的。

MRP 思想的提出解决了物料转化过程中的几个关键问题：何时需要，需要什么，需要多少。它不仅在数量上解决了缺料问题，更关键的是从时间上来解决缺料问题，实现了制造业销售、生产和采购三个核心业务的信息集成与协同运作。因此，MRP 一经推出便引起了广泛的关注，并随着计算机技术的发展而不断发展。

3）解决从独立需求到相关需求的分解问题

在 MRP 系统中，"物料"是一个广义的概念，泛指原材料、在制品、外购件以及产品。所有物料分成独立需求和相关需求两类。例如，要生产一辆汽车，必须先准备好或生产出 1 台发动机、1 个离合器、4 个车轮等，发动机的需求即为相关需求，其需求量和需求时间可由汽车总装的数量和时间决定。所以对原材料、毛坯、零件、部件的需求，来自制造过程，是相关需求，MRP 处理的正是这类相关需求。通过一定的处理过程，MRP 系统可以输出对各种物料的精确需求。

4. MRP 的几个发展阶段

1）MRP 阶段

20 世纪 60 年代初发展起来的 MRP 仅是一种物料需求计算器，它根据对产品的需求、产品结构和物料库存数据来计算各种物料的需求，将产品出产计划变成零部件投入出产计划和外购件、原材料的需求计划，从而解决了生产过程中需要什么，何时需要，需要多少的问题。它是开环的，没有信息反馈，也谈不上控制。

2）闭环 MRP（closed-loop MRP）阶段

初期 MRP 将企业的生产能力视为无限，所以，并不能保证精心编制出的生产计划是实际可行的，它还有一些遗留问题没有解决，如：

（1）企业是否有足够的能力在计划期内生产或采购所需数量的各种物料？

（2）计划下达到车间和供应部门后，如果不能按预定的日程进行，应如何处理？

（3）如果主生产计划要进行调整，MRP 如何适应其调整？

因此，为了解决上述问题，就必须考虑以下功能：

（1）在正式下达 MRP 编制的计划前，必须对其所需的能力进行平衡；

（2）MRP 编制的计划下达后，必须对计划的执行情况进行控制，这就要求从供应商和生产现场取得信息反馈；

（3）当计划编制依据发生变化时，应及时调整计划。

20 世纪 70 年代初期推出的闭环 MRP，在原 MRP 的基础上补充了以下功能：

（1）编制能力需求计划；

（2）建立了信息反馈机制，使计划部门能及时从供应商、车间作业现场、库房管理员、计划员那里了解计划的实际执行情况；

（3）计划调整功能。

闭环 MRP 的"闭环"实际有双重含义。一方面，它不单纯考虑物料需求计划，还将与之有关的能力需求、车间生产作业计划和采购等方面考虑进去，使整个问题形成"闭环"；另一方面，从控制论的观点，计划制订与实施之后，需要取得反馈信息，以便修改计划与实行控制，这样又形成"闭环"。闭环 MRP 基本上可以保证计划的有效性，使 MRP 真正成为一种计划与控制系统。

3) MRP Ⅱ 阶段

MRP Ⅱ（manufacturing resource planning）在 20 世纪 80 年代初开始发展起来，是一种资源协调系统，代表了一种新的生产管理思想。其核心思想是把生产活动与财务活动联系到一起，实现财务信息与物流信息的集成，这是从闭环 MRP 向 MRP Ⅱ 迈出的关键一步，而将闭环 MRP 与企业经营计划联系起来则使企业各个部门有了一个统一可靠的计划控制工具。MRP Ⅱ 是企业级的集成系统，它包括整个生产经营活动：销售、生产、生产作业计划与控制、库存、采购供应、财务会计、工程管理等。

4) ERP 阶段

进入 20 世纪 90 年代，MRP Ⅱ 得到了蓬勃发展，其应用也从离散型制造业向流程式制造业扩展，不仅应用于汽车、电子等行业，也能用于化工、食品等行业；不仅适用于多品种中小批量生产，而且适用于大量大批生产。不过，MRP Ⅱ 的长处在多品种中小批量生产的加工装配式企业得到了最有效的发挥。随着信息技术的发展，MRP Ⅱ 系统的功能也在不断地增强、完善与扩大，向企业资源计划（enterprise resource planning，ERP）发展。

5.4.2　MRP 的基本原理

1. MRP 的基本逻辑

MRP 的基本原理就是由产品的交货期展开成零部件的生产进度日程与原材料、外购件的需求数量和需求日期，即将主生产计划转换成物料需求表，并为编制能力需求计划提供信息。其主要功能及运算依据如表 5-4 所示。

表 5-4　MRP 的主要功能及运算依据

处理的问题	所需信息
（1）生产什么？生产多少？	（1）切实可行的主生产计划（MPS）
（2）要用到什么？	（2）准确的物料清单（BOM 表）
（3）已具备什么？	（3）准确的物料库存数据
（4）还缺什么？何时需要？	（4）MRP 的计算结果（生产计划和采购计划）

MRP 的基本逻辑如图 5-10 所示。

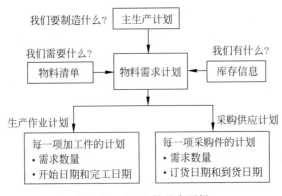

图 5-10　MRP 的基本逻辑

2. MRP 的主要输入信息

从图 5-10 可以看出，MRP 的主要输入有 3 个部分：主生产计划（或产品出产计划）、产品结构文件（物料清单）和库存状态文件。

1）主生产计划

主生产计划（master production schedule，MPS）是 MRP 的主要输入，它是 MRP 运行的驱动源。表 5-5 为一主生产计划示例。它表示产品 A 的计划出产量为：第 5 周 10 台，第 8 周 15 台；产品 B 的计划产量为：第 4 周 13 台，第 7 周 12 台；配件 C，计划 1～9 周每周出产 10 件。

表 5-5 主生产计划

周次 产品	1	2	3	4	5	6	7	8	9
产品 A/台					10			15	
产品 B/台				13			12		
配件 C/件	10	10	10	10	10	10	10	10	10

MPS 的计划对象是企业向外界提供的东西，它们具有独立需求的特征，包括：① 最终产品项，即一台完整的产品；② 独立需求的备品、配件，可以是一个完整的部件，也可以是零部件；③ MPS 中规定的出产数量一般为净需要量，即需生产的数量。

MPS 的计划期通常应不短于最长的产品生产周期，计划期取得长一些，可以提高计划的预见性。而 MPS 的计划时段通常是周，如果再细分，可以是天，甚至小时。时段长度可以任意设定，而且，一个主生产计划中允许采用变长时段，例如，近期的时段细分为日或周，中远期为月或季。因此，可以把产品出产计划从时间上分成两部分，近期为确定性计划，远期为尝试性计划。这是由于近期需要的产品项目都有确定的顾客订货，而远期需要的产品，只有部分是顾客订货，而另一部分是预测的。确定性计划以周或日为计划的时间单位，尝试性计划可以以月或季为计划的时间单位。随着时间的推移，可以把预测的订货逐步落实到具体顾客身上。

主生产计划与我国企业传统采用的产品出产进度计划类似，但两者在计划的时间单位上略有不同，前者为周，后者为月。所以，在实际应用中应将以月为单位的产品出产计划调整为以周为单位的主生产计划。

主生产计划的滚动期应该同 MRP 的运行周期一致。若 MRP 每周运行一次，则主生产计划每周更新一次。

2）产品结构文件

产品结构文件（bill of materials，BOM），又称物料清单，反映了产品的组成与结构信息，也就是说明了产品是由哪些物料构成的，需要多少物料，是如何制造出来的。这里，物料是指凡是要列入计划、控制库存、控制成本的物资的总称，包括原材料、毛坯、配套件、半成品、成品、包装材料、工艺装备等。物料是计划的对象、库存的对象和成本的对象。

物料是组成产品结构的最小"元素"，而由物料组成的"单层结构"则是产品结构的基本单元，任何一个产品都是由若干个"单层结构"组成的。单层结构中的上层物料称为"母件"，下层物料称为"子件",由一个"母件"和一个或一个以上的"子件"即组成一个单层结构。母件对应组装图上的装配件,子件则是零部件明细表中许多零部件和部件。母件与子件的关系是唯一的,可以是一对一,也可以是一对多。只要众多子件中有品种或数量的差异,就认为是另一个不同的单层结构,是不同的母件。本书将所有物料(包括产品在内)统称为"元件"。

在 MRP 系统中,对每个单层结构只需建立一次,就可以在所有产品中共享使用。建立物料清单是从建立一个个反映"单层结构"的单层物料单开始的,系统会根据单层结构中母件与子件的相互关系,自动逐层地把所有相关的单层结构串起来,形成一个完整的产品结构。

产品结构层次的多少随产品的不同而不同,层次越多,管理和计划就越复杂。例如,在汽车制造厂,如果制造汽车所需的所有零部件都自制,产品结构的层次就会很多,而且很复杂;如果所需的零部件都是外购外协,汽车厂只是负责总装,则产品结构就相对简单,是一种"扁平的结构"。如果企业生产的众多产品是由一定数量的"单层结构"配置而成,即用少量的标准"单层结构"组成性能多样的各种产品或产品系列,则属于产品的标准化和系列的情况。

通过系统提供的"反查"物料清单的功能,可以查询每一个物料用在哪些"单层结构"上,每一个单层结构又是用在哪些产品上。如果有许多产品都使用相同的单层结构,说明产品零部件设计的通用性很好。因此,物料清单对产品设计的标准化和系列化工作,能够提供有用的信息。

产品结构文件不只是所有元件的清单,还反映了产品项目的结构层次以及制成最终产品的各个阶段的先后顺序。BOM 表是 MRP 计算的又一依据,利用它可以准确地计算相关需求的信息。其中所包含的物料可分成两类:一类是自制项目;另一类是采购项目(包括所有的原材料、外购件和外协件)。MRP 展开后,自制项目的物料需求计划便形成相应的生产作业计划,采购项目的物料需求计划形成相应的采购供应计划。

在产品结构文件中,各个元件处于不同的层次。每一层次表示制造最终产品的一个阶段。通常,最高层为 0 层,代表最终产品项;第一层代表组成最终产品项的元件;第二层为组成第一层元件的元件……以此类推。最低层为零部件和原材料。各种产品由于结构复杂程度不同,产品结构层次数也不同。为了形象地说明产品结构文件,下面以图 5-11 所示的三抽屉文件柜为例,并以图 5-12 所示的产品结构树来说明。

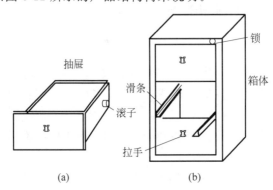

图 5-11 三抽屉文件柜的组成

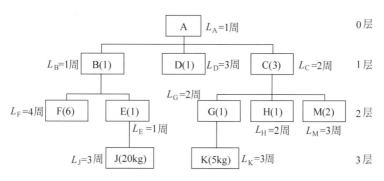

图 5-12　三抽屉文件柜结构树

三抽屉文件柜由 1 个箱体、1 把锁和 3 个抽屉组成,1 个箱体又由 1 个箱外壳和 6 根滑条(每个抽屉需 2 根滑条)装配而成;每个抽屉又由 1 个抽屉体和 1 个手柄和 2 个滚子组成;锁为外购件。为了简单起见,将各种具体产品及其构成部分用英文字母代表,并将产品及其元件之间的关系用一种树形图表示出来,称为"产品结构树",如图 5-12 所示。将产品结构树转换成规范的数据文件格式就成为产品结构文件。

在图 5-12 中,1 个单位 A 产品(文件柜)由 1 个 B 部件(箱体)、3 个 C 组件(抽屉)和 1 个 D 零部件(锁)构成;1 个 B 部件又由 1 个 E(箱外壳)和 6 个 F(滑条)构成;1 个 C 组件由 1 个 G 零部件(抽屉体)、1 个 H 零部件(手柄)和 2 个 M 零部件(滚子)构成;每个 E 零部件要消耗 20 kg 钢材 J,每个 G 零部件要消耗 5 kg 钢材 K。图中方框里字母后括号中的数字表示单位上层元件包含的该元件的数量,如 B(1) 表示 1 个 A 中包含 1 个 B,J(20 kg) 表示 1 个 E 零部件要消耗 20 kg 材料 J。

图中 L_X 表示加工、装配或采购所花的时间,称为提前期(lead time)。它相当于通常所说的加工周期、装配周期或订货周期。如 $L_A=1$ 周,说明产品 A 从开始装配到完成装配需要 1 周时间;$L_G=2$ 周,说明零部件 G 从开始加工到完成加工需要 2 周时间;$L_K=3$ 周,说明采购钢材 K 从订货到到货需 3 周时间。

实际产品对应有多种多样的产品结构树:同一零部件分布在同一产品结构树的不同层次上,同一零部件分布在不同产品结构树的不同层次上,如图 5-13 所示。

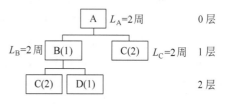

图 5-13　产品 A 的结构树

由于产品结构的这种复杂性,如果完全按照层层向下的推算方法进行分解,就会产生不合理的计算结果,并给相关需求的计算带来困难,一般采用低层码技术来解决。所谓低层码(low level code)是指:在所有产品结构树的所有层次中,位置最低的层次码称为该零部件的低层码。如在图 5-13 中,零部件 C 的低层码为 2。通常,低层码由计算机软件系统自动计算和维护。

3) 库存状态文件

库存状态文件保存了每一种物料的有关数据,MRP 系统关于订什么,订多少,何时发出订货等重要信息,都存储在库存状态文件中。产品结构文件是相对稳定的,而库存状态文件却处于不断变动之中。MRP 每重新运行一次,它就发生一次大的变化。

表 5-6 为部件 C 的库存状态文件的记录。其中,时间是这样规定的:现有数为周末时间数量,其余 4 项均为一周开始的数量。数据项可以作更细的划分,如预计到货量可以细分成不同的来源,现有数可以按不同的库房列出。

表 5-6　库存状态文件　　　　　　　　　　　　　　件

部件 C $L_T=2$ 周	周次									
	1	2	3	4	5	6	7	8	9	10
总需要量					300			300		300
预计到货量		400								
现有数	20	20	420	420	420	120	120	120	−180	−180	−480
净需要量								180		300
计划发出订货量						180		300		

对表中有关参数的说明如下。

(1) 总需要量:是由上层元件的计划发出订货量决定的。在本例中,对 C 的总需要量在第 5 周、第 8 周和第 10 周各为 300 件。

(2) 预计到货量:指在将来某个时间段某项目的入库量。它来源于正在执行中的采购订单或生产订单。本例中,元件 C 将在第 2 周预计到货 400 件。

(3) 现有数(现有库存):为相应时间的当前库存量,它是仓库中实际存放的可用库存量。对于本例,在制订计划的时候,元件 C 的当前库存量为 20 件,到第 2 周,由于预计到货 400 件,所以现有数为 420 件。到第 5 周用去 300 件,现有数为 120 件。到第 8 周,需用 300 件,现有数已不足以支付,将欠 180 件。因此,现有数将为负值,那时需要发出订货。

(4) 净需要量:当现有数和预计到货量不能满足总需要量时,就会产生净需要量。如第 8 周对 C 的净需要量为 180 件,第 10 周净需要量为 300 件。

(5) 计划发出订货量:为保证对零部件的需求而必须投入生产的物料数量。计划发出订货既要考虑提前期,又要考虑安全库存量、批量规则和损耗情况。如第 8 周需 180 件,提前期为 2 周,则第 6 周必须开始制造 180 件 C。

上述库存状态数据可以分成两类:一类为库存数据;另一类为需求数据。预计到货量、已分配量和现有数为库存数据,这些数据要经过检查才能进入系统;总需要量、净需要量和计划发出订货量为需求数据,由系统计算得出。

3. MRP 的处理过程

1) 基本步骤

MRP 处理的基本步骤包括:准备 MRP 处理所需的各种输入,将 MPS 作为确认的生产订单下达传给 MRP,然后根据产品的 BOM,从第一层项目起,逐层处理各个项目直至最低层处理完毕为止。

2) 参数计算

一般,MRP 采用自顶向下,借助低层码逐层处理的方法。即先处理所有产品的零层,然后处理第 1 层,……,一直到最低层,而不是逐台产品自顶向下地处理。这样做的好处是每一项目只需检索处理一次,效率较高。

(1) 计算总需要量(毛需要量)

在每个时间段上,应按母项的计划发出订货量来计算子项的总需要量,并保持时间上一致:

总需要量＝母项计划发出订货量×BOM 表中的单位需求量

(2) 计算净需要量

先计算各个时间段上的现有数:

现有数＝前一时间段的现有数＋预计到货量－总需要量－已分配量

当某个时段上的现有数小于 0 时,则产生净需要量,它说明当现有库存不能满足总需要量的要求时,就需要重新生产或采购。

(3) 确定计划发出订货量与订货日期

利用批量规则确定计划发出订货数量。一般计划发出订货量大于或等于净需要量。如果有耗损,则应先考虑耗损后再按批量规则进行修正。

利用提前期确定计划发出订货日期。一般发出订货的时间要提前一段时间。

3) 计算举例

为了具体说明 MRP 的处理过程,以图 5-13 所示的产品为例,逐层计算 A、B 和 C 的需求,元件 C 的低层码为 2,计算过程如表 5-7 所示。

表 5-7 MRP 的处理过程   件

产品项目	提前期	项目	周次										
			1	2	3	4	5	6	7	8	9	10	11
A (0层)	2周	总需要量								10			15
		预计到货量											
		现有数	0	0	0	0	0	0	0	0	−10	−10	−10	−25
		净需要量								10			15
		计划发出订货量						10			15		
B (1层)	1周	总需要量								10			15
		预计到货量	10										
		现有数	2	12	12	12	12	12	2	2	2	−13	
		净需要量									13		
		计划发出订货量								13			
C (2层)	2周	总需要量						20		26	30		
		预计到货量		10									
		现有数	5	5	15	15	15	15	−5	−5	−31	−61	
		净需要量						5		26	30		
		计划发出订货量					5		26	30			

计算过程是自顶向下、逐层处理的过程。从 0 层开始，A 产品在第 6 周的计划发出订货量为 10 台，第 9 周为 15 台。0 层处理完毕，再处理第 1 层。第 1 层只有部件 B。由产品结构树形图可知，1 台 A 产品包含 1 个 B 部件。于是，对 B 部件的总需要量为第 6 周 10 件，第 9 周 15 件。只有按对 B 部件的总需要量供货，才能保证 A 产品按时装配。经过 B 部件内部平衡计算，得出第 8 周需要发出 13 件 B 部件的订货。第 1 层处理完毕，再处理第 2 层。第 2 层只有组件 C。由产品结构树形图可知，1 台 A 产品包含 2 个 C 组件，1 个 B 部件也包含 2 个 C 组件。按 A 产品第 6 周计划发出 10 台订货和第 11 周发出 15 台订货的需求，可计算出 C 组件第 6 周的总需要量为 20 件，第 9 周的总需要量为 30 件；按 B 部件第 8 周计划发出 13 件订货的需求，可计算出 C 组件第 8 周的总需要量为 26 件。按这样的方法继续进行，读者可以处理第 2 层的 D 元件和 E 元件。

5.4.3 MRP 运行中的几个主要参数

1. 批量规则

加工或采购批量是运行 MRP 的重要参数。确定批量策略是运作管理部门的一项重要工作。在上述 MRP 的处理过程中，计算出的计划发出订货量等于净需要量，即采用批量等于净需要量的策略。但在实际生产中，为节省订货费或设备调整准备费，往往会确定一个最优批量。此时，安排生产或采购计划时，计划发出订货量不一定等于净需要量。一般来说，增大批量可以减少加工或采购次数，相应地将减少订货费或设备调整费，但在制品库存会增大，要占用更多的流动资金。而批量过小，虽然占用的流动资金减少，但增加了加工或订货费用。因此，必须有一个合理的批量。由于产品结构的层次性，使得批量的确定十分复杂。各层元件都有批量问题，每一层元件计划发出订货的数量和时间的变化，都将波及下属所有元件的需要量及需要时间，这样将引起一连串变动。而且，由于下层元件的批量一般比上层的大，这种波动还会逐层放大。此外，批量问题还与提前期互相作用，批量的变化应该导致提前期改变，而提前期的改变又会引起批量的变化。确定订货批量时需要考虑订货成本、物料成本、存放成本、需求规律等多种因素。因此，为了简化处理，在 MRP 系统中，一般都把提前期当做已知的确定量来处理。在 MRP 系统中常用的批量策略包括以下几种。

1) 逐批订货批量(lot-for-lot)法

逐批订货批量法规定净需要量是多少，批量就取多少，完全按照物料的净需求决定订货量。表 5-7 所示的 MRP 处理过程就是采用这种策略。这种方法简单易用，而且可以避免投入过多而引起的在制品积压，但其缺点是加工或采购次数多，不便于组织生产。它常用于按订单生产的情况或用于价值较高的物料。

2) 固定批量法

固定批量法是指每次的订货间隔期不同，但订货量固定不变。通常适用于那些订货量受生产条件限制及运输或包装限制的物料。

3) 固定周期批量法

固定周期批量是指以固定的时间间隔，以物料的净需求量为依据计算出的订货批量。这种批量大小随物料净需求的变化而变化，订货间隔期一般由用户根据经验设定。如表 5-8 所示，时间间隔为 2 周，每 3 周发出一个订单，订单批量等于 3 周内净需求的和。

表 5-8 固定周期批量 件

周期 项目	1	2	3	4	5	6	7	8	9	10
净需求		15	25		35		10	15	15	25
预计入库量		40			45			55		

4) 最大零部件周期收益(maximum part-period gain, MPG)法

MPG 法处理离散周期需求下的批量问题,一般假设周期内需求连续均匀,不允许缺货。其基本思想是:当把某周(t)的需求 $D(t)$ 合并到相对 t 的第 1 周一起订货时(第 1 周有需求),可以节省一次订货费(S),但却增加了维持库存费$(t-1) \cdot D(t) \cdot H$,H 为单位维持库存费。因此,只要$(t-1) \cdot D(t) \cdot H < S$,即$(t-1) \cdot D(t) < S/H$,就将 $D(t)$ 合并到第 1 周一起订货。第 1 周是相对 t 周而言的。$(t-1) \cdot D(t)$ 越小,则合并订货越合算。$(t-1) \cdot D(t)$ 的单位为"零部件·周期"。将一个零部件提前 1 周订货为一个"零部件·周期"。

MPG 法的步骤如下。

(1) 从 MRP 法计算出的净需求表中,挑选最小的"零部件·周期"对应的净需求。

(2) 将相应的净需求合并到该周前面有净需求的周一起订货。

(3) 合并后,若所有的"零部件·周期"值均大于 S/H,停止;否则,转步骤(1)。

下面通过一个算例说明 MPG 法的应用。

已知,$S=300$ 元,$H=2$ 元/(件·周),零部件净需求如表 5-9 所示。计算$(S/H)=150$ 件·周。用 MPG 法求订货批量的过程如表 5-10 所示。

表 5-9 零部件净需求 件

周	1	2	3	4	5	6	7	8	9	10	11	12
净需求量	10	10	15	20	70	180	250	270	230	40	0	10

表 5-10 用 MPG 法求订货批量的过程 件

移动次数	最小零部件周期	周次											
		1	2	3	4	5	6	7	8	9	10	11	12
0	10	10	10	15	20	70	180	250	270	230	40	0	10
1	20	20	0	15	20	70	180	250	270	230	40	0	10
2	20	20	0	35	0	70	180	250	270	240	40	0	10
3	50	20	0	35	0	70	180	250	270	230	50	0	0
4	70	20	0	35	0	70	180	250	270	280	0	0	0
5	180	55	0	0	0	70	180	250	270	280	0	0	0
期初库存 Q_s		55	45	35	20	70	180	250	270	280	50	10	10
期末库存 Q_f		45	35	20	0	0	0	0	0	50	10	10	0

从给出的净需求量表中可以看出,将第 2 周的需求合并到第 1 周订货时,零部件·周期值最小。因此,将其合并到第 1 周订货。第 1 周净需求由 10 变为 20。然后,将第 4 周的需求合并到第 3 周订货的零部件·周期值最小。于是,将其合并到第 3 周订货。按这样的方

式一直进行到最小零部件·周期值大于150为止。最终订货安排为：第1周订55，保证第1~4周的需求能够满足；第5周订70，第6周订180，第7周订250，第8周订270，都是为满足当周需要；第9周订280，可满足第9、10和12周的需求。可见，订货次数由原来的11次减少到6次。从计算出的订货批量来看，订货批量随净需求的变化而变化，但订货间隔期并不是固定的。

求出订货安排之后，可按下式计算总费用：

$$C_T = C_R + C_H = kS + 0.5H \sum (Q_s + Q_f)$$

式中：C_R——总订货费；

C_H——总维持库存费；

k——订货次数；

S——每次订货费用；

H——单位维持库存费；

Q_s——i周期初库存量；

Q_f——i周期末库存量。

对于本例，

$C_R = 6 \times 300 = 1800$（元）

$C_H = 0.5 \times 2 \times (55+45+45+35+35+20+20+70+180+250+270$
$+280+50+50+10+10+10+10) = 1445$（元）

$C_T = 1800 + 1445 = 3245$（元）

2. 提前期

在MRP中，一个物料项目的提前期是指从投料开始到该项目入库可供使用为止的时间间隔。按照此定义，采购件的提前期是指：从发出采购订单开始，经供应商供货、在途运输、到货验收、入库所需的时间。自制件提前期是指：从订单下达开始，经过准备物料、工具、工作地和设备，加工制造，直到检验入库所需的时间。

提前期是确定计划下达时间的一个重要因素。对一个产品来说有一个交货期，而对这个产品的下一级部件来说，完工日期必须先于产品交货期，而对于部件的下一级零部件来说，完工日期又要先于部件的完工日期，如此一级级往下传。因此，自制件提前期是产品及其零部件在各工艺阶段投入的时间比出产时间提前的时间。

提前期不是一个纯工艺时间。确定提前期要考虑以下几个因素：排队（等待加工）时间、运行（切削、加工、装配等）时间、调整准备时间、等待运输时间、检查时间、运输时间以及其他管理事务处理时间。对于一般单件生产车间，排队时间是最主要的，约占零部件在车间停留时间的90%。这个数值只是对于所有零部件的平均数。对某个具体零部件来说排队时间是其优先权的函数。优先权高的零部件，排队时间短；优先权低的零部件，排队时间长。所以，排队时间是一个很不稳定的因素。除了排队时间之外，其他几个因素也是很难确定的。这些因素与工厂里的工时定额、机器设备及工艺装备的状况，工人的熟练程度，厂内运输的条件以及生产组织管理的水平都有关系。因此，要得出精确的计算公式或程序来确定每批零部件的提前期，几乎是不可能的，一般通过经验方法估算。当排队时间是主要因素时，可采用下面的公式：

$$LT = 2N + 6（天）\tag{5-1}$$

式中：LT——提前期；

N——工序数。

当加工时间是主要的因素时（如大型零部件的加工），可采用下面的公式：

$$L = k \times T \tag{5-2}$$

式中：L——提前期；

T——工件的总加工时间；

k——系数，可取 1.5～4。

提前期的单位一般为周，也可以为天。企业应当定期审核、修改提前期参数。

3．安全库存

设置安全库存是为了应付不确定性，防止生产过程产生缺料现象，避免造成生产或供应中断。尽管 MRP 处理的是相关需求，仍有不确定性。比如，不合格品的出现、外购件交货延误、设备故障、停电、缺勤等。因而，相关需求也有安全库存问题。

但 MRP 认为，只有对产品结构中最低层元件或原材料设置安全库存才是必要的，而不必对其他层次元件设置安全库存，这样可以减少在制品占用，降低生产费用。MRP 可以确定出中间层次零部件的优先权和交货期，以使它们都能在要求的时间出产。

安全库存的引入将对净需求量的计算产生影响，一般可将安全库存从现有数中减去。

5.4.4　MRP 的效益

应用 MRP 系统可以为企业带来多方面的效益。下面从定量的效益和定性的效益两个方面进行讨论。

1．定量的效益

1) 降低库存资金占用

首先，可以降低库存量。使用 MRP 系统之后，由于有了好的需求计划，使得可以在恰当的时间得到恰当的物料，从而可以不必保持很多的库存。根据统计数字，使用 MRP 系统之后，库存量一般可以降低 20%～35%。

其次，可以降低库存管理费用。库存量降低还导致库存管理费用的降低，其中包括仓库维护费用、管理人员费用、保险费用、物料损坏和失盗等。库存管理费用通常占库存总投资的 25%。

最后，可以减少库存损耗。一方面，由于库存量减少，库存损耗也随之减少。另一方面，MRP 对库存记录的准确度有相当高的要求，为了保证库存记录的准确性，就要实行循环盘点法。因而能够及时发现造成库存损耗的原因，并及时予以消除，从而可以使库存损耗减少。

下面通过一个具体的例子说明降低库存成本的效益。

某企业年产值为 10 000 000 元，库存成本占年产值的 75%，库存维护费用占库存投资的 25%；使用 MRP 之后，每年库存周转次数提高一次，那么：

总产值　　　　　　　　　10 000 000 元
库存成本　　　　　　　　7 500 000 元

库存周转次数 2 次/年	3 750 000 元
库存周转次数 3 次/年	2 500 000 元
库存投资降低	1 250 000 元
库存维护费用	×0.25
库存投资降低产生的利润	312 500 元

2）降低采购成本

MRP 把供应商视为自己的外部工厂。通过采购计划与供应商建立长期稳定、双方受益的合作关系。这样，既保证了物料供应，又为采购人员节省了大量的时间和精力，使他们可对采购工作进行有价值的分析。

采购计划法既提高了采购效率，又降低了采购成本。有资料表明，使用 MRP 可以使采购成本降低 5% 左右。假定企业年产值为 10 000 000 元，采购原材料及运输费用为年产值的一半，那么：

总产值	10 000 000 元
采购及运输费用	5 000 000 元
采购成本降低 5%	×0.05
	250 000 元

这就是说，利润将会提高 250 000 元。

3）提高生产率

使用 MRP 之后，由于减少了生产过程中的物料短缺，从而减少了生产和装配过程的中断，使直接劳力的生产率得到提高。生产线生产率平均提高 5%～10%，装配线生产率平均提高 25%～40%。另外，以 MRP 作为通信工具，减少了文档及其传递工作，减少了混乱和重复的工作，从而提高了间接劳力的生产率。间接劳力生产率可以提高 25% 左右。

通过 MRP 的优化排产可以有效减少加班。过多的加班会严重降低生产率，还会造成过多的库存。使用 MRP 可以提前作出能力需求计划，从而减少加班。加班时间可以减少 50% 以上。

4）提高客户服务水平

要提高市场竞争力，既要有好的产品质量，又要有高水平的客户服务。要提高客户服务水平，就必须有好的产销配合。MRP 作为计划、控制和通信的工具，使得市场销售和生产制造部门可以在决策级以及日常活动中有效地相互配合，从而可以缩短生产提前期，迅速响应客户需求，并按时交货。

2. 定性的效益

1）提高工程开发效率，促进新产品开发

由于使用统一的数据库，所以很容易获取工程开发所需的数据。而且，数据恢复和维护所花的时间也大大减少。又由于诸如"模块化物料清单"技术的使用，可以从根本上减少生成和维护物料清单的时间。对于客户定制的产品更是如此。这样，MRP 提高了工程开发的效率，从而有助于新产品的开发。这在引入新产品较多的企业可以大有作为。

2）提高产品质量

在 MRP 环境下，企业的员工在自己的岗位上按部就班地在按统一的计划做着自己的工作，使得企业的生产摆脱了混乱和物料短缺，生产能够井井有条地进行。企业的工作质量提高了,产品质量肯定可以得到提高。事实上,ISO 9000 系列所认证的正是企业的工作质量。对于 MRP Ⅱ 标准系统来说,并不要求有质量管理模块,但是,MRP 可以和 ISO 9000 相辅相成却是不争的事实。而对于 MRP 来说,质量管理则是必要的功能。因此,质量管理更有了技术上的保证。

3) 提高管理水平

通过 MRP 系统,使信息的传递和获取更准确、更及时,使管理人员提前看到企业运营的发展趋势,从而赢得了时间,可以去做他们该做的事情,使管理更有效。

把 MRP 作为整个企业的通信系统,使得企业整体合作的意识和作用加强。通过准确和及时的信息传递,把大家的精力集中在同一个方向上,以工作流程的观点和方式来运营和管理企业,而不是把企业看做一个个部门的组合。在这种情况下,特别是在市场销售和生产制造部门之间可以形成从未有过的、深刻的合作,共同努力满足客户需求,赢得市场。

没有使用 MRP 时,美国制造企业的工长们平均要花 60% 的时间去忙于"救火",即处理那些出乎意料而突然出现的紧急事件。精力和时间大部分被零零碎碎地消耗掉了。使用 MRP 之后,工长们可以把精力集中于他们应当做的监督管理工作,从而使监督管理工作更有成效。

4) 为科学决策提供依据

通过 MRP 系统,把经营规划和销售与运作规划这样的高层管理计划分解转换为低层次上的各种详细的计划。这些计划要由企业的每个员工去遵照执行。因此,合在一起,企业的所有员工执行的是一个统一的计划。以统一的计划指导企业的运作,上层的变化可以灵敏地传递到下层,而下层的情况也可以及时地反馈到上层。通过 MRP,使得有计划、有控制的管理成为可能。

某些企业应用 MRP 系统,已经取得了前述多方面的效益,如降低了库存投资,提高了客户服务水平,提高了生产率,等等。但是,在企业的高层管理人员看来,更重要、更深刻的效益却是获得了经营和控制企业的有效工具。企业的高层管理人员认为,以 MRP 系统为工具运行一个企业,和过去的情况相比犹如白天和黑夜。表现在控制的程度、花费的时间以及方式上都和过去大为不同。例如,过去经常必须在市场销售部门和生产制造部门之间做出仲裁,而这占去了相当多的时间。现在则很少纠缠于这类问题。在几个月的时间内,只需花一天的时间去检查计划。一旦计划决定了,问题就解决了。因此,可以有更多的时间和精力去考虑和做更重要的工作。

小结与讨论

企业要低成本、高效率地组织生产,减少生产混乱,必须对生产进行严格的计划与控制,其中也包括对生产物流的计划与控制。生产计划是根据计划期内规定的出产产品的品种、数量、期限,对物料在各工艺阶段的生产进度所做的安排。生产计划与控制体系的核心是年度综合计划、主生产计划与物料计划的编制工作。本章总结了企业生产物流计划与控制体系 MPC 的构成,并详细阐述了各层次计划的编制原理、方法和步骤。

思考题

1. 简述 MPC 系统的构成及作用。
2. MTO 企业和 MTS 企业如何确定产品品种和数量？
3. 主生产计划的编制主要考虑哪些约束？其编写步骤是怎样的？
4. MRP 的基本思想是什么？它的主要输入和输出有哪些？
5. 简述 MRP 对生产物流所起的作用。

案例　APS 在 H 公司订单管理中的应用

随着来自国内外竞争的加剧，一家从事个人电脑生产的企业——H 公司已经感受到了重重压力。在它们这个行业，产品的更新速度简直令人眼花缭乱，平均 6 个月产品就有一次大的更新，至于小的更新则是每个月都有一次。在产成品的成本中，一大部分是来自零部件。企业已经感到，只有追求更高的及时交货率、更低的库存、更短的生产周期，才能在这个行业中立足与发展。

如果零部件的成本暂且一定的话，那么尽可能地减少过期品与库存积压就成了降低成本的主要途径。具体可以通过以下两个办法来实现。①对可能产生的过期品与库存积压进行实时的监控，以及时决定可以把哪些采购计划取消掉，把这些积压先尽可能地充分利用起来。②寻找到一种逐渐消耗当前库存的方法，使得损失最小化。比如，有一批磁盘驱动器暂时积压，那么通过开发一种家庭适用型的产品，可能会把这些积压消耗掉。但是，以上两种办法仍然受到需求波动的影响，那么，有没有一种动态的方法呢？H 公司想到了先进计划与排程（advanced planning and scheduling, APS）系统。

1. 先进计划与排程系统

对于制造行业来说，一年到头在忙的事儿其实就是争取订单，然后按约定交货，并从中获利。无论最终的产品具体表现为什么形式，是日常消费品、家用电器也罢，还是纺织品或者汽车也罢，几乎每个制造企业的竞争优势都无外乎来自两种能力：一是及时交付产品的能力；二是能够对整个经营范围内的供货情况进行实时查询的能力，从而向客户提供最快捷、准确的信息。近期以来，企业对 APS 系统的需求增长得非常快，其原因就是 APS 系统能够强有力地支持企业进行"全面订单管理"（total order management, TOM），而这正是企业为了提升上述两种竞争力所必需的。概括来说，APS 的作用不仅表现为交货及时率的提高，而体现在生产周期缩短、库存成本压缩、产品组合更加合理化等多方面。

一旦企业把及时交货能力作为竞争优势之一来看待，那么订单管理处理流程的一场变革便势在必行。民航业就是一个很好的例证：在在线订票系统启用之后，只要我们打个电话，订票系统就能马上做出答复，告知能否安排航班，而且航班的价格也并非一成不变，而是可以根据当时的供需情况以及某些行业规定进行实时动态的调整。

那么，制造业是不是也能借助 APS，提供令客户满意的订货服务，根据他们的需求进行安排，同时又能保证物料的排产计划能顺利地贯彻落实呢？答案是肯定的。其实民航业也存在"排产计划",那就是座位的分配以及经济舱与一等舱在优先权上的不同等问题。民航业也根据预测,来决定究竟多少座位安排成一等舱,这和制造业中决定一个获利最大的产品组合矩阵有着异曲同工之处。

2. APS的实施效用

H公司的一个销售员刚从某个客户那里争取到了一份较大的订单,要求系统给出一个交货时间。显然,这笔订货是偶然的,系统中本来并没有预先的计划安排,而客户要求实时地,最好在几秒内就能提供交货期(分批发运)、价格等许多信息。但是,由于企业手头没有零部件的现货,所以只得再向供应商询问交货期和报价,继而根据自己的生产能力,决定出最后的报价。如果采用过去的处理机制,当这些信息到达客户那里时,往往就是几天以后了。如果这笔订单涉及多家零部件供应商、分包商,时间还会更长。这是因为从供应商那里得到反馈会花费相当长的时间,把这些反馈综合在一起做出决策也是一个枯燥而费时的过程。显然,这与客户对H公司的要求是不一致的。现在,H公司找到了一个能够及时响应的系统,可以向客户提供一个可靠、可行的答复,并兼顾回答物料能否到达以及生产能否安排等许多问题,最终依据对客户的许诺把生产安排逐步展开。

在大多数企业中,制订计划与更新计划的周期都比较长,有时会大大超过实际的生产周期。而另外一方面,由于市场需求是经常变动的,企业要想减少预测的不准确性,只有努力缩短计划制定和更新周期(理想状态是零计划周期)。这样就在两者间出现了矛盾。

问题:

你认为先进计划与排程系统能够解决这对矛盾吗?

第 6 章 生产作业计划与控制

生产作业计划是企业年度生产计划和 MRP 输出的具体执行计划,是协调企业日常生产活动的中心环节。它根据年度生产计划的要求对每个生产单位(车间、工段、班组等),在每个具体时期(月、旬、周、日、轮班、小时等)内的生产任务做出详细的安排并规定实现的方法,从而保证企业按数量、品种、质量、交货期的要求全面完成生产计划。

当计划制订好之后,在具体实施的过程当中还需要对生产作业过程实施有效的控制,以确保实际生产和生产计划的要求相一致。生产作业计划制订好之后就可以开始实际产品的生产,然而在实际实施的过程中,实际生产、物流运作与计划要求会发生一些偏离现象,这时就需要实施有效控制,以保证生产任务或订单的完成。

6.1 生产作业计划

6.1.1 生产作业计划的主要内容和作用

1. 生产作业计划的主要内容

生产作业计划的主要功能是将主生产计划或 MRP 中的零部件投入出产计划细化,它是 MRP 的具体执行计划,具体、详细地规定了各车间、工段、班组以至每个工作地在较短的时间内(月、旬、周、日、轮班、小时)的生产运作任务。因此,它不是站在企业整体的角度,而是站在企业的每个生产运作单位或工作地的角度解决生产什么、生产多少、什么时候完成的问题。车间月度生产作业计划、班组周生产作业计划、工作地轮班作业计划等,都是生产作业需要安排的内容。生产作业计划在时间上细化到每个工作日甚至每小时,在单位上落实到每台设备每个人,即把计划工作负荷分解成一个个精确具体的短期计划。企业生产作业管理主要包括以下一些内容:

(1) 把生产任务(在这里主要是工序)落实到执行人员、设备或工作中心或工作地上,并且要避免资源负荷的超载,即要达到资源负荷的平衡,避免"瓶颈"现象;

(2) 确定零部件的加工顺序;

(3) 按已经排好的顺序将零部件安排到具体的工作中心或工作地或设备上,即实际中的派工;

(4) 生产作业控制即车间控制,不断地检查任务的执行情况,检查设备的负荷情况,及时为拖后的任务制定相应的赶工单,以保证计划如期完成;

(5) 根据设备运转得好坏和新指令的到来,不断地修订作业计划,以适应变化;

(6) 控制作业过程中的质量问题。

2. 生产作业计划的作用

生产作业计划是生产计划的继续、延伸和补充,与生产计划构成一个紧密联系的体系。因此,没有一个好的生产作业计划,就不可能保证很好地实现主生产计划,特别对加工装配型企业。具体地说,生产作业计划的主要作用可概括为两个方面。

1) 保证主生产计划规定的生产任务按期完成

生产作业计划把生产任务在空间上细分到车间、工段、班组、工作地和个人;在时间上细分到月、旬、周、日、轮班、小时;在计划对象上把整台产品细分到总成、部件、零部件,因此,生产作业计划起着具体落实主生产计划的作用。由于生产作业计划具有更强的可操作性,为组织日常生产运作活动提供了依据和标准,有利于保证主生产计划任务的顺利完成。

2) 保证企业获取更好的经济效益

编制 MRP 时虽然也经过了综合平衡计算,但由于时间跨度较长,且影响因素多,故工作比较粗略。而生产作业计划的"细分"特性使得企业既有必要、也有可能更加细致、具体地进行综合平衡,针对企业当前的实际情况科学安排生产运作任务,努力实现资源的合理配置,提高企业的经济效益。

6.1.2 生产作业计划的期量标准

生产作业计划工作由作业计划编制与作业控制两部分组成。前者主要包括制定期量标准、开展生产运作能力核算与平衡、编制各种形式的生产作业计划等内容;后者主要包括生产运作调度、生产运作作业统计与分析等内容。

期量标准是生产作业计划工作的重要依据,因此也称为生产作业计划标准。它是对劳动对象在生产运作过程中的运动所规定的时间和数量的标准。"期"是指时间,如制造一件产品需要多长时间,相隔多长时间出产一件产品等。"量"是指数量,如一次同时投入生产运作的制品数量、库存在制品数量等。先进合理的期量标准,正确地反映了生产运作过程中各生产运作环节在生产运作时间和数量上的客观内在联系,据此可以正确、迅速地编制生产作业计划,合理组织生产运作活动,保证产品整个生产运作过程的高度连续性、均衡性和准时性。

期量标准按每种产品分别制定。由于生产运作类型不同,生产运作过程各环节在时间和数量上的联系方式也不同,所以期量标准包括的具体内容也不同。成批生产在生产运作实践中占有较大的比重,而且其期量标准在相当程度上包含了单件小批生产运作类型的期量标准,故成批生产运作的期量标准具有一定的代表性。由于成批生产运作是按一定时间间隔依次成批地生产运作多种制品,因此,如何妥善安排生产运作的轮番,是其生产作业计划所要解决的主要矛盾。成批生产运作的主要期量标准包括:批量、生产运作间隔期、生产运作周期、生产运作提前期等。

1. 批量和生产间隔期

在成批生产的企业中,按批量来组织生产是一个非常重要的特征。批量的大小对其生产效益有着直接影响。在生产计划制订出来以后,产品的年生产任务已基本明确。在这情况下,生产采用的批量越大,则生产组织的轮番次数就越少,生产过程相对稳定,产品品种更换的次数也就相应减少,花费在调整设备和工艺装备等准备结束工作上的时间和费用较少,有利于提高劳动生产率和设备利用率。但批量大,每批产品的生产周期比较长,生产占用在制品数量及占用的生产面积和仓库面积就会增加,会增加流动资金占用量和在制品库存保管费用等。而如果批量小,生产中在制品占用的数量就可以减少,与在制品数量有关的各项费用支出就可以相应减少,但生产中产品更换的次数就会增加,准备结束工作的工作量会增大,而使准备结束工作费用增加,在组织管理不力的情况下会降低劳动生产率。因此,为提高成批生产的经济效益,必须用科学的方法来确定产品的生产批量。

生产间隔期是指相邻两批相同制品投入或出产的时间间隔。生产间隔期是批量的时间表现,确定生产间隔期首先要确定产品在装配车间的生产间隔期,这要综合考虑每种产品的全年计划产量、单位产品价值、产品的生产周期、产品的体积和企业的生产面积、生产组织形式、生产稳定程度等因素,把各种产品的装配生产间隔期规定为按日、周、旬、月、季等几种;在此基础上再来确定产品的零部件和毛坯的生产间隔期,根据零部件和毛坯的价值、体积、工艺技术的复杂程度、生产周期等,把零部件和毛坯分成若干类,如按1日、3日、6日、8日、1旬、1月、1季等。一般来说,确定产品(或零部件、毛坯)的生产间隔期时,凡是价值大、体积大、工艺技术复杂、生产周期长的产品(或零部件、毛坯),生产间隔期可短一些;反之,则长一些。各类零部件、毛坯在各车间的生产间隔期,应与该种产品的装配生产间隔期相等,或成简单倍数的关系。

批量与生产间隔期有密切的关系,在确定其标准时需要相互考虑。批量和生产间隔期的确定常用的方法有以期定量法和以量定期法。

1) 以期定量法

以期定量法有经济生产批量和最小批量法两种。经济生产批量的计算可参考《库存管理》一书,此处不赘述。最小批量法是以保证设备的合理利用和提高生产率为主要目标的一种批量计算方法,这种方法的着眼点是把设备的调整时间控制在允许的范围内,其计算公式是

最小批量＝更换品种的设备调整时间/(设备调整允许损失系数×单件工序加工时间)

设备调整允许损失系数一般取 0.02～0.12,主要根据经验确定,参见表 6-1。这种方法在确定批量时,通过选取不同的系数,既考虑了零部件价值对流动资金的影响,也考虑了不同生产类型对设备利用率的约束。

表 6-1 设备调整允许损失系数

零部件价值	生产类型		
	大　批	中　批	小　批
低	0.02	0.03	0.05
中	0.03	0.05	0.08
高	0.05	0.08	0.12

2) 以量定期法

以量定期法是根据标准的生产间隔期来确定批量的一种方法。当产品的年产量确定以后,生产间隔期和批量关系可用以下公式表示:

批量＝生产运作间隔期×平均日产量

可见，批量与生产运作间隔期成正比。当计划期的生产运作任务一定，计划期产量与计划期之比所得到的平均日产量是一个常量，只要确定了批量和生产运作间隔期中的一个，另一个就可根据上式求出。

2．生产周期

某种产品的生产周期是指从原材料投入开始到产成品出产为止的全都日历时间。生产周期是编制生产作业计划以及确定产品和零部件在各工艺阶段生产进度的主要依据，缩短生产周期能更好地保证产品的交货期，提高劳动生产率，减少在制品占用量，加速流动资金周转，降低产品成本，提高生产的经济效益。

生产过程组织的一个重要内容是时间组织，所追求的目标就是提高时间利用率，缩短产品的生产周期。而产品生产周期的长短，取决于多方面的因素，如生产设备的先进程度、工艺技术水平、生产组织与管理水平、劳动组织设计以及计划管理工作水平等。从生产组织和计划管理工作来看，可以通过确定合理的批量，尽可能采用平行移动方式或平行顺序移动方式，减少产品加工过程的等待时间，加强工序之间协调配合等各方面来缩短产品的生产周期。

确定生产运作周期，一般首先根据生产运作流程确定各工艺阶段的生产运作周期，然后以此为基础确定产品的生产运作周期。例如，对机械产品而言，生产运作周期构成如图6-1所示。其中，每个工艺阶段的生产运作周期包括基本工序时间、检验时间、运输时间、等待工作地时间、自然过程时间和制度规定的停歇时间。

加工一批产品时，在制品在生产运作过程中的移动方式对生产运作周期有直接的影响，第3章中介绍了三种典型移动方式，即顺序移动、平行移动和平行顺序移动。在制订生产作业计划时，必须首先清楚零部件在工序间或部门间所采用的移动方式。

3．生产提前期

生产提前期是指产品（毛坯、零部件）在各生产环节出产（或投入）的时间，比成品出产时间所要提前的时间量。每一种产品在每一个生产环节都有投入和出产之分，因而提前期也分为投入提前期和出产提前期。

生产提前期是成批生产企业编制生产作业计划不可缺少的期量标准。生产提前期和生产周期有着密切的关系（见图6-1），它是在各生产环节生产周期确定的基础上制定的。正确地制定生产提前期，对于组织各个生产环节的生产活动在时间上的紧密衔接、缩短生产周期、减少在制品占用量、提高企业生产活动的经济效果有着重要作用。生产提前期的制定，有两种不同的情况。

1) 前后车间生产批量相等情况下提前期的制定

$$车间投入提前期＝本车间出产提前期＋本车间生产周期$$
$$车间出产提前期＝后车间投入提前期＋保险期$$

提前期的计算是按反工艺过程顺序进行的。因为装配车间出产的时间也就是成品出产的时间，所以装配车间的出产提前期为零。然后根据装配车间的生产周期计算装配车间的投入提前期，根据装配车间的投入提前期和半成品库的保险期计算机械加工车间的出产提前期，以此类推，一直算到各毛坯车间的投入提前期。各车间的提前期及其相互关系如

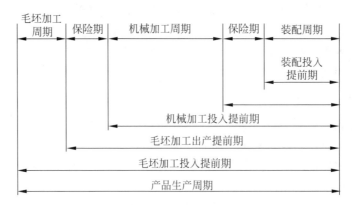

图 6-1 生产周期与生产提前期的关系

图 6-1 所示。

2) 前后工序车间生产批量不等时生产提前期的制定

如果前后工序的两个车间生产批量不等时(前工序车间的批量为后工序车间批量的若干倍),计算各车间投入提前期的公式与上述公式相同,即某车间投入提前期等于该车间出产提前期与该车间生产周期之和。但是,在计算出产提前期时则有所区别。前后车间生产批量不等时,通常应该是前车间的批量大于后车间的批量,这样前工序车间出产一批就可以供给后工序车间若干批投入使用,这时,正确的出产提前期应比用前面计算出产提前期的公式计算的结果大些。由于前后车间批量不等而增加的时间,等于前车间生产间隔期与后车间生产间隔期之差,计算公式如下:

车间出产提前期＝后车间投入提前期＋保险期＋(本车间生产间隔期－后车间生产间隔期)

6.2 作业排序的理论与方法

6.2.1 排序的基本概念

排序问题已被广泛应用于生产管理、计算机系统、运输调度等领域。排序问题是一类重要的组合优化问题。一般来说,凡是有多个不同的任务要完成,就有作业排序与作业计划问题。几批不同的工件要加工,几个程序等待要运行,几个问题要处理等,都有作业排序。这些问题的共同特征是要将不同的工作任务安排一个执行的顺序和时间,使得目标最优化。所以,作业排序实质上是要解决如何按时间的先后,将有限的资源分配给不同的工作任务,使预定的目标最优化的问题。

需要说明的是,在生产运作管理中常用到编制作业计划、排序、调度、派工、控制、赶工等名词。一般来说,作业排序只确定工件在机器上的加工顺序,而编制作业计划不仅确定工件的加工顺序,而且还包括确定每个工件的开始时间和完成时间,这样才能指导工人的生产活动。由于当各台机器上工件的加工顺序确定后,就可以按最早可能开始时间安排所有工件的计划,这样初始可行的作业计划就可以编制好,因而编制作业计划的问题之一就是作业排序问题。派工是按作业计划的要求,将具体的生产任务安排到具体的机器上并交给相应的操作工人负责;控制是监控实际生产过程,并使其和计划保证一致的过程;调度是在加工制造发生之后,发现实际进度已经偏离计划而采取的调配资源的行动,调度属于控制的范围;而赶工是在实际进度已经落后于计划进度时采取的追赶进度的行动,赶工属于调度的范围。如火车时刻表是事先确定的一种作业计划,各列火车都按该计划来执行;在实际执行过程需要监控所有火车运行情况,根据这些运行信息相应采取措施以确保计划的完成,这种监控采取的预防和实际措施的过程就是控制;其中实际运行情况偏离了计划所采取的措施就是调度;如果火车发生晚点,采取加快运行速度来赶上计划时间就是赶工。

6.2.2 排序问题的描述

最初的排序研究与应用主要是针对加工制造企业,一般使用机器、工件、加工路线、工序和加工时间来描述一个排序作业的任务。即假定有 n 个工件要按一定的加工路线经过 m 台机器加工,其中加工路线是由工件加工的工艺过程决定的,是工件加工在技术上的约束,是工件所需要的加工工序的顺序。而排序就是确定这 n 个工件在 m 台机器上加工的先后顺序。随着排序在其他各行各业的应用,原有的"机器"、"工件"、"工序"和"加工时间"的意义已经发生了变化,如"机器"的意义已经扩展到"服务者","工件"则泛指"服务对象","工序"则指"服务活动","加工时间"则是"服务时间"。如计算机网络的服务器(机器)同时接到多个电邮请求(工件),处理后发到请求的用户信箱;多艘轮船(工件)同时要停靠码头(机器);维修工人(机器)维修多个机器设备(工件)等。

1. 机器

只有一台机器的排序问题称为单机排序问题,否则称为多机排序问题。

在多机问题中机器分为两大类:通用平行(parallel)机和专用串联(dedicated)机,如果所有机器的功能相同,称为同类机或平行机,即一个工件需要在多台平行机的一个机器上加工一次;而串联机则是机器具有不同的功能,工件需要在不同的机器上加工。

平行机又可分成 3 类:具有相同速度的同速(identical)机、具有不同加工速度但此速度不依赖于工件的恒速(uniform)机和随加工的工件不同加工速度也不同的变速(unrelated)机。

串联机也可分为 3 类:第一个工件以特定的相同机器顺序加工的流水作业(flow shop)、工件依次在机器上加工的次序可以任意的开放作业(open shop)和每一工件以各自特定的机器次序进行加工的单件作业(job shop)。

还有一类更复杂的情况,就是柔性流水作业(flexible flow shop),它是流水作业和平行机的推广。在柔性流水作业中,有多类机器,每个工件有多道工序,每道工序需要在每类机器中的一台机器上加工,且每个工件的加工顺序相同。机器的分类情况见图 6-2。

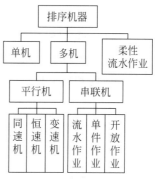

图 6-2 机器类型

2. 工件和工序

对不允许中断加工的情况来说，一个工件（$J_j, j=1,2,\cdots,n$）在一台机器（$M_i, i=1,2,\cdots,m$）上连续加工的过程称为工序（operation）。按工件到达车间的不同，可以将排序分为静态和动态两种。当进行排序时所有工件都已经到达，可以一次对它们进行排序，这是静态排序问题；若工件是陆续到达的，要随时对它们进行排序，这是动态排序问题。

排序中的约束条件，主要指的是工件的性质以及它们在加工过程中的要求和限制。

1) 加工时间

一个工件的加工时间：$\boldsymbol{p}_j = (p_{1j}, p_{2j}, \cdots, p_{nj})$；$n$ 个工件的加工时间则用矩阵来表示：

$$\boldsymbol{P} = \begin{bmatrix} p_{11} & p_{12} & \cdots & p_{1n} \\ p_{21} & p_{22} & \cdots & p_{2n} \\ \vdots & \vdots & & \vdots \\ p_{m1} & p_{m2} & \cdots & p_{mn} \end{bmatrix}$$

式中：p_{ij}——工件 J_j 在机器 i 上所需要的加工时间。

2) 到达时间（arrival time）或就绪时间（ready time）

到达时间或就绪时间 r_j 是工件已经准备好可以马上被加工的时间。若所有工件的就绪时间相同，则取 $r_j = 0, j=1,2,\cdots,n$。

$$\boldsymbol{r} = (r_1, r_2, \cdots, r_n)$$

3) 工件工期（due date）或截止期限（deadline）

工期 d_j 表示对工件 J_j 限定的完工时间。若不按期完工，就会受到一定的惩罚。绝对不允许延误的工期称为截止期限。

$$\boldsymbol{d} = (d_1, d_2, \cdots, d_n)$$

4) 工件权重（weight）

工件权重是相对于其他工件而言工件的重要性程度。

$$\boldsymbol{W} = (w_1, w_2, \cdots, w_n)$$

3. 目标函数

用 $\boldsymbol{C} = (C_1, C_2, \cdots, C_n)$ 表示工件的完工时间。一般来说，要使完工时间 C_j 的函数达到极小化。在排序问题中，目标函数主要有以下几种。

1) 最大完工时间或时间表长（schedule length, make-span）

时间表长可定义为：$C_{\max} = \max\limits_{1 \leqslant j \leqslant n} \{C_j\}$，即为最后一个被加工完的工件的完工时间。

2) 加权流程时间（weighted flow time）和加权完工时间

一个工件的流程时间是指工件从到达系统开始一直到加工完为止的时间，包括在系统中的等待时间和加工时间：$F_j = C_j - r_j$。

系统的平均加权流程时间：$F = \sum\limits_{j=1}^{n} w_j F_j \Big/ \sum\limits_{j=1}^{n} w_j$

将上述平均流程时间转换一下：$F = \sum\limits_{j=1}^{n} w_j C_j \Big/ \sum\limits_{j=1}^{n} w_j - \sum\limits_{j=1}^{n} w_j r_j \Big/ \sum\limits_{j=1}^{n} w_j$，由于第二项是常数，第一项的分母也是常数，因此极小化平均加权流程时间相当于极小化总加权完工时间（total weighted completion time）：

$$C = \sum_{j=1}^{n} w_j C_j$$

3) 最大延误时间(maximum lateness)

工件的延误时间定义为 $L_j = C_j - d_j$，最大延误时间 $L_{\max} = \max\limits_{1 \leqslant j \leqslant n} \{L_j\}$。

4) 加权总误工(total weighted tardiness)

一个工件当其完工时间大于其完工期限时称为误工：

$$D_j = \{C_j - d_j, 0\} = \{L_j, 0\}$$

加权总误工：

$$D = \sum_{j=1}^{n} w_j D_j$$

5) 加权误工工件数(weighted number of tardy jobs)

用 0/1 来表示某工件是否误工：$U_j = \begin{cases} 1, & C_j > d_j \\ 0, & C_j \leqslant d_j \end{cases}$

加权误工件数：$U = \sum\limits_{j=1}^{n} w_j U_j$

总之，在排序中，工件是被加工的对象，是要完成的任务；机器是提供加工的对象，是完成任务所需要的资源；排序是安排一个时间表，以在一定约束条件下对工件和机器按时间进行分配和安排次序，使某一或一些目标达到最优。

6.2.3 排序问题的分类与表示方法

排序问题的类别有多种划分方法，如前面按机器、按工件有不同的划分方法，另外根据参数的性质还可以划分为确定型与随机型排序，即加工时间和其他有关参数是已经知道的、确定的量，就称为确定型排序；而加工时间和相关参数是随机型的量则称为随机型排序。由机器、工件、加工参数和目标函数的不同特征及其他方面的差别，构成了多种不同的排序问题。这里采用国际上使用的三参数表示方法来描述排序问题，即 $\alpha/\beta/\gamma$。

α 域表示机器的数量、类型和环境：$\alpha = \alpha_1 \alpha_2$，其中 $\alpha_1 = \{\cdot, P, Q, R, O, F, J, FF\}$，各符号分别代表单机、同速机、恒速机、自由作业、流水作业、单件作业和柔性流水作业；$\alpha_2 = \{\cdot, m\}$，分别表示机器的数目不确定和有 m 台机器。

β 域表示工件的性质、加工要求和限制，资源的种类、数量和对加工的影响等，它可以同时包含多项，可能的主项有：r_j(工件有不同的到达时间)、s_{jk}(工件顺序加工的设备调整时间)、prmp(允许中断)等。

γ 域表示要优化的目标函数：$C_{\max}$(时间表长)、$\sum w_j C_j$(加权总完工时间)、$L_{\max}$(最大延误时间)、$\sum w_j D_j$(加权总误工)、$\sum w_j U_j$(加权误工件数)等。

如 $1||\sum D_j$ 表示单机排序问题，目标函数是总延误时间最小；$P_m||C_{\max}$ 表示有 m 台同速机的排序问题，目标函数是极小化时间表长；而 $F_m|p_{ij} = p_j|\sum w_j C_j$ 表示一个由 m 台机器组成的流水作业排序问题，每个作业的所有工序的加工时间都相等，目标是加权总完工时间最小；$J_2|m_j \leqslant 2|C_{\max}$ 表示两台机器单件作业排序问题，每个工件在每台机器上至多

加工一次，其目标函数是时间表长最小。

6.2.4 排序问题的求解

1. 可行排序与最优排序

排序问题是一类组合优化问题，由于在实际生产中，排序问题中的机器、工序、资源都是有限的，绝大部分排序问题是从有限个可行解中找出一个最优解，使目标函数达到极小。

例 6-1 给定排序问题 $1|r_j|\sum C_j$，其中 $p=(3,2,5,1), r=(0,1,0,0)$。

$[J_1, J_3, J_4, J_2]$ 是一个可行排序，对应的总完工时间是 31；而 $[J_4, J_2, J_1, J_3]$ 是一个最优排序，最优总完工时间是 21。

2. 三种计划

车间作业计划可能存在着很多可行的作业计划安排方法，其中各工序都按最早可能开工或完工时间安排的作业计划称为半能动计划（semi-active schedule）；若半能动计划中任何一台机器的每段空闲时间都不足以加工一道加工工序的，称为能动作业计划（active schedule）；若在能动计划中，没有任何延迟（delay）现象出现，则称为无延迟作业计划（non-delay schedule），这里的无延迟是指如果有准备好的被加工的工序，不准许有空闲的机器出现，该计划相当于不允许强迫机器空闲。

对于大多数排序问题，包括所有可中断排序问题，最优排序是无延迟排序，但也有一些不可中断的排序问题是延迟排序，见例 6-2。

例 6-2 求解排序问题 $1|r_j|\sum w_j C_{\max}, n=2, P=(10,5), r=(0,1), w=(1,5)$。

解 这是一个到达时间不一致、目标函数是加权时间表长的单机排序问题。该问题有两个可行排序，图 6-3 给出了它们的甘特图。图 6-3(a) 所示的可行排序的目标值是 85，图 6-3(b) 所示的可行排序的目标值是 46，这是最优排序，但它是延迟排序。

图 6-3 两排序的甘特图

6.2.5 流水车间作业排序

流水车间排序问题的特征是每个工件的加工路线都是一样的，或称为同顺序作业排序问题，表示为 $F_m||g$，其中 g 是完工时间的不减函数，常见的目标函数有时间表长和加权总完工时间。流水车间作业排序是一类重要的作业排序问题，各工件依次在机器上完成各道工序，但对于同一台机器而言，各工件在其上的加工顺序可能不同。若在全部机器上各工件的加工顺序也相同，则称为排列排序（permutation schedule）。对于 n 个工件、m 台机器的流水车间作业排序问题，由于每台机器上 n 道工序的可能排序数为 $n!$，因此全部可能的排序数为 $(n!)^m$。如果仅考虑排列排序，则排序数只有 $n!$，遗憾的是，对于 $m \geqslant 4$ 的情况，流水

车间排序作业问题未必是排列排序,即排列排序中可能不包含最优排序,见例 6-1。

例 6-3 按排序问题 $F_2||C_{\max}, n=2, \boldsymbol{P}=\begin{bmatrix} 1 & 4 \\ 4 & 1 \\ 4 & 1 \\ 1 & 4 \end{bmatrix}$。

例中排列排序只有两个,即$[J_1, J_2]$和$[J_2, J_1]$,有相同的时间表长 $C_{\max}=14$,但最优排序不包含其中,即不是排列排序,最优排序见图 6-4,其时间表长 $C_{\max}=12$。

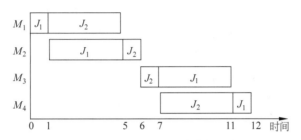

图 6-4 非排列排序的最优例子甘特图

由于排列排序中可能不含有最优排序,因此不能仅在排列排序中考虑问题,但是关于流水作业排序问题仍然有下面的结论:流水作业排序问题中至少存在着一个最优排序,在此最优排序中,其最前面两台机器上各作业的加工顺序相同,在其最后两台机器上各作业的加工顺序也相同。

由上述结论可知,对于 3 台以下机器,排列排序中的最优排序也是原问题的最优排序,而 4 台以上机器的排序问题则不一定。从简化问题出发,本节的问题均在排列排序中讨论,即 $F_m|\text{prmu}|g$,其中 prmu 表示排列排序。

1) 时间表长的计算

对于给定 n 个工件、m 台机器的排列排序问题 $F_m|\text{prmu}|C_{\max}$,若工件顺序为$[J_1, J_2, \cdots, J_n]$,则工件 J_j 在机器 M_i 上的完工时间 C_{ij} 满足下式:

$$\begin{cases} C_{i1} = \sum_{l=1}^{i} p_{l1}, & i=1,2,\cdots,m \\ C_{1j} = \sum_{l=1}^{j} p_{1l}, & j=1,2,\cdots,n \\ C_{ij} = \max\{C_{i-1,j}, C_{i,j-1}\} + p_{ij}, & i=2,3,\cdots,m; j=2,3,\cdots,n \end{cases} \quad (6-1)$$

对于给定的加工顺序$[J_1, J_2, \cdots, J_n]$的排列排序,可以构造一个对应的有向图:工件 J_j 在机器 M_i 上的加工工序与节点(i,j)对应,该节点的加权因子为工序的加工时间 $p_{ij}(1 \leqslant i \leqslant m; 1 \leqslant j \leqslant n)$,如图 6-5 所示。节点$(i,j)(1 \leqslant i \leqslant m-1; 1 \leqslant j \leqslant n-1)$有弧通向节点$(i,j+1)$和节点$(i+1,j)$,排序时间表长的计算可以通过与问题对应的有向图的关键线路的计算得到,即从节点$(1,1)$到节点(m,n)的最大加权关键路径的总权之和与排序$[J_1, J_2, \cdots, J_n]$

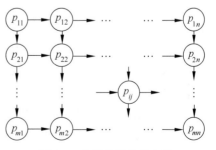

图 6-5 排列排序的有向图

的时间表长相对应。

例 6-4 有一个 $F_4|prmu|C_{max}, n=6, \boldsymbol{P}=\begin{bmatrix} 4 & 2 & 3 & 1 & 4 & 2 \\ 4 & 5 & 6 & 7 & 4 & 5 \\ 5 & 8 & 7 & 5 & 5 & 5 \\ 4 & 2 & 4 & 3 & 3 & 1 \end{bmatrix}$,当按顺序$[J_6, J_1, J_5,$

$J_2, J_4, J_3]$加工时,求加工时间表长。

解 按加工顺序$[J_6, J_1, J_5, J_2, J_4, J_3]$重新列出加工时间矩阵(见矩阵 $\boldsymbol{P}_1$),并按式(6-1)进行递推,将每个工件的完工时间标在其加工时间的右上角。对于第一行第一列只需把加工时间的数值作为完工时间标在加工时间的右上角,而第一行的其他元素,从左到右依次将前一列右上角的数字加上计算列的加工时间,将结果标在该列的右上角。对于其他行,第一列的算法与前相同,只要把上一行右上角的数字加本行的加工时间,将结果填在本加工时间的右上角;而其他列则要按顺序计算,从本行前一列右上角和本列上一行的右上角数字中取大者,再加本加工时间,将结果填在右上角。按此一直计算下去,最后一行最后一列的右上角的数字即为本排序问题的加工时间表长,为 $C_{max}=46$。

$$\boldsymbol{P}_1 = \begin{bmatrix} 2^2 & 4^6 & 4^{10} & 2^{12} & 1^{13} & 3^{16} \\ 5^7 & 4^{11} & 4^{15} & 5^{20} & 7^{27} & 6^{33} \\ 5^{12} & 5^{17} & 5^{22} & 8^{30} & 5^{35} & 7^{42} \\ 1^{13} & 4^{21} & 3^{25} & 2^{32} & 3^{38} & 4^{46} \end{bmatrix}$$

2) 问题 $F_2||C_{max}$ 的排序算法

对于 2 台机器的流水作业排序问题,只需考虑排列排序,此问题可用 Johnson 算法(或称 SPT-LPT 算法(shortest processing time-longest processing time))求解,该算法是建立在 Johnson 法则基础上的,并且是最优排序。

Johnson 法则为:$\min(p_{1i}, p_{2j}) < \min(p_{2i}, p_{1j})$,则工件 J_i 应该排在工件 J_j 之前,如果中间是等号,则可随意安排。

Johnson 算法为:

(1) 把工件按工序加工时间分成两个子集 $\varphi_1 = \{J_j | p_{1j} < p_{2j}\}$,$\varphi_2 = \{J_j | p_{1j} > p_{2j}\}$,对于两个工序加工时间相等的工件可以分在两个子集的任意一个;

(2) 先将第一个子集 φ_1 中的工件按第一台机器上加工时间 p_{1j} 的不减顺序(SPT 规则)排列,再将第二个子集 φ_2 中的工件按第二台机器上加工时间 p_{2j} 的不增顺序(LPT 规则)排列。

例 6-5 求 $F_2||C_{max}, n=6, \boldsymbol{P}=\begin{bmatrix} 5 & 1 & 8 & 5 & 3 & 4 \\ 7 & 2 & 2 & 4 & 7 & 4 \end{bmatrix}$。

解 根据 Johnson 算法,可得到,$\varphi_1 = \{J_1, J_2, J_5, J_6\}$,$\varphi_2 = \{J_3, J_4\}$,再按 SPT 和 LPT 分别排列,得到 $\varphi_1 = \{J_2, J_5, J_6, J_1\}$,$\varphi_2 = \{J_4, J_3\}$,这样最优排序为$[J_2, J_5, J_6, J_1, J_4, J_3]$,时间表长 $C_{max}=28$。

不过 Johnson 算法只是最优算法的一个充分条件,不是必要条件,不符合这个算法的一些排序也可能是最优排序,如例 6-4 中排序$[J_6, J_1, J_5, J_2, J_4, J_3]$不符合 Johnson 算法,但也是一个最优解。

3) 一般 $F_m|prmu|C_{\max}$ 排序算法

对于流水作业排序中机器数量大于 2 的排序问题，一般不存在多项式算法，属于 NP 难问题。常用的算法包括分支定界法和启发式算法。分支定界法可以得到最优解，但计算量大，特别是当实际生产规模较大时，计算量相当大，以至于计算机都无法在短时间内求解。而启发式算法虽然只能得到近优解，但由于计算工作量相对较小，因而十分实用，这里介绍几种启发式算法。

(1) Palmer 算法

Palmer 于 1965 年对流水作业排序问题提出了按斜度指标排列工件的启发式算法，该算法先定义工件的斜度指标 $\lambda_j = \sum_{k=1}^{m}\left(k - \frac{m+1}{2}\right)p_{kj}(j=1,2,\cdots,n)$，然后将各工件按其斜度指标不增进行排序。

(2) CDS 算法

Campbell 等于 1970 年对流水作业排序问题提出了一个基于 Johnson 算法的启发式算法，该算法先产生 $m-1$ 个排列，然后从中选优。

先定义 $\alpha_j = \sum_{k=1}^{i}p_{kj}, \beta_j = \sum_{k=1}^{i}p_{m-k+1,j}, i=1,2,\cdots,m-1; j=1,2,\cdots,n$。

依次令 $i=1,2,\cdots,m-1$，可以得到 $m-1$ 组 α_j 和 β_j，将每一组值看成分别在两个机器上的加工时间，根据 Johnson 算法可以求得一个排序，共可得到 $m-1$ 个排序，从中优选。

(3) 关键工件法

陈荣秋于 1983 年对流水作业排序问题提出了一个基于关键（最长加工时间）工件的启发式算法，其步骤如下：

① 计算每个工件的总加工时间 $P_j = \sum_{i=1}^{m}p_{ij}(j=1,2,\cdots,n)$，找出加工时间最长的工件 $J_L(P_L = \max_{1\leq j\leq n}(P_j))$，将其作为关键工件；

② 对于余下的工件，若 $p_{1i} \leq p_{mi}$，则按 p_{1i} 不减的顺序排列成一个序列 φ_1；若 $p_{1i} > p_{mi}$，则按 p_{mi} 不增顺序排列成一个序列 φ_2，$[\varphi_1, J_L, \varphi_2]$ 即为所得排序。

(4) Gupta 算法

Gupta 于 1987 年对流水作业排序问题提出了另一个启发式算法。该算法先对工件定义其优先因子：

$$\lambda_j = \frac{[e_j]}{\min_{k=1}^{m-1}(p_{kj}+p_{k+1,j})}, \quad j=1,2,\cdots,n$$

其中 $e_j = \begin{cases} 1, & p_{1j} \geq p_{mj} \\ -1, & p_{1j} < p_{mj} \end{cases}$

然后将工件按优先因子的不增顺序排列。

例 6-6 考虑排序问题 $F_3||C_{\max}, n=5, \boldsymbol{P} = \begin{bmatrix} 6 & 4 & 3 & 9 & 5 \\ 8 & 1 & 9 & 5 & 6 \\ 2 & 1 & 5 & 8 & 6 \end{bmatrix}$，分别用上述几种启发式算法求解。

解 (1) 用 Palmer 算法，有

$$\lambda_j = \sum_{k=1}^{3}\left(k - \frac{3+1}{2}\right)p_{kj} = p_{3j} - p_{1j}, \quad j = 1,2,3,4,5$$

$$\lambda_1 = -4, \quad \lambda_2 = -3, \quad \lambda_3 = 2, \quad \lambda_4 = -1, \quad \lambda_5 = 1$$

按上述不增顺序排序,得到$[J_3, J_5, J_4, J_2, J_1]$,排序时间表长为$C_{\max} = 37$。

(2) 用 CDS 算法,有

$i=1, \alpha_1 = (6,4,3,9,5), \beta_1 = (2,1,5,8,6)$,利用 Johnson 算法,得到排序$[J_3, J_5, J_4, J_1, J_2]$,排序时间表长为$C_{\max} = 35$;

$i=2, \alpha_2 = (14,5,12,14,11), \beta_2 = (10,2,14,13,12)$,利用 Johnson 算法,得到排序$[J_5, J_3, J_4, J_1, J_2]$,排序时间表长为$C_{\max} = 36$。经比较取$[J_3, J_5, J_4, J_1, J_2]$,排序时间表长为$C_{\max} = 35$。

(3) 用关键工件法,有

$$P_1 = 16, \quad P_2 = 6, \quad P_3 = 17, \quad P_4 = 22, \quad P_5 = 17$$

所以J_4是关键工件,$p_{1i} \leq p_{mi}$的工件按不减的顺序排列成序列$\varphi_1 = [J_3, J_5]$;$p_{1i} > p_{mi}$按不增顺序排列成序列$\varphi_2 = [J_1, J_2]$,$[J_3, J_5, J_4, J_1, J_2]$即为所得排序,排序时间表长为$C_{\max} = 35$。

(4) 用 Gupta 算法,有

$$e_1 = -1, \quad e_2 = -1, \quad e_3 = 1, \quad e_4 = -1, \quad e_5 = 1$$

$$\min_{k=1,2}\{p_{k1} + p_{k+1,1}\} = 10, \quad \min_{k=1,2}\{p_{k2} + p_{k+1,2}\} = 2$$

$$\min_{k=1,2}\{p_{k3} + p_{k+1,3}\} = 12, \quad \min_{k=1,2}\{p_{k4} + p_{k+1,4}\} = 13$$

$$\min_{k=1,2}\{p_{k5} + p_{k+1,5}\} = 11$$

优先因子依次是$\frac{-1}{10}, \frac{-1}{2}, \frac{1}{12}, \frac{-1}{13}, \frac{1}{11}$,从而得到排序$[J_5, J_3, J_4, J_1, J_2]$,排序时间表长为$C_{\max} = 36$。

上述各种排序的结果可用甘特图来表示,读者可自行画出并进行比较分析。

6.2.6 单件车间作业排序

单件车间作业排序是最一般的排序问题,其一般问题模型为:设有m台机器$M = \{M_1, M_2, \cdots, M_m\}$,$n$个工件$J = \{J_1, J_2, \cdots, J_n\}$,各工件都要经过每台机器的加工,工件在机器$M_i$上的加工工序记为$T_{ij}$,加工时间为$p_{ij}$($p_{ij} \geq 0$; $i = 1,2,\cdots,m$; $j = 1,2,\cdots,n$)。各工件之间无次序,同一工件的各工序之间有次序,且不同工件之间的次序可能不同,每个工件都可能有独特的加工路线,工件流向不一样。对于流水车间作业而言,由于工件流向一样,工序号与机器号是一致的,因而没有必要分开。对于一般单件车间作业来说,要描述一道工序,需用 3 个参数:(k,j,i),工件j的第k道工序在机器i上加工。于是可以用加工描述矩阵来描述整个排序问题,其每列表示一个工件的加工,每行的工件工序序号相同。如加工描述矩阵

$$\mathbf{D} = \begin{bmatrix} 1 & 3 \\ 3 & 1 \\ 2 & 2 \end{bmatrix}$$

该矩阵的第一列表示工件J_1的第 1 道工序是在机器 1 上,而第 2 道工序是在机器

3 上,第 3 道工序是在机器 2 上,而第二列表示工件 J_2 按顺序分别在机器 3、1、2 上加工。

单件车间作业排序是最复杂的一类排序问题,多数情况属于 NP 难问题,只有几种特殊情况存在多项式算法,这里只介绍两台机器的最优算法和一般情况的启发式算法。

1. 两台机器的单件作业排序 $J_2||C_{max}$

对于只有两台机器的单件作业排序问题,一个常用的算法是 Jackson 算法。

(1) 把工件按工序情况分为 4 个子集 $\varphi_1,\varphi_2,\varphi_{12},\varphi_{21}$,分别表示只在机器 1 上加工的工件、只在机器 2 上加工的工件、先在机器 1 再在机器 2 上加工的工件、先在机器 2 再在机器 1 上加工的工件。

(2) φ_{12} 中的工件在机器 1、2 上按流水作业排序问题 $F_2||C_{max}$ 排序,φ_{21} 中的工件在机器 2、1 上按流水作业排序问题 $F_2||C_{max}$ 排序。

(3) 全部工件在机器 1 上加工的次序为 $[\varphi_{12},\varphi_1,\varphi_{21}]$,在机器 2 上加工的次序为 $[\varphi_{21},\varphi_1,\varphi_{12}]$,其中 φ_{12} 和 φ_{21} 在步骤(2)中已经排好序,其他两个子集中工件任意排序。

例 6-7 求排序问题 $J_2||C_{max}$,$n=8$,$\bm{D}=\begin{bmatrix} 1 & 1 & 2 & 2 & 1 & 1 & 2 & 2 \\ 0 & 0 & 0 & 0 & 2 & 2 & 1 & 1 \end{bmatrix}$,$\bm{P}=\begin{bmatrix} 2 & 1 & 0 & 0 & 4 & 9 & 3 & 3 \\ 0 & 0 & 1 & 1 & 2 & 3 & 4 & 2 \end{bmatrix}$。

解 (1) $\varphi_1=\{J_1,J_2\}$,$\varphi_2=\{J_3,J_4\}$,$\varphi_{12}=\{J_5,J_6\}$,$\varphi_{21}=\{J_7,J_8\}$;

(2) 对后两个子集排序 $\varphi_{12}=\{J_6,J_5\}$,$\varphi_{21}=\{J_8,J_7\}$;

(3) 工件在机器 1 上排序 $[J_6,J_5,J_1,J_2,J_8,J_7]$,在机器 2 上排序 $[J_8,J_7,J_3,J_4,J_6,J_5]$,总的时间表长是 $C_{max}=22$,见图 6-6。

图 6-6 例 6-7 的甘特图

2. 一般单件车间作业排序 $J_m||C_{max}$ 的启发式算法

对于一般的单件车间作业问题,可以用分支定界或整数规划法来求得最优解,但由于大部分都属于 NP 难问题,不能在短时间内求解,因而都是无效算法,不能应用到生产实际中。启发式算法可以在短时间内求得满意解,因而是针对该问题使用最多的方法。

能动计划和无延迟作业计划在研究一般单件作业计划时十分重要,以下是计划的一种生成方法。

符号说明:设 t 为计算步骤;S_t 为第 t 步前已排序工序构成的部分作业计划集;O_t 为第 t 步可以排序工序构成的集合;T_k 为 O_t 中工序 o_k 最早可能开工时间;T'_k 为 O_t 中工序 o_k 最早可能完工时间。

1) 能动作业计划算法

步骤 1 设 $t=1$,$S_1=\{\phi\}$,O_1 为各工件第一道工序集合。

步骤 2 求 $T^*=\min\{T'_k\}$,并求出加工该工序的机器 M^*。若有多台,则任选一台。

步骤 3 从 O_t 中挑选出满足以下两个条件的工序 o_j:需要机器 M^* 加工,且 $T_j<T^*$。

步骤 4　将确定的工序 o_j 放入 S_t 中,从 O_t 中删除,并将 o_j 的紧后工序放入 O_t,使 $t=t+1$;
步骤 5　若还有未安排的工序,转步骤 2,否则停止。

2) 无延迟作业计划算法

步骤 1　设 $t=1$, $S_1=\{\phi\}$, O_1 为各工件第一道工序集合。
步骤 2　求 $T^*=\min\{T_k\}$,并求出加工该工序的机器 M^*。若有多台,则任选一台。
步骤 3　从 O_t 中挑选出满足以下两个条件的工序 o_j:需要机器 M^* 加工,且 $T_j=T^*$。
步骤 4　将确定的工序 o_j 放入 S_t 中,从 O_t 中删除,并将 o_j 的紧后工序放入 O_t,使 $t=t+1$。
步骤 5　若还有未安排的工序,转步骤 2,否则停止。

例 6-8　有一个 $J_3|r_j|C_{\max}$, $n=2$, $r=(0,2)$, $\boldsymbol{D}=\begin{bmatrix}1&3\\3&1\\2&2\end{bmatrix}$, $\boldsymbol{P}=\begin{bmatrix}3&4\\2&1\\6&3\end{bmatrix}$,分别构造能动作业计划和无延迟作业计划。

解　求解过程分别见表 6-2 和表 6-3,两种作业计划的甘特图分别见图 6-7(a)和图 6-7(b)。

表 6-2　能动作业计划的构成

t	O_t	T_k	T'_k	T^*	M^*	o_j
1	J_1-1 J_2-1	0 2	3 6	3	M_1	J_1-1(表示工件 1 的第一道工序,其余类推)
2	J_1-2 J_2-1	3 2	5 6	5	M_3	J_1-2
3	J_1-3 J_2-1	5 5	11 9	9	M_3	J_2-1
4	J_1-3 J_2-2	5 9	11 10	10	M_1	J_2-2
5	J_1-3 J_2-3	5 10	11 13	11	M_2	J_1-3
6	J_2-3	11	14			J_2-3

表 6-3　无延迟作业计划的构成

t	O_t	T_k	T'_k	T^*	M^*	o_j
1	J_1-1 J_2-1	0 2	3 6	0	M_1	J_1-1
2	J_1-2 J_2-1	3 2	5 6	2	M_3	J_2-1
3	J_1-2 J_2-2	6 6	8 7	6	M_1	J_2-2
4	J_1-2 J_2-3	6 7	8 10	6	M_3	J_1-2
5	J_1-3 J_2-3	8 7	14 10	7	M_2	J_2-3
6	J_1-3	10	16		M_2	J_1-3

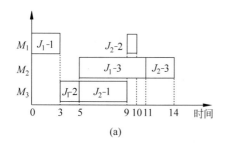 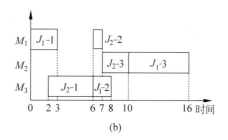

图 6-7 两种作业计划的甘特图
(a) 能动计划；(b) 无延迟计划

3) 三类启发式算法

(1) 优先调度法则：在介绍能动作业计划和无延迟作业计划中的构成步骤时，其中步骤 3 的两个条件，有时有可能有多个工件的工序满足，按什么样的准则来选择可安排的工序，对作业计划的效果有很大的影响。为了得到所希望的作业计划，人们提出了很多优先调度法则。按优先调度法则确定工序比随意挑选工序更能符合计划编制者的要求，同时又不必列出所有可能的作业计划，从而计划工作量较小。优先调度法则有很多种，比较有影响的有以下 8 种。

- SPT(shortest processing time)法则——加工时间最短。
- FCFS(first come first served)法则——最早进入最先加工。
- EDD(earliest due date)法则——最早完工期限。
- MWKR(most work remaining)法则——剩余加工时间最长。
- LWKR(least work remaining)法则——剩余加工时间最短。
- MOPNR(most operations remaining)法则——剩余工序数最多。
- SCR(smallest critical ratio)法则——临界比(工件允许停留时间与工件剩余加工时间之比)最小。
- RANDOM 法则——随机挑选。

按 SPT 法则可以使工件的平均流程时间最短，从而减少在制品量；FCFS 法则来自排队论，对工件比较公平；EDD 和 SCR 法则可使工件延期数量最小；MWKR 法则使不同工作量的工件的完工时间尽量接近；LWKR 法则使工作量小的工件尽快完成；MOPNR 和 MWKR 类似，只不过考虑工件在不同机器上的转动排队时间是主要的。有时应用一个优先法则还不能唯一确定一个工序，这时可以考虑多个优先法则的有序组合，如 SPT＋MWKR＋RANDOM 表示：首先按 SPT 法则挑选工序；若还有多个工序，再采用 MWKR 法则；若还存在多选性，则随机挑选。

(2) 随机抽样法：用穷举法或分支定界法求解一般车间作业计划是直接比较了全部能动作业计划；而采用优先调度法则，只选择了一种作业计划，并不能保证其是最优解。这两种方法是两个极端，而随机抽样法是介于这两个极端之间的方法。它从全部能动作业计划或无延迟作业计划之中进行抽样，得出多个作业计划，从中选优。应用随机抽样法时，实际上是采用 RANDOM 法则来决定要挑选的工序，从而得到多个作业计划。这种计划不一定能得到最优作业计划，但可以保证得到较满意的方案，而且计算量要远比分支定界小；而相对于优先调度法则，其计算量要大，但得到的方案要好一些。

(3) 概率调度法：随机调度法假设所有可选工序的概率相同，它没有考虑不同工序的不同特点，有一定的盲目性。而优先调度法则中的一些法则针对不同的目标函数其效果明显要强于 RANDOM 法则，因而如果把 RANDOM 用很多次来产生多种能动计划再进行选择，不如给不同的工序按某一优先调度法则分配不同的挑选概率，再来产生多个能动计划，就可以避免随机抽样的盲目性。如在构造能动作业计划的第 3 步有 3 道工序可供选择，其加工时间分别是 3、4 和 7。如果使用 RANDOM 法则，则每道工序选中的概率都是 1/3；如果采用 SPT 法则，则只能挑选第一道工序，不能产生多个能动作业计划；若按概率调度法则，将这 3 道工序按加工时间从小到大排列，然后给每道工序从大到小分配一个被挑选的概率，如分别分配 6/14、5/14、3/14，这样既保证了 SPT 法则起作用，又可产生多个能动作业计划供挑选。

6.3 生产作业控制

6.3.1 生产作业控制的基本概念

1. 实行生产作业控制的原因

1) 生产环境发生了变化

由于计划与实施有一个时间上的提前量，计划时所考虑的生产环境是一种情况，过了一段时间实施时有可能生产环境发生了变化，例如采用了新的工艺技术，买进了新的设备，更换了供应商，等等，这时根据原来环境制订的计划已经不符合新的生产环境了。

2) 计划的失误

影响实际生产进度的因素众多，在计划制订过程中有可能会疏忽一些因素，就会造成计划不符合实际情况。特别是对于单件小批量生产类型，很多任务都是第一次碰到，很难将每道工序的加工时间估计得很准确，这样在实施的过程中就会出现偏离计划的情况。

3) 执行的原因

在执行的过程中，有可能会出现操作人员执行不力和效率不高等现象，造成计划完不成。

4) 扰动因素的影响

企业是处在一个动态的环境中，内外环境会随时发生变化。如顾客修改订单，新接到一个紧急订单，设备突然发生故障，关键岗位的工人突然跳槽，原材料不能按时到达，突然停电等，因为这些扰动因素都需要对计划做出调整。

2. 控制系统的组成要素

一个控制系统必须由若干个要素组成，主要包括以下要素。

(1) 控制对象。控制对象可以由人、设备组成一个基本系统单元，通过施加某种控制或者指令，能完成某种变化。在生产物流中，物流过程是主要的控制对象。

(2) 控制目标。控制本身并不是目的，系统必须要有一个事先设定好的目标。控制的职能是随时或者定期进行检查，与目标进行核对，发现偏差，然后进行调整，以保证目标的顺利完成。

（3）控制主体。在一个控制系统里面，目标是已经确定的，收集控制信息的渠道也已畅通，这时需要一个机构来比较当前系统的状态与目标状态的差距，如果差距超出了允许的范围，则需要制定纠正措施，下达控制指令。这样的机构称为控制主体。

3. 生产作业控制的程序

生产作业控制实际上就是以生产计划和作业计划为标准，根据实际生产（车间、班组）所反馈的信息，来对计划与实际生产进行协调的过程。一般来说，生产作业控制可以分为以下几个步骤。

1）制定生产作业监控体系

生产作业监控体系的目标是要收集相关生产作业的信息，以评估是否与计划产生了偏差，并确保生产任务的完成。确定生产作业监控体系的依据是生产计划和生产作业计划，需要注意的是，凡是生产计划与生产作业计划有可能发生偏离的点都应该纳入监控的范围，例如生产计划与作业计划中所规定的零部件的投入出产时间以及相应工序的开始加工和加工结束时间等。

2）监控实际生产过程

生产活动开始后，根据所制定的生产作业监控体系，对体系中的监控点实施监控，并将相关信息反馈到生产管理部门。实际监控中有人工报告或计算机辅助生产管理信息系统中的统计模块，具体形式有日报、月报、例外报告、异常报告等。

3）评估偏差情况

根据所得到的实际生产过程中的信息，以计划内容作为标准对实际生产情况进行评估，看看是否出现了偏差、偏差对计划的影响程度、偏差可能的发展趋势等，以确定是否需要采取措施。如果出现了偏差并且该偏差还有继续扩大的趋势，直接影响到计划的完成，就需要采取措施纠正偏差，但纠偏前还需要对偏差产生的原因进行分析，否则纠偏措施就没有针对性。

4）采取纠偏措施

根据上一步所分析的产生偏差的原因，制定相应的纠偏方案。传统观点认为控制措施主要是调节输入资源，而实践证明对于生产系统这是远远不够的，还要检查计划的合理性、组织措施可否改进。总之，要全面考虑各方面的因素，才能找到有效的措施。一般在制定方案时要进行多方案比较，并进行成本效益分析。生产系统是个大系统，不能用实验的方法去验证控制措施。但为了保证控制的有效性必须对控制措施做效果分析。有条件的企业可使用计算机模拟方法。一般可采用推理方法，即在观念上分析实施控制措施后可能会产生的种种情况，尽可能使控制措施制定得更周密。而控制措施贯彻执行得如何，直接影响控制效果，如果执行不力，则整个控制活动将功亏一篑。所以在执行中要有专人负责，及时监督检查。

4. 生产作业控制的功能

生产作业控制的功能如下：

（1）为每个车间的工单指派优先级；

（2）维护车间在制品数量信息；

(3) 将车间工单信息传送到相应办公室；
(4) 提供实际产出数据来为能力控制服务；
(5) 根据车间工单对机位的要求，为在制品库存管理提供数量信息；
(6) 测量人员和设备的效率、利用率和产量。

生产作业控制的主要过程与内容见图 6-8。

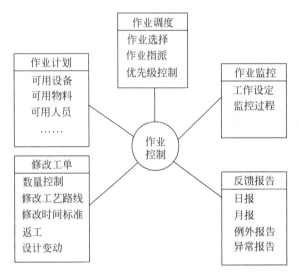

图 6-8　生产作业控制的主要过程与内容

5. 生产作业控制的主要工具

在实际生产中，有不少工具可以用来进行生产作业控制，这些工具十分容易通过运用适当的软件来生成，主要包括以下几种。

1) 调度单

调度单是工人每天加工的依据，一般每天都要生成一次。

2) 日报、月报

统计当日或当月的生产情况，通常包括按期完工的作业数量和比例、赶工完成的作业数量和比例、延期未完工的作业数量和比例、返工情况和废品情况等。

3) 例外报告、异常报告

例外报告是指生产环境发生了预想不到的情况，如关键岗位职工跳槽、计划中的原材料没有到位、关键设备突然出现故障等；而异常报告是指在生产过程中发现一些有可能影响计划执行的现象，如按目前进度计划有可能完不成，需要延期。

4) 输入输出报告

输入输出报告是生产主管用以监控每个生产单位（工作中心或工段或班组）的工作负荷与其最大负荷之间的关系，如果出现极度不平衡现象，生产主管就需要进行调整。输入输出控制的一个有名的模型是漏斗模型，下面将进行介绍。

6. 漏斗模型

德国汉诺威大学的 Bechte 和 Wiendall 等于 20 世纪 80 年代初在实施输入输出控制时提出了漏斗模型（funnel model）。漏斗模型的基本原则是，工作中心的输入永远不能超过工作中心的输出。当工作中心的输入超过输出时,就会拖欠订单,结果将会出现作业推迟、客户不满、下游作业或相关作业的延期。而且当工作中心产生作业积压后就会形成阻塞,作业就会变得没有效率,到下游工作中心的工作流会变得时断时续。在实际生产中,一台机床、一个工作中心、一个车间乃至一个工厂,都可以看成一个漏斗,其中漏斗的输入,可以是上道工序转入的加工任务,也可以是来自用户的订单;而漏斗的输出,可以是某已经完成加工的零部件,也可以是完成了的可以交付的成品;而漏斗中的液体,则表示在制品或累积的任务,液体的量表示在制品的量。漏斗模型见图 6-9。

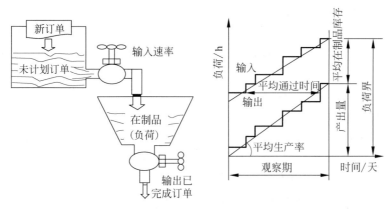

图 6-9 一个工作地的漏斗模型

图 6-9 左边漏斗形象地表示一个工件地的输入输出情况,上面的开关表明对输入的控制,下面的开关是对输出的控制。图 6-9 右边为输入输出状况图,包括输入和输出曲线,它们分别描述工件的到达情况和完成情况。曲线图的垂直段表示某天到达或完成的一个或多个工件所包含的工作量;水平段表示相邻两个到达或完成的任务之间的时间间隔。如果运输时间不变,输入曲线与上道工序的输出曲线相对应。输入曲线和输出曲线表示在一定观察期内任务到达的累计情况和任务完成的累计情况,它们可以从过去任何一天开始构造到现在。两条曲线任一时刻垂直方向的距离表示该时刻在制品占用量(以工作量表示),两条曲线的水平距离表示相应工作任务在该工作地停留的时间(按 FIFO 规则)。

漏斗模型的控制规则为:在一段较长的时间内(如数周)内,若工况稳定,输入输出两条曲线可以近似地用两条直线来表示,其斜率(平均生产率)等于平均在制品库存/平均通过时间。实际控制过程中,可以采用以下 4 个规则来调整输入、输出、在制品库存和通过时间:

(1) 若希望保持在制品库存稳定,就要使单位时间内的平均输入等于平均输出;

(2) 若希望改变在制品库存量,可暂时增加或减少输入。如增加输入,在制品量将上升,否则下降;

(3) 若希望平均通过时间在所控制的范围内,则适当调整平均在制品库存与生产率的比例;

(4) 要使各个工件的平均通过时间稳定,可以采用 FIFO 规则来安排各工件的加工顺序。

6.3.2 生产作业控制的主要内容

生产作业控制主要包括生产进度控制、在制品控制、设备维修、成本控制和数量控制。

1. 生产进度控制

1)生产预计分析

生产进度控制并不意味着仅仅停留在对计划执行情况结果的处理上,而是要做到事先控制,掌握生产管理的主动权。生产预计分析就是出于这一目标提出的。生产预计分析是指在规定的计划期结束前,根据进度统计资料所反映的计划完成进度和生产进度趋势,对本期计划指标可能完成的程度所做的一种预测,再根据预测结果,采用不同的调拨措施,适时做出增加或减少投料的决策。生产预计分析一般采用差额推算法和相关推算法。

(1)差额推算法:差额推算法常用于对产量、产值等绝对数指标的预测。应用差额推算法,首先要计算出实际完成量与计划量的差额,然后根据生产条件分析趋势,从而推算出计划期末可能达到的数量和计划完成程度。其具体步骤如下。

① 根据报告期已完成的每日(或月)的生产统计数据,计算从报告期初至当前时间为止累计实际产量与累计计划产量的差额以及计划完成程度。

② 初步预测期末生产计划完成的可能性。计算到预计日(即报告期末)为止的计划完成程度和尚需完成的计划产量,再按平日(或月)产量初步预计完成计划尚需的日(或月)数和期末计划可能完成的程度。

③ 根据所掌握的情况及生产发展趋势,调整初步预计数据。

例 6-9 某装配车间 6 月份计划装配甲产品 8500 台,本月第一旬的计划与实际装配量列于表 6-4。该车间有工人 38 人,历史上工时利用率最高水平达到 95%。

表 6-4 装配车间日生产资料

时间	1	3	4	5	6	7	8	10	全月
计划日产量	220	290	330	250	340	420	500	400	8500
实际日产量	200	300	400	250	300	450	500	400	
制度工时	15.5	15.5	15.5	15.5	15.5	15.5	15.5	15.5	155

解 ① 根据表 6-4 计算出累计计划产量和累计实际产量

$$累计计划产量 = 2750(台)$$
$$累计实际产量 = 2800(台)$$

累计完成全月计划的 $(2750/8500) \times 100\% = 32.35\%$。

② 进度检查分析

时间进度:$8/24 \times 100\% = 33.33\%$

产量进度:$2800/8500 \times 100\% = 32.94\%$

产量进度滞后于时间进度,应引起注意。

③ 全月计划完成情况预测(每旬有效工作日按 8 填计)

上旬平均日产量:$2800/8 = 350$(台/天)

6 月份预计产量:$350 \times 16 = 5600$(台)

预计完成月计划(5600＋2800)/8500×100％＝98.82％
全月产量缺口：8500－8400＝100（台）
④ 6月份中、下旬生产计划的调整
到月末应完成的产量为
$$8500－2800＝5700（台）$$
中、下旬的旬有效工作日仍按 8 天计,则中、下旬的日平均产量要达到：
$$5700/16＝357（台/天）$$
说明 6 月中、下旬的生产进度要抓紧,平均日装配量要达到 357 台以上,才能保证本月计划的完成。

(2) 相关推算法：当以产值指标进行生产预计分析时,如果两个指标之间存在着因果关系或者相互依存关系,可运用相关分析,求出一元回归方程,从一个已知数指标推算出另一个指标的数值,这种方法称为相关推算法。

2）生产均衡性控制

按照生产的均衡性,不仅要求企业按时完成任务,而且要求企业每个生产环节和每种产品都能按日、按旬、按月完成生产任务,即实现均衡生产。要保持生产的均衡性,就应该控制每天的实际产量,使其完成作业计划规定的指标,而不是要每天产量完全均匀。生产均衡控制的目的,在于保证生产过程能够连续地有节奏地进行。如果前道工序不能按计划出产相应数量和品种的零部件,后续工序就会出现停工和待料的情况；如果前道工序过多地超过计划要求的出产数量,后续工序由于能力约束而不能及时加工完毕,就会造成工序间在制品的积压,对生产的经济效益产生不良影响。因此,生产均衡性控制既不希望某一工序不能准时出产,也不希望某一工作不按计划超量出产。检查分析均衡性常用以下方法。

(1) 图表法：图表法是根据企业（或车间、工作地）在各时期的计划产量、实际产量和产量完成百分数,绘制成产量动态曲线图和产量计划完成图,用以反映生产均衡性。

(2) 均衡系数法：为了具体说明生产均衡程度,还应计算均衡率指标,即计算报告期每日产量计划完成百分数的平均数或实际产量之和与计划产量之和的比率。

(3) 进度分段均衡率：将计划期任务分段,规定应完成的进度要求,然后检查实际达到的情况,以评定企业计划期内生产的均衡程度。例如,规定一月上旬应完成全月进度的30％,中旬 30％,下旬 40％,而实际完成的情况是：上旬 20％,中旬 20％,下旬 60％,则没有达到规定的要求,全月有一半以上的任务是在月末突击完成的,说明企业的均衡生产情况比较差。值得注意的是,采用分段比较生产进度来分析均衡性,仅仅在完成总产量计划的前提下才具有实际意义。

3）生产成套性控制

对于加工-装配式企业来说,生产进度控制的另一个重要任务,就是保证零部件出产的成套性。加工-装配式企业生产的产品是由许多零部件组装而成的,只有保证成套出产各种零部件,才能按计划使整机产品装配出厂。在装配线上,哪怕只缺少一种零部件,也会影响整机产品的出产时间。因此,应及时掌握和控制零部件的出产进度,分析零部件的成套性,按产品配套性抓好生产进度。不具有成套性的零部件生产越多,非但不能组装出整机产品,反而会使这些零部件形成在制品,造成流动资金的积压。生产成套性控制要从合理安排成套性投料和成套性生产两方面入手。

生产成套性控制的方法有线性规划方法和甘特图法等。用线性规划方法安排成套性生产，目的是合理分配机器负荷，使计划期内加工出的零部件既满足成套要求，又使产量达到最大。甘特图可以用来掌握成套性生产信息。成套性甘特图是一种零部件生产进度图，它可以清楚地表明各零部件生产数以及可组装成整机产品数，以便及早采取措施，改善生产成套性。

2. 在制品控制

企业从原材料、外购件等投入生产起到经过检验合格办理完入库手续之间，存在于生产过程中各个环节的零部件都称为在制品。为了便于进行管理，企业通常根据零部件所处的不同工艺阶段，把在制品分为毛坯、半成品和车间在制品。

毛坯指已由下料程序下料完毕，铸件清砂、铲毛刺打底漆完毕，锻件去飞边整形完毕，并经检验合格办完入库手续的制品。

半成品指毛坯经机械加工成为零部件，并已检验合格办完入库手续的制品。

车间在制品是指已投入车间，正处于加工、装配、检验或处于等待状态，或处于运输过程中的各种原材料、毛坯、外购件、半成品等。

企业生产过程各环节之间的联系，表现为在制品的供需关系。为了使生产过程的各个环节、各个阶段和各道工序都能按照计划有节奏的生产，必须储备一定数量的在制品。但是过多的在制品库存会给企业生产成本造成沉重的负担。在制品过多，会使生产能力不能充分发挥，生产中的矛盾被暂时掩盖起来，而且会使仓库和生产面积占用量增加，运输和保管工作量上升，从而增加保管费用，延长生产周期，大量积压流动资金。所有这一切，不仅导致企业生产成本上升，而且会降低企业的生产柔性。因此，对在制品进行合理控制，具有十分重要的意义。

1) 车间在制品控制

车间在制品控制取决于车间生产类型和生产组织形式。在大量生产条件下，由于在制品数量比较稳定，事先制定有标准额度，在生产中的流转有一定的顺序和规律，因此，通常采取轮班任务报告，并结合统计台账来控制在制品的数量和移动。在单件小批量生产和成批生产条件下，由于产品品种和批量经常变化，在制品数量的稳定性很差，通常采用加工路线单或工票等凭证结合统计台账来控制在制品。

(1) 轮班任务报告：轮班任务报告也叫轮班生产作业计划，是车间或工段规定每个工作地、每班直至每个操作者的生产任务文件，它可以反映一个工作班计划的完成情况。轮班工作报告既是统计的原始记录，又是计算奖金的原始凭证。采用轮班任务报告，可以简化原始记录的种类，可以把统计、核算和检查计划完成情况结合起来，有效地加强了生产的计划性和计划的严肃性。轮班任务报告通常是每台机床每班或每昼夜下一次，对于加工时间较长的零部件，轮班任务报告可以跨班组使用，但不能跨月使用。

(2) 加工路线单：加工路线单是记录和掌握每批零部件从投料开始，经过各道工序的加工、检验一直到入库为止的整个生产过程的原始凭证。加工路线单又称长票或者跟单。由于企业生产类型、产品特点以及历史形成的惯用做法，加工路线单的形式和内容各有不同。加工路线单的填写、使用和传递路线，根据企业生产机构设置和人员配备情况而定，并无固定的套路，但是跟单的作用是相同的。

加工路线单非常适用于成批生产的机械加工车间，其优点是：每批零部件的加工信息集中在同一张路线单上,可以减少单据数量,起到一单多用的作用;加工路线单中的工艺顺序和工艺规程一致,有利于贯彻工艺纪律,保证零部件质量;由于领料、加工、检验、入库都使用同一原始资料,可以有效地保证领料数、加工数、合格品数、废品数、入库数相互保持一致,防止错乱;一般一批零部件都用一张路线单,有助于贯彻期量标准。值得注意的是,加工路线单由于流转时间长,容易产生污损和丢失。

(3) 单工序工票:单工序工票也称短票,它是以工序对象为对象设票,一个工序开一张票。短票虽然在形式上与长票不同,但记录的内容基本上是一样的。它是用来反映零部件在各道工序加工中有关数量、质量等情况的凭证,所不同的是单工序工票仅记录一道工序的生产情况。一道工序完成,零部件送验,检验员在工票上记录有关事项后,工票返回到计划调度员,计划调度员再为下道工序开发新的工票。短票的优点是使用灵活,适用于单件小批量生产企业;缺点是数量多,不太便于统计、核对。

2) 库存半成品控制

在大量流水生产条件下,相邻流水线按同一节拍协调地进行生产,通常零部件可以直接转交,不必设置中间库。在多品种小批量生产条件下,就有必要在车间设置车间半成品库。

半成品库是车间之间在制品转运的枢纽,它不仅应为生产第一线服务,做好在制品的配套工作,有效地保管和及时发送在制品,而且要严格按照期量标准和作业计划监督车间的生产,及时向生产指挥系统提供信息。库存半成品的控制主要是通过半成品出入库台账及其他凭证进行。因此,库存毛坯、半成品必须建立账卡,根据产品进行分类,按照零部件进行统计。库存半成品台账,可用领料单、完工入库单、在制品收发单、废品通知单等作为登录凭证。

3) 在制品管理的主要措施

在制品管理的主要措施有以下几种:

(1) 建立健全在制品的收发领用制度;

(2) 正确及时地对在制品进行记账核对;

(3) 必须合理存放和妥善保管在制品;

(4) 合理确定在制品管理的任务及分工。

3. 设备维修

设备维修是对机器设备、生产设施等制造系统硬件的控制。其目的是尽量减少并及时排除物资系统的各种故障,使系统硬件的可靠性保持在一个相当高的水平。如果设备、生产设施不能保持良好的正常运转状态,就会妨碍生产任务的完成,造成停工损失,加大生产成本。因此,选择恰当的维修方式、加强日常设备维护保养、设计合理的维修程序是十分重要的。

4. 成本控制

成本控制同样涉及生产的全过程,包括生产过程前的控制和生产过程中的控制。生产过程前的成本控制,主要是在产品设计和研制过程中,对产品的设计、工艺、工艺装备、材料选用等进行技术经济分析和价值分析,以及对各类消耗定额进行审核,以求用最低的成本生产出符合质量要求的产品。生产过程中的成本控制,主要是对日常生产费用的控制。其中包括:材料费、各类库存品占用费、人工费和各类间接费用等。实际上,成本控制是从价值量上对其他各项控制活动的综合反映。因此,成本控制,尤其是对生产过程中的成本控制,必须与其他各项控制活动结合进行。

5. 数量控制

数量控制是对产品及零部件的生产数量进行控制。生产数量控制有以下 3 个概念。

(1) 不得少于计划数量。

(2) 不得多于计划数量。

(3) 要进行配套生产。

6.3.3 生产作业控制与调度

生产控制是生产系统中保证实现系统目标、最佳利用各种资源、使系统协调运转的重要职能,生产管理的动态性最集中地体现在生产控制职能上。生产控制在企业日常生产中的重要地位要求企业必须建立强有力的、高效能的生产控制部门,从人员、组织上给予充分的保证。没有组织保证,就无法有效地完成生产控制任务。企业中的生产控制职能主要是通过生产调度部门来具体实现的。

1. 调度工作的组织机构

调度工作的组织机构与作业计划管理体制相适应,通常采取三级管理体制,即厂部、车间和工段。

1) 厂部调度工作机构

厂部调度工作机构可以根据各企业的不同情况进行设置。中小企业一般在厂部生产科下设调度组,在主管科长领导下负责全厂的生产调度工作。规模较大的厂可以设总调度室,专门负责管理调度工作。

调度室应配备有专职调度人员,他们在总调度的领导下明确分工、相互协调、紧密配合,对全工厂的生产作业活动进行 24 小时的不间断控制。在工作中凡遇到生产中的问题,应及时采取措施解决。一切有关生产的布置、决定和通知下达等事项,均由值班的调度人员统一向有关车间和职能部门发布和下达。

调度室还应配备生产作业统计人员,负责生产作业计划执行情况和产品的期、量、配套与均衡性以及能源、原材料、辅助消耗统计和工装、设备使用方面的统计与核算等,并有责任向有关领导、计划人员和调度人员提供信息。

调度室一般负责管理半成品库,掌握各车间之间毛坯件和半成品零部件的投入、出产进度,及时发送有关车间,搞好配套供应。

2) 车间调度工作机构

车间调度工作由车间副主任领导,下设计划调度组,配备计划调度员负责日常生产的调度工作。在车间规模较大、生产过程复杂的情况下,另配备值班主任作为车间主任的助手,在生产副主任的领导下,负责 24 小时的值班生产调度。

车间计划调度组可以根据生产调度工作的繁简程度,配备必要的车间统计员,负责统计车间生产进度及原材料和辅助消耗、工时利用、在制品占用等方面的情况。车间计划调度组下设必要的半成品零部件库存、毛坯库等,负责供应本车间生产所需要的原材料、毛坯件和其他半成品件等。

3）工段生产调度人员的配备

工段的生产调度工作由工段长具体负责，根据工段生产情况和工作量的多少，酌情配备专职的工段计划调度员等，在工段长领导下负责编制昼夜轮班作业计划，调整设备负荷、组织工作地的服务工作、做好生产原始记录和工段的各种作业统计工作等。

除基本生产部门外，生产服务部门和辅助生产部门也都要建立相应的调度机构，配备专职调度人员，业务上由生产调度部门指导，这样就形成一个强有力的集生产技术设备、产、供、销各方于一体的全厂调度指挥系统。

2. 生产调度工作的分工

厂级调度部门配备的调度员是根据生产的具体情况，负责领导生产调度工作，一般有 4 种分工方式。

（1）按生产单位分工。调度员负责主管一个车间生产过程的调度工作，全面掌握该车间所有产品的生产情况。根据具体情况，也可以负责生产过程类型相同的并有密切联系的 2～3 个车间的调度工作。这样分工的优点是，调度人员能全面了解产品在该车间的生产情况，对该车间的设备状况、工时利用、工序能力等方面了解得很清楚，便于临时安插任务。此外，由于关系固定，便于对车间进行统一领导和全面检查生产进度。这样做也有一定的缺点，不易解决车间之间横向联系的问题。另外，会造成车间调度员的工作重复。

（2）按产品对象分工。调度员负责一种或几种产品的从生产技术准备、投料到生产全过程的调度工作。由分管调度人员包干负责，由总调度协调各种调度员之间的工作。这种分工的优点是，调度员了解所分管的产品的生产全过程，责任明确，产品便于成套。对单件小批量订货型生产，宜采用这种分工形式。调度员易于发现和及时解决产品生产过程中的各种问题，便于产品生产进度控制，有利于缩短产品的制造周期。而这种分工形式的缺点是，对车间容易造成多头指挥，在调度时可能会发生不切合车间实际的情况，与车间生产部门发生矛盾冲突。

（3）按工作内容分工。根据产品生产过程中的活动内容，按工作专业化原则配备调度员。例如，生产技术准备可以分为工装准备、模型模具准备、料坯准备、图纸和工艺准备等，调度员分工负责其中一项或者几项工作。这种分工的优点是，调度员工作内容专一，工作效率高，调度员与对口部门关系固定，便于开展工作。而缺点是，容易造成对有关车间的多头指挥，在多种生产条件下，同一计划期内不同品种产品需要完成内容相同的调度工作，给调度工作增加了复杂性。

（4）综合分工。即按生产单位分工和按产品对象相结合的分工方法，它兼备两者的优点，是较为灵活的分工形式。综合分工既可在对象分工基础上按生产单位进行分工，又可在生产单位分工基础上按对象进行分工。

总之，调度工作的分工必须依据企业的产品特点、工艺特点、生产组织形式等具体情况，采取灵活的分工方式，以利于生活控制工作的正常进行。

6.3.4　常见生产作业控制方法

为了准确了解生产物流情况，及时发现计划与实际的差异，有预见地掌握生产物流发展的趋势,必须使用一些科学的管理方法。常见的生产作业控制方法有事后控制、事中控制与事前控制,这是从时间维度定义管理活动的一种方法。在生产管理的发展历史上,最初出现的是事后控制,而后是事中控制,再后是事前控制。事后控制与事中控制都是使用负反馈控制原理,事前控制使用的是前馈控制原理。

1) 事后控制

生产控制的事后控制方式是指根据当期生产结果与计划目标的分析比较,提出控制措施,在下一轮生产活动中实施控制的方式。它是利用反馈信息实施控制的(如图 6-10 所示),控制的重点是今后的生产活动。其控制思想是总结过去的经验与教训,把今后的事情做得更好。经过几轮的反馈控制可以把事情做得越来越好。有人称它为负债管理,意指今天的管理是为昨天欠下的债所做的。这种方式在我国企业中使用广泛,例如在质量控制与成本控制中到处可见。特别是

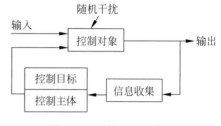

图 6-10 反馈过程示意图

成本控制,大量沿用这种方式。事后控制的优点是方法简便,控制活动量小,控制费用低。但其缺点也很明显,即不良结果一旦发生,损失已经造成,就无法挽回了。

事后控制方式的控制要点是:

(1) 以计划执行后的信息为主要依据;

(2) 要有完整的统计资料;

(3) 要分析内外部环境的干扰情况;

(4) 计划执行情况分析要客观,控制措施要可行,确保下一轮计划执行的质量。

2) 事中控制

生产活动的事中控制方式是一种对进行中的生产系统作日常性控制的控制方式。事后控制方式起到亡羊补牢的作用,难免有为时已晚的缺陷,能否在生产活动进行过程中对其实施有效的控制?质量控制图法在质量管理中实现了这个想法,标志着事中控制的问世。

事中控制方式是利用反馈信息实施控制的。通过作业核算和现场观测获取信息,及时把输出量与控制目标进行比较分析,采取纠正偏差的控制措施,不断消除由干扰产生的不良后果,确保计划目标的实现。事中控制活动是经常性的,每时每刻都在进行之中。显然,其控制重点是当前的生产过程,要把生产活动置于严密的控制之中,保证计划的顺利执行。有人形象地称之为消费管理,意思是对今天所花费的人力物力所做的管理。事中控制可以避免完不成计划的损失,但是频繁的控制活动本身也需要付出代价。

事中控制方式的要点是:

(1) 以计划执行过程中获取的信息为依据;

(2) 要有完整的准确的统计资料和完备的现场活动信息;

(3) 要有高效的信息处理系统;

(4) 决策迅速,执行有力,保证及时控制。

3) 事前控制

生产控制中的事前控制方式是在生产活动之前进行调节控制的一种方式。生产控制依次出现了事后控制、事中控制以后,人们自然提出了是否可实行事前控制,防患于未然。人

们从目标管理中得到启示，创造了事前控制方式。

事前控制方式是利用前馈信息实施控制（如图 6-11 所示），重点放在事前的计划与决策上，即在生产活动开始以前根据对影响系统行为的扰动因素做种种预测，制定出控制方案。这种控制方式是十分有效的。例如，在产品设计和工艺设计阶段，对影响质量或成本的因素做出充分的估计，采取必要的措施，可以控制质量或成本要素的 60%。有人称它为储蓄投资管理，意为抽出今天的余额为明天的收获所做的投资管理。

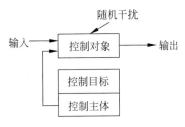

图 6-11 前馈过程示意图

事前控制方式的控制要点是：
(1) 把对扰动因素的预测作为控制的依据；
(2) 对生产系统的未来行为有充分的认识；
(3) 依据前馈信息制订计划和控制方案。

小结与讨论

生产作业计划作为指导企业日常生产活动的执行性计划，有着丰富的工作内容。生产作业计划是物料需求计划的继续。在实际的生产物流系统中，由于受内外部各种因素的影响，计划与实际之间会产生偏差，为了保证计划的完成，必须对物流活动进行有效的控制。本章首先介绍生产作业计划的基本内容、作用和期量标准，然后引入了在制定生产作业计划时的重要概念——作业排序，分别介绍了排序的概念和表示方法，并重点介绍了流水作业排序和单件作业排序的一些方法。最后介绍了生产作业控制的概念与控制方法。关于生产作业计划和控制不断有新的方法涌现，本章仅就最为基础常用的方法进行了阐述，有关更新的方法读者可以在今后的学习中不断补充。

思考题

1. 生产作业计划的作用和目的是什么？
2. 简述生产作业排序的表示方法。
3. 漏斗模型的基本原理和用途是什么？
4. 前馈控制和反馈控制有何异同？
5. 简述生产作业排序的表示方法。
6. 漏斗模型的基本原理和用途是什么？
7. 求解排序问题 $F_2|n=5|C_{max}$，其加工时间 $P=\begin{bmatrix} 3 & 5 & 20 & 6 & 2 \\ 5 & 3 & 2 & 23 & 13 \end{bmatrix}$。
8. 求解排序问题 $J_2|n=8|C_{max}$，其加工描述矩阵 D 和加工时间矩阵 P 如下：
$$D=\begin{bmatrix} 1 & 2 & 2 & 2 & 1 & 2 & 2 & 1 \\ 0 & 1 & 0 & 0 & 2 & 1 & 1 & 2 \end{bmatrix}, \quad P=\begin{bmatrix} 3 & 1 & 0 & 0 & 3 & 7 & 2 & 3 \\ 0 & 2 & 1 & 1 & 4 & 3 & 2 & 2 \end{bmatrix}$$

第 7 章 制造资源计划与企业资源计划

制造资源计划(manufacturing resource planning，MRP Ⅱ)是在物料需求计划(material requirements planning，MRP)的基础上发展起来的一种以生产管理为中心的企业资源计划系统，它代表了一种新的生产管理思想，是一种新的组织生产的方式。从 20 世纪 60 年代计算机进入企业管理领域之后，人们对计算机辅助管理进行了持续不断的研究与实践，随后成为企业信息化的主流思想。特别到了 20 世纪 80 年代以后，全球性的市场竞争进一步推动着管理信息化的发展，而且随着供应链管理等思想的出现，MRP Ⅱ 又发展成为企业资源计划(enterprise resource planning，ERP)。然而，MRP Ⅱ/ERP 的应用并不是一件简单的事情，它所遇到的阻力与困难远超出人们的想象。因此，我们既要熟悉 MRP Ⅱ/ERP 系统的构成及其管理特征，又要掌握科学实施 MRP Ⅱ/ERP 的方法。

7.1 MRP Ⅱ 与 ERP 的产生与发展

7.1.1 MRP Ⅱ 的产生与发展

自从 20 世纪 60 年代中后期 MRP 系统在企业成功实施之后，MRP 系统很快成为各个企业争相采用的提高企业管理水平的手段。MRP 在企业中不仅在应用上得到不断普及，而且在功能上得到了不断地完善，使 MRP 逐渐成为具有辅助管理功能的计算机管理软件，管理理论与方法的实践也进入了一个新的发展阶段。

随着 MRP 应用的不断深化，到了 20 世纪 80 年代初期，出现了制造资源计划，即人们常说的 MRP Ⅱ。MRP Ⅱ 的产生可以归结为来自企业管理的需求的拉动和信息技术发展的推动两种动力的作用。

1. 企业管理产生的需求拉动效应

20 世纪 70 年代后期，信息革命和经济全球化逐渐影响了社会经济活动，企业所面临的市场竞争环境更加严峻，人们迫切需要找到一条能够提高企业竞争力的有效途径。在这种情况下，MRP 的成功应用使人们很自然地联想到了其他方面的问题：

(1) 既然 MRP 给出的库存记录足够精确，为什么不可以根据它来计算成本？

(2) 既然 MRP 得出的是真正需要制造和购买的零部件，为什么不能依据它作采购方面的预算？或作为对采购订货进行核算监督的依据？

(3) 既然生产计划已被分解为企业生产的零部件投入出产计划，为什么不可以把它转化为货币单位,使经营计划与生产计划保持一致呢?

(4) MRP 系统已经能够详细记录生产活动中各种信息,可以追踪生产流程中的各个环节的实际状况,为什么不能将生产的物流过程与企业的资金流过程有机集成起来,把过去的事后性的成本核算变成对活动中的成本实时控制,从而实现实物账和财务账的统一?

如果这些信息能够从 MRP 系统中获得,把生产活动与财务活动联系到一起,实现财务信息与物流信息的集成,则从闭环 MRP 向 MRP Ⅱ 迈出了关键的一步,而将闭环 MRP 与企业经营计划联系起来则使企业各个部门有了一个统一可靠的计划控制工具。这样一来,整个企业就可以做到围绕市场变化及时将整个企业的资源进行优化配置,以尽可能低的成本满足客户订单。由应对市场竞争而产生对企业管理的需求促使 MRP Ⅱ 应运而生。

2. 信息技术进步产生的推动效应

虽然企业有在新的市场竞争环境下提高管理水平的需求,但是,如果没有信息技术发展的支持,这样的需求也只能是纸上谈兵。例如,当销售人员获取了一条客户需求信息之后,如何快速地将这一信息转换为生产计划、生产作业计划以及采购计划,需要强大的信息系统作为支持,才能对企业生产系统的状况进行快速查询,并且快速生成各类计划。这就是说,需要强大的数据库、网络系统、通信系统、信息处理技术等的支持。如果还是采用电话、传真机,甚至是手工汇聚和编制各种计划,则根本谈不上对市场需求的快速响应。幸运的是,到了 20 世纪 80 年代,信息时代的到来带动了整个信息产业的发展,涌现出大量的新技术,而且更新换代的周期也越来越短。新的信息技术的出现,使得人们可以开发功能更加强大的管理软件,能够从更大的范围集成不同结构的数据库,实现了异构数据库的集成,这就为快速响应客户需求打下了基础。因此,MRP Ⅱ 的出现一方面有来自企业提高管理水平的需要;另一方面也得益于有信息技术发展的支持。

MRP Ⅱ 是企业级的集成系统,它包括整个生产经营活动:销售、生产、生产作业计划与控制、库存、采购供应、财务会计、工程管理等。因此,MRP Ⅱ 不仅集中体现了 20 世纪 80 年代的先进信息技术,更重要的是 MRP Ⅱ 是一种资源协调系统,代表了一种新的管理思想。

7.1.2 ERP 的产生与发展

整个 20 世纪 80 年代,MRP Ⅱ 在世界范围内得到了广泛应用,其应用也从离散型制造业向流程式制造业扩展,不仅应用于汽车、电子等行业,也能用于化工、食品等行业;不仅适用于多品种中小批量制造型企业,而且适用于服务型企业。MRP Ⅱ 本身在技术和功能上都有了很大的发展。于是,在 1990 年初,美国著名的信息技术分析公司 Garter Group Inc. 根据当时信息技术的发展情况和供应链管理的需要,对制造业管理信息系统的发展趋势作了预测,并发表了以 "ERP: A Vision of Next-Generation MRP Ⅱ" 为题的研究报告,在其中首次提出了企业资源计划的概念。按照 Garter Group Inc. 的设想,ERP 应当能适应加工装配式、流程式生产、分销配送等多种环境,既要实现企业内部销售、生产、采购、财务等职能的信息集成,也要实现供应链上合作伙伴之间的信息集成。

一般认为,ERP 是在 MRP Ⅱ 基础上发展起来的。ERP 是以供应链管理思想为基础,以先进计算机及网络通信技术为运行平台,能将供应链上合作伙伴之间的物流、资金流、信息流进行全面集成的管理信息系统。其基本思想是:将企业供应链上的各项业务流程,如订货、计划、采购、库存、制造、质量控制、运输、分销、服务、财务、设备维护、人事等,全面优化与集成,使企业与供应商、客户能够真正集成起来,进而通过客户需求信息来拉动企业的决策和管理。可见,ERP并不是全新的东西,而是MRPⅡ进一步发展的产物,原MRPⅡ的内容仍然是ERP的核心内容。

ERP是现代企业大型集成化管理信息系统的典型代表,它除了充分体现先进信息技术的综合运用、充分实现信息资源的共享和企业资源的集成外,更重要的是能充分体现现代管理思想与方法的综合运用。企业可以通过成功实施成熟的ERP软件包来吸取行业的最佳实践和优秀业务流程,以改善企业绩效和增强企业竞争能力。然而,ERP的实施是复杂的,涉及公司组织结构、业务流程乃至管理模式的变革,涉及企业的方方面面,将对公司员工的观念产生冲击,这使得实施ERP是一项复杂、艰巨、耗资巨大的工程,其成功实施必须树立正确的应用理念,要有良好的方法论作指导。

可以肯定的是,ERP并没有停止其发展步伐。随着现代信息技术和管理技术的发展,ERP也将不断发展。

7.2 MRPⅡ的构成及基本特征

7.2.1 MRPⅡ的基本组成

制造资源计划并不是一种与MRP完全不同的新技术,而是在MRP的基础上发展起来的一种新的管理方式。它通过物流与资金流的信息集成,将生产系统与财务系统联系在一起,形成一个集成营销、生产、采购和财务等职能的完整的生产经营管理信息系统。除此以外,还将技术系统与生产过程集成,诸如计算机辅助设计(CAD)、计算机辅助工艺计划(CAPP)、计算机辅助制造(CAM)等,与原有的MRP系统紧密结合在一起,直接将设计数据转换为MRP所需要的产品结构信息、工艺路线及工时定额等信息,极大地提高了对制造资源优化的功能。图7-1表示了MRPⅡ的组成结构和处理逻辑。

从图7-1可以看出,MRPⅡ编制的计划由上到下,由粗到细。经营计划是MRPⅡ的起始点。经营计划就是确定企业的产值与利润指标,而要实现一定的产值和利润,必须按市场的需求决定销售什么和销售多少,生产什么和生产多少,这是企业生产经营活动的一个最基本的决策。经营计划一般只列出要生产的产品大类和总的产量、计量单位等。

按经营计划确定产值和利润指标,并根据市场预测和客户订单情况确定销售计划,将销售和应收账信息联系在一起。再结合企业当前的生产条件,确定年度生产计划(生产计划大纲)。年度生产计划也是确定生产什么和生产多少,但它一般以产品族为对象,而且在制订生产计划时要进行粗略能力平衡。所谓"粗略能力平衡",只是对生产系统中的关键设备进行月度或季度范围内的生产任务与生产能力平衡。编制年度生产计划不仅要考虑市场需求,而且要考虑企业的生产能力,不仅要考虑生产能力,而且要考虑企业当前条件,如当前原材料、毛坯和零部件库存、设备、人员状况等。按现有的生产能力和当前条件,若不能满足经营计划的要求,则将信息反馈到经营计划,使之作出相应的调整。

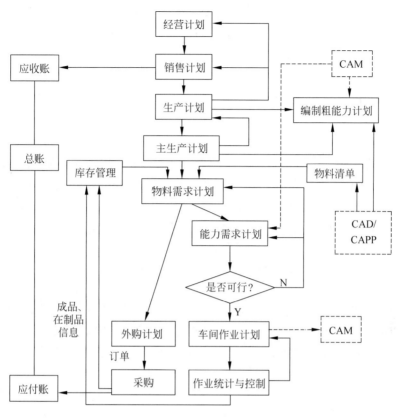

图 7-1　MRP Ⅱ 的组成结构和处理逻辑

接着按年度生产计划确定主生产计划(MPS)。主生产计划以具体产品为对象，它规定每种具体产品的出产时间与数量，是组织生产的依据，同时也是销售的依据。因此，它是企业内生产活动和经销活动的结合点。

主生产计划必须切实可行。它是 MRP 的一项关键输入。若不可行，必然导致 MRP 运行失败。当生产能力不够，以至于通过有限的调整生产能力的方法仍不能消除这种不足时，零部件就不能按 MRP 给出的完工期限完工。这时要将信息反馈到生产计划，使之作出调整。

根据产品的物料清单和物料库存信息，在主生产计划的驱动下，MRP 将产品进行分解，生成自制件的生产计划和外购件的采购计划，作为车间生产和物料采购的依据。MRP 输出的零部件投入出产计划实际上可以作为车间的"生产计划"，它规定了车间的生产任务，规定了车间"产品"(各种零部件)的完工期限与数量，因而可以作为对车间生产实行控制的标准和车间编制生产作业计划的依据。MRP 生成的物料需求计划必须经过能力平衡，以检验其可行性。

车间生产作业计划要规定每个工作地每天的工作任务，使 MRP 输出的零部件投入出产计划落实到每一道工序。编制车间生产作业计划要依据每个零部件的加工路线和每道工序的工时定额，要在满足加工路线的条件下，保证安排到每台机床上的任务不发生冲突，同时保证每个零部件按期完工。这是一个十分困难的问题，它需要运用排序的理论与方法。

采购管理提供应付账所需的信息。车间作业统计则为库存管理和成本控制提供信息。

可见，MRPⅡ的主线是计划与控制，包括对物料、成本和资金的计划与控制。计划的实施从下往上执行，发现问题时，逐级向上进行必要的修订。实践表明，上述处理逻辑是科学合理的。

7.2.2 MRPⅡ的管理特征

1. MRPⅡ统一了企业的生产经营活动

以往，一个企业内往往有很多系统，如生产系统、财务系统、销售系统、供应系统、设备维护系统、技术系统、人力资源系统等，它们各自独立运行，缺乏协调，相互关系并不密切，当企业出现问题时，各个系统常常互相扯皮，互相埋怨。而且，各个部门往往要用到相同类型的数据，并从事很多相同或类似的工作，但往往是同一对象，各部门的数据不一致，造成管理上的混乱。这都是由于缺乏一个统一而有效的信息与管理系统所致。

企业是一个有机的整体，它的各项活动相互关联，相互依存，应该建立一个统一的信息与管理系统，使企业有效地运行。

由于MRPⅡ能提供一个完整而详尽的计划，可使企业内各部门的活动协调一致，形成一个整体。各个部门享用共同的数据，消除了重复工作和不一致，也使得各部门的关系更加密切，提高了整体的效率。下面简要叙述MRPⅡ如何改变了企业各个部门的生产经营活动。

1）营销部门

营销部门通过产品出产计划与生产部门建立了密切的联系。按市场预测与顾客订货，使产品出产计划更符合市场的要求。有了产品出产计划，使签订销售合同有了可靠依据，可大大提高按期交货率。由于MRP有适应变化的能力，它可以弥补预测不准的弱点。

2）生产部门

过去，生产部门的工作是最不正规的，由于企业内部条件和外部环境的不断变化，生产难以按预定的生产作业计划进行。这使得第一线生产管理人员不相信生产作业计划，他们认为那是"理想化"的东西，计划永远跟不上变化，因此他们只凭自己的经验和手中的"缺件表"去工作。事实上，在第一线指挥生产的工段长们不是不喜欢计划，而是不喜欢那些流于形式的、不能指挥生产的计划。有了MRPⅡ之后，计划的完整性、周密性和应变性大大加强，使调度工作大为简化，工作质量得到提高。利用电子计算机可以实现日生产作业计划的编制，充分考虑了内外条件的变化。这就使得人们从经验管理走向科学管理。由于采用MRPⅡ及其他现代管理方法，生产部门的工作将走向正规化。

3）采购部门

采购人员往往面临两方面的困难。一方面是供方要求提早订货；另一方面是本企业不能提早确定需要的物资的数量和交货期。这种情况促使他们早订货和多订货。有了MRPⅡ，使采购部门有可能做到按时、按量供应各种物资。由于MRP的计划期可长到1～2年，使得一两年后出产的产品所需的原材料和外购件能提前相当长时间告诉采购部门，并能准确地提供各种物资的"期"和"量"方面的要求，避免了盲目多订和早订，节约了资金，也减少了短缺。MRP不是笼统地提供一个需求的总量，而是要求按计划分期分批地交货，也为供方组织均衡生产创造了条件。

4）财务部门

实行 MRP Ⅱ，可使不同部门采用共同的数据。事实上，一些财务报告只要在生产报告的基础上是很容易作出的。例如，只要将生产计划中的产品单位转化为货币单位，就构成了经营计划。将实际销售、生产、库存与计划数相比较就会得出控制报告。当生产计划发生变更时，马上就可以反映到经营计划上，可以使决策者迅速了解这种变更在财务上造成的影响。

5）技术部门

以往技术部门似乎超脱于生产活动以外，生产上那些琐事似乎与技术人员无关。但是，对于 MRP Ⅱ 这样的正规系统来讲，技术部门提供的却是该系统赖以运行的基本数据，它不再是一种参考性的信息，而是一种生产作业控制用的信息。这就要求产品结构清单必须正确，加工路线必须正确，而且不能有含混之处。修改设计和工艺文件也要经过严格的手续；否则，会造成很大的混乱。按照 MRP 用户的经验，产品结构清单的准确度必须达到 98% 以上，加工路线的准确度必须达到 95%～98%，库存记录的准确度达到 95%，MRP 才能运行得比较好。

2. 系统集成性

MRP Ⅱ 是企业管理集成思想与计算机、信息技术相结合的产物。其集成性表现在：横向上，以计划管理为核心，通过统一的计划与控制使企业制造、采购、仓储、销售、财务、设备、人事等部门协同运作；纵向上，从经营计划、生产计划、物料需求计划、车间作业计划逐层细化，使企业的经营按预定目标滚动运作、分步实现；在企业级的集成环境下，与其他技术系统（如 CAD/CAPP/CAM）集成。因此，MRP Ⅱ 之所以能够为企业管理人员提供决策支持，原因之一是它具有全面集成的功能，而这也正是它的核心和精髓所在。

3. 计划的一贯性与可行性

MRP Ⅱ 是一种计划主导型的管理模式，计划由粗到细逐层优化，始终与企业经营战略保持一致，加上对制造能力的控制，使计划具有一贯性、有效性和可执行性。MRP Ⅱ 解决了各个职能部门分层、分级、分别制订各类计划的问题，使整个企业的经营活动能够在一个统一的计划系统里有序地展开，避免出现由于政出多门而使下属无所适从的问题。整个企业自上而下、自始至终贯彻一个中心计划，保持了计划连贯性（一贯性）。由于制订计划时考虑了各种可能的影响因素，所以，除了保持一贯性之外，整个计划的可行性也大为提高。

4. 物流与资金流的统一

MRP Ⅱ 中包含有成本会计和财务功能，可以由生产活动直接产生财务数据，保证生产和财务数据的一致性。数据的一致性促进了物流与资金流的统一性和同步性。

过去，由于企业无法快速获得生产过程中各类数据，信息手段十分落后，往往是只有当生产过程结束以后，才可以核算出所消耗资源的成本。虽然有可能计算出耗费的资源，也能够准确计算出生产成本，但是，这只能做到知道消耗了多少资源，而无法对其进行调整和控制，充其量只能在下一个生产过程加强管理，以免重蹈覆辙。而有了 MRP Ⅱ 之后，由于大量的数据可以同步地、实时地获得，可以对各种消耗进行实时分析，发现有偏差之后可以进行实时调整。由于 MRP Ⅱ 系统通过定义与事务处理相关的会计核算科目与核算方式，在事务处理发生的同时自动生成会计核算分录，保证了资金流与物流的同步记录和数据的一致性，从而实现了根据财务资金现状追溯资金的来龙去脉，并进一步追溯所发生的相关业务活动，便于实现事中控制和实时做出决策，从而实现了对成本的控制。此举大大地提高了对企业资金的控制水平。

5．动态应变性

MRPⅡ是一个闭环系统，而且还把制造资源信息集成在一个共享的平台上，因此它可以对市场上客户的要求进行跟踪和控制，管理人员可以对瞬息万变的情况及时进行生产调整，可随时对企业内外环境条件的变化做出迅速响应，及时做出新的计划方案，保证生产正常进行。由于MRPⅡ可以及时掌握各种动态信息，保持较短的生产周期，因而有较强的应变能力。

6．模拟预见性

MRPⅡ具有模拟功能。它可以根据外部需求制订预计划，然后用"如果怎样……将会怎样"的方式进行模拟运行，可以预见计划在执行中可能发生的问题，事先采取措施消除隐患，而不是等问题发生后再花几倍的精力去处理。这将使管理人员从忙碌的事务堆中解脱出来，致力于实质性的分析研究，提供多个可行方案供领导决策。

7.2.3　MRPⅡ给企业带来的收益

根据多个权威管理咨询公司对企业实施MRPⅡ的调查研究，得出了具有权威性的实施MRPⅡ给企业带来的效益。虽然不同组织公布的效益指标不尽相同，但是都比较明确地指出MRPⅡ给企业带来的好处。综合而言，应用MRPⅡ可给企业带来的效益包括以下内容。

(1) 库存下降10%～20%。
(2) 拖期交货减少80%。
(3) 采购提前期缩短50%。
(4) 停工待料减少60%。
(5) 制造成本降低12%。
(6) 管理人员减少10%。
(7) 生产能力提高10%～15%。
(8) 改善生产管理，保证均衡生产和质量稳定。

7.3　从MRPⅡ到ERP

7.3.1　ERP产生的背景

前面介绍过，ERP这一术语出现在20世纪90年代初期。整个20世纪80年代，是MRPⅡ成功应用的发展时期，很多企业相继采用了MPRⅡ系统，给企业管理水平的提升带来了好处。到了80年代的后期，随着信息经济时代的到来，同时还伴随着全球经济一体化的发展，企业面临的竞争日益严峻。虽然MRPⅡ能够整合企业的制造资源，但是到了80年代后期，仅凭一个企业的资源已经远远不能满足要求了，出现了供应链管理等新的思想。供应链管理的基本思想是，企业把客户、销售代理商、供应商、协作单位纳入一个完整的战略体系，同他们建立起利益共享的合作伙伴关系，进而组成一个企业的供应链。当市场上出现新的机会时，企业可以借助合作伙伴的资源满足新产品开发和生产的要求，把供应和协作企业看成企业的一个组成部分，运用"同步工程"(simultaneous engineering)组织生产，用最短的时间将新产品打入市场，时刻保持产品的高质量、多样化和灵活性。

伴随这些新的管理思想的应用，要求MRPⅡ融入这些新的管理理念，计算机辅助的管理系统的功能范围也随之扩大了。ERP的出现打破了企业的四壁，把信息集成的范围扩大到企业的上下游，把客户需求和企业内部的制造活动以及供应商的制造资源整合在一起，体现了完全按用户需求制造的思想。因此，ERP是顺应时代的需求而产生的新的管理思想及相应的软件支持系统。

7.3.2 ERP 的主要特点

从ERP的管理功能和系统功能等几个方面看，在ERP中增加了很多MRPⅡ中所没有的内容，从而表现出ERP所具有的几个方面的特点。

1. 在资源管理范围方面

MRPⅡ主要侧重对企业内部人、财、物等资源的管理，ERP系统在MRPⅡ的基础上扩展了管理范围，它把客户需求和企业内部的制造活动以及供应商的制造资源整合在一起，形成一个企业的供应链并对供应链上相关环节如订单、采购、库存、计划、生产制造、质量控制、运输、分销、服务与维护、财务管理、人事管理、实验室管理、项目管理、配方管理等进行有效管理，这些内容远远超出了MRPⅡ的功能范围。

2. 在生产方式管理方面

MRPⅡ系统把企业归类为几种典型的生产方式进行管理，如标准产品的重复性生产、批量生产，根据客户需求的按订单生产、按订单装配、按库存生产等，MRPⅡ对每一种类型都设计了一套管理的标准流程。但是，到了20世纪80年代末90年代初，为了紧跟市场的变化，多品种、小批量生产以及看板式生产等逐渐成为企业主要的生产方式，由单一的生产方式向混合型生产发展。ERP能很好地支持和管理混合型制造环境，满足了企业对多种生产类型管理的需求，提高了企业应对市场变化的能力。

3. 在管理功能方面

ERP除了MRPⅡ系统所具有的制造、分销、财务管理功能外，还增加了支持整个供应链上物料流过程中供应、生产、交付订单、满足客户需求等各个环节之间的物流管理（如运输、仓库管理、包装、流通加工等）；支持生产保障体系的质量管理、实验室管理、设备维修和备品备件管理；支持对工作流（业务处理流程）的管理。ERP在辅助管理方面加强了实时控制，辅助管理人员决策的功能更强大了。

4. 在事务处理控制方面

MRPⅡ是通过计划的及时滚动来控制整个生产过程的，它的实时性较差，一般只能实现事中控制。而ERP系统支持在线分析处理(online analytical processing, OLAP)，强调对生产过程的事前、事中的控制,它可以将设计、制造、销售、运输等通过集成来并行地进行各种相关的作业,为企业提供对质量、适应变化、客户满意、绩效等关键问题的实时分析能力。

此外,在 MRP Ⅱ中,财务系统只是一个信息的归结者,它的功能是将供、产、销中的数量信息转变为价值信息,是物流的价值反映。而 ERP 系统则将财务计划和价值控制功能集成到了整个供应链上。

5. 在协调多工厂、多地域、跨国经营事务处理方面

现代企业的发展使得企业内部各个组织单元之间、企业与外部的业务单元之间的协调变得越来越多和越来越重要。ERP 系统体现了供应链管理中的协调思想,具有支持完整的组织架构的功能,从而可以支持企业的多工厂、多地域、跨国经营、多币制的全球化制造等管理上的需求,提高对各项事务处理的效率,为快速响应市场需求提供了可靠支持。

6. 在计算机信息处理技术方面

随着计算机技术和网络通信技术的飞速发展,ERP 系统得以实现对整个供应链信息进行集成管理,提高了供应链的透明度,为供应链的管理提供了强大的信息支持。

以上这些特点是在 MRP Ⅱ基础上的扩充,因此,ERP 中最基本的内核是 MRP 和 MRP Ⅱ。ERP 是在这样的基础上扩充而成的,并不是全新的体系。

7.3.3 ERP 的典型结构

经过 20 多年的发展,现在的 ERP 体系结构已经比较成熟,世界上也有很多 ERP 软件提供商为各国企业提供种类不同的 ERP 商品软件。以国外的例子来说,侧重于事务处理的 ERP 系统软件公司有 SAP、Oracle、PeopleSoft、QAD 等,而侧重于整体计划、预测方法、同步分析、决策和优化的 ERP 系统软件公司有 i2 Technologies、Manugistics 等,但是它们在具体的事务处理方面还要依靠其他应用系统。国内的则有用友 ERP、金蝶 ERP 及其他软件企业提供的 ERP 软件包。由于各个厂家产品的风格与侧重点不尽相同,因而其 ERP 产品的模块结构也相差较大。所以,在这里仅从企业需要的角度,以事务处理为主要对象简单描述一下 ERP 系统的功能结构,即 ERP 能够为企业做什么,它的模块功能到底包含哪些基本内容等。

(1) 财务会计模块,它可提供应收、应付、总账、合并、投资、基金、现金管理等功能。

(2) 管理会计模块,它可提供利润及成本中心、产品成本、项目会计、获利分析等功能。

(3) 资产管理模块,具有固定资产、技术资产、投资控制等管理功能。

(4) 销售与分销模块,其中包括销售计划、询价报价、订单管理、运输发货、发票等的管理,同时可对分销网络进行有效的管理。

(5) 物料管理模块,主要有采购、库房与库存管理、供应商评价等管理功能。

(6) 生产计划模块,可实现工厂数据、生产计划、MRP、能力计划、成本核算等功能。

(7) 质量管理模块,可提供质量计划、质量检测、质量控制、质量文档等功能。

(8) 人事管理模块,其中包括:薪资、差旅、工时、招聘、发展计划、人事成本等功能。

(9) 项目管理模块,具有项目计划、项目预算、能力计划、资源管理、结果分析等功能。

(10) 工作流管理模块,可提供工作定义、流程管理、电子邮件、信息传送自动化等功能。

(11) 行业解决方案模块,可针对不同的行业提供特殊的应用和方案。

这些功能覆盖了企业供应链上的所有环节,能帮助企业实现整体业务经营运作的管理和控制。

7.4 ERP 的实施

虽然大量实际案例证明企业实施 ERP 之后给企业的管理水平带来了明显的改进,但是也有相当一部分企业认为它们的 ERP 应用并不成功,企业大量的投入只是让计算机成为高级打印机了,甚至出现了"上 ERP 找死"的说法。事实证明,企业实施 ERP 必须有科学的态度和方法,否则会导致在 ERP 的道路上找不到出路。

7.4.1 实施 ERP 的过程中存在的主要问题

综合而言,我国企业实施 ERP 遇到的问题很多,不同企业遇到的问题也不尽相同,如下列出的几个方面的问题是大多数企业实施 ERP 时所共有的。需要说明的是,这里我们没有提及技术层面的问题,而是集中在管理和实施过程中的问题,因为从实践的结果看,绝大多数的问题不是由软硬件技术所引起的。相比之下,实施过程中遇到的管理问题更难解决,甚至没有一个行之有效的方法,需要实施 ERP 的企业在过程中不断创新。

1. 需求不明确,目标不具体

需求不明确表现在几个方面:一是有些企业在决定是否实施 ERP 时,并不是根据本企业的实际考虑是否有此需求,而是看到其他企业上了 ERP,自己也得上,否则就是落后;二是有些企业错误地认为 ERP 实施是一项简单的企业信息化建设工程或企业管理信息系统工程;三是对 ERP 的功效预期过高,认为 ERP 什么都可以解决。由于需求不是很明确,导致目标设得过高或过低,使得目标模糊不清。预期目标不清晰,就很难落实到具体的实施工作中,实施过程中没有重点,胡子眉毛一把抓,出现了投资过大、收效甚微、实施乏力的状况。

2. 没有整体规划,做到哪里算哪里

目前很多企业的 ERP 实施事先没有一个整体规划,而是做到哪里算哪里。究其原因是对 ERP 的战略性意义缺乏认识,因此对企业实施 ERP 缺乏一种前瞻性和系统性的考虑。只以目前感觉到的需要出发,亟待解决什么就上什么。没有规划(计划)的 ERP 实施是盲目的,不利于 ERP 持续推进和每个项目的实施控制。"做到哪里,就算哪里"的做法是影响 ERP 实施成功的重要因素。

3. 生产模式不合理,与 ERP 系统不匹配

一般制造企业中常见的生产模式有 MTS、MTO、ATO 等。但是,很多企业在实施 ERP 时,没有很好地研究本企业的生产模式是否与 ERP 系统匹配,不清楚不同的 ERP 系统结构所具有的不同特征。如果在实施 ERP 前没有对生产模式进行合理化,只是照葫芦画瓢式地实施 ERP，就很难取得预期的效果。

4. 基础数据准备不充分

根据 ERP 实施经验，若一个年销售额五六千万的中小型企业，其基础数据量应在一两万条记录左右。可是有些企业的基础数据维护人员却是基于排列组合的概念，将产品的各种可能种类一并罗列，导致数据量有可能是实际使用量的 10 倍以上，达到 20 多万条记录。大量无效数据不仅使整理的任务十分艰巨，而且数据越多出错的概率也越大。不仅物料编号、物料名称、单价等容易出错，与其相关的物料清单(BOM)和工艺路线文件也会错误百出。这些错误的数据导入 ERP 系统后，基本上是不能使用的。没有了正确的基础数据，ERP 系统的其他功能也就无从谈起。

5. 数据导入时间安排不科学

一般来说，导入 ERP 系统的基础数据要求有一个明确的截止日期，而这个日期往往比较难以界定，因为想要明确分清所有在此日期之前的业务是很困难的。在这方面，很多 ERP 实施项目的准备不是很充分，导致系统投入运行后要做大量调整。但是，系统中的数据是牵一发而动全身的，经常出现为调整一个错误而引发更大错误的现象。

6. 对实施计划没有明确目标，企业不知道自己在实施中将要做什么

由于 ERP 软件供应商在 ERP 实施过程中起主导的作用，企业往往被动地跟随 ERP 软件商的实施流程，并不清楚自己真正的目标是什么，以及如何才能实现自己的目标等，没有一个明确的路线图。比如：由于对 ERP 系统基本上没有自己的思考，所以只有在看到具体的业务模块时才有可能发现其中的问题；由于对 ERP 系统没有一个正确的认识和完整的概念，所以企业也不知道需要准备哪些基础数据。而且由于原来的粗放式管理，企业也没有完整的基础数据和相关记录，比如各种产品的生产提前期、采购提前期、经济生产批量、生产工艺标准、成本标准和损耗标准等，企业都没有完整的、准确的原始记录。这些数据只有在系统上线的时候才可能得到初步确认和录入，但是这样一来就影响了实施效果。

7. 培训工作跟不上

大多数企业将 ERP 项目只视为计算机工程项目，对 ERP 所体现的管理思想、管理软件、管理信息系统等概念缺乏深刻的理解和认识。因此，许多企业在 ERP 实施过程中没有充分认识到培训工作的重要作用。即使有的企业认识到培训的价值，但是也只是对数据库开发人员和系统管理人员，没有对企业所有相关业务岗位的人员进行全面培训。由于职能部门的管理人员没有深刻理解 ERP 的基本理念，能够熟练操作系统都勉为其难，能在工作中主动提出和解决问题就更谈不上。

7.4.2 实施 ERP 必须认识的问题

对企业来说，实施 ERP 系统是一项巨大的系统工程。ERP 系统的实施涉及以下内容：确定目标；成立组织；培训宣传；专家指导；实施软件和硬件系统；数据准备；模拟运行和系统切换；正式使用；运行评估。

ERP 实施的艰巨性表现在，它不仅涉及技术问题，更重要的是它涉及人的问题，尤其是人的思想和观念方面的问题。因此，企业必须清楚地认识到 ERP 实施的困难性：

(1) 完全打乱现有管理制度；
(2) 投资周期长，回报期长；
(3) 人力资源贫乏；
(4) 企业文化和观念落后，心理准备差。

任何企业在决定实施 ERP 前，都必须了解它能解决什么问题、不能解决什么问题，必须清楚 ERP 能给企业带来什么收益。不应当对 ERP 系统有不切实际的幻想，期望 ERP 能解决企业的所有重大问题。所以，要想成功地实施 ERP，必须首先明确 ERP 的实施特点，了解 ERP 能够解决的问题和不能解决的问题，这样才能做到有的放矢。

1. 通过实施 ERP 能够解决的主要问题

ERP 所能解决的主要是企业在管理中的组织效率和生产效率问题，主要包括以下几个方面。

(1) 库存积压。在传统的生产运作管理方法体系中，大量的事务处理主要是由人工手段完成的，这就带来了一个工作效率的问题。由于手工处理方式不能获得及时的信息，对外部环境变化的反馈都有一个延迟，因此，企业为了减少这种信息反馈延迟带来的缺货损失，往往会建立较高的库存储备。这样一来，虽然能够在一定程度上缓解缺货的损失，但是企业为此付出了高昂的库存成本。通过应用 ERP，解决了信息采集、传递、处理的一致性、共享性、快捷性等问题，企业可以及时准确地下达各种指令，准时满足客户订单需求，这样，既减少了订单延误的现象，也减少了库存。

(2) 生产周期长。在没有 ERP 系统辅助管理的情况下，企业中的生产管理人员对生产过程中的各类信息掌握不全，作业调度水平较低，从而影响了生产物流的绩效水平，直接的结果就是各个环节之间衔接不到位，出现各种各样的延迟、停顿、等待的问题。虽然在一个工序上等待的时间并不多，但是整个生产过程累积起来就是很大的一个数字，最终的结果就是订单的生产周期长。有了 ERP 之后，调度人员可以了解生产过程的全程状况，对于出现的停顿、等待等问题可以及时处理，消除了由于不必要的停顿、等待而延长的生产周期。

(3) 订单交付可靠性。由于生产过程中的不确定因素很多，而且在没有 ERP 系统支持的情况下管理人员又不能及时处理，很容易出现在履行客户的订单时受不确定性影响大的问题，其表现结果就是交付订单的时间不确定性也很高。有的时候可能很准确，而有的时候可能不知道什么时候能够交付。这在客户的心目中就形成了一种不可靠的印象，很有可能会影响客户的信心。通过 ERP 的实施，管理人员可以通过决策支持功能分析系统的动态，判断出现问题的可能性，对那些有较高概率出现问题的苗头及时处理，从而保证订单交付的可靠性。

(4) 生产计划编制。通过 ERP 系统的辅助计划功能，可以极大地提高管理人员制订各类计划的效率。比如说，过去一个企业的计划部门在处理一个中等复杂的产品季度生产计划时需要 10 个人工作一个月，而采用了 ERP 之后可能也就耗时半个小时，而且准确性还大大提高。

(5) 均衡生产。均衡生产是企业生产组织的一个目标。均衡生产搞好了，有利于提高设备、员工、资金、材料等方面的利用率，从而降低不必要的生产组织方面的资源浪费，进而降低总的生产成本。但是，均衡生产受到外界的波动性影响很大，因为市场是波动的，客户订单是随机的,因此,要想达到均衡生产是非常困难的。有了 ERP 系统的支持,管理人员可以根据外部环境的变化及时调整生产安排,尽可能减少外界波动对制造过程的干扰,获得动态的均衡生产的效果。

(6) 资金占用多。生产周期长、在制品库存占用过多、均衡生产水平差,都是导致生产资金占用过多的原因。如上所述,ERP 的实施可以较好地解决这些问题,提高管理人员对生产过程的指挥效率,加速生产物流的运行速度,不仅能够缩短客户订单交付周期,从而赢得更多的订单,而且还能够加快企业流动资金的周转速度,提高资金使用效率,从而带来更高的效益。

(7) 齐全配套率。企业的管理人员所面临的最为棘手的问题之一就是零部件的齐全配套的问题,这在加工-装配式企业尤其突出。人们知道,要想装配一件产品,组成这件产品的所有零部件必须齐全,否则是无法装配出厂的。如果在装配时发生了物料短缺,就会延误产品的出厂时间,从而影响到产品的按期交货。不仅如此,那些按时到达的零部件由于等待尚未到达的极少数零部件而造成无谓的时间浪费,同时还要支付维持这部分已到达零部件的库存费用。出现这样的情形主要原因就是信息不能及时获取,不能及时催促有可能延迟到达的零部件,等到问题真的发生了的时候再去解决就已经晚了,这就是人们戏称调度人员是消防队员而到处救火的原因。这样的问题通过实施 ERP 可以得到缓解乃至消除。

从以上几个方面的叙述可以看出,ERP 的作用主要是延长人的脑和手的功能,提高管理工作的效率,从而使企业获得更好的效益。

2. ERP 不能解决的问题

ERP 当然也不是万能的,很多问题不是靠实施 ERP 就能解决的。

(1) 企业发展战略。当一个企业所面临的是企业发展战略、市场定位、客户服务标准等方面的问题时,靠 ERP 是解决不了的。这些决策方面的问题必须由企业高层管理者作出选择,ERP 才能够有准确的功能定义,才能更好地支持实现这些战略决策。如果你向 ERP 询问这些问题该如何决策,那它是绝对回答不了的。即使有人说有的 ERP 厂商宣称他们的 ERP 可以做决策,充其量是决策支持,而不可能代替人的决策。

(2) 产品品种选择。如果企业管理者不能够清楚地确定本企业应该选择什么样的产品才能满足市场的需求时,那么 ERP 照样不能回答这个问题。而且,当这些问题没有得到很好的解决时,盲目上马 ERP 肯定会带来不必要的损失。例如,国内某一具有 50 多年历史的大型国有重型机床厂在 2000 年前后面临品种老化的问题,竞争不过新兴的民营企业。当地政府为了扶持它渡过难关,从科技发展基金里面拿出几百万元用于实施 ERP,期望就此将该企业促上去,但是,最终的结果是这几百万元的投入没有见到任何效果。原因很简单,该企业的问题不是 ERP 能够解决的。

(3) 技术和工艺进步。采用什么样的生产技术和工艺,这本身也是企业的一种决策问题。如果一个企业仍旧采用的是落后的生产技术和工艺,以及由于采用落后的技术而致使生产成本过高的话,ERP 的实施也不能挽回落后技术带来的损失。

(4) 基础管理落后,管理执行力差。对于一些具有多年陈疾的企业,如果人心涣散、管理制度不完善、高层决策执行不力、基础工作薄弱,对于 ERP 的实施也会形成巨大的阻力。这些问题如果不能够有效解决,ERP 的基础环境不能得到保证,那么其后面的执行则会因此而大打折扣。

因此，如果一个企业面临产品品种老化、技术落后、工艺陈旧、市场萎缩、管理执行能力太差等问题，是不可能通过实施 ERP 来解决的。

7.4.3　ERP 成功实施的关键——业务流程重构

美国麻省理工学院 M. 哈默（Micheal Hammer）教授于 1990 年在《哈佛商业评论》上首先提出企业业务流程重构（business process reengineering，BPR）的概念。因为他已发现将传统的企业工作流程计算机化后，并没有给企业带来预期效益，其中主要原因之一是没有触及传统管理模式。因此，要想取得实效，首先必须分析企业的业务流程，剔除无效活动，将其进行彻底的重新设计，计算机只是新业务流程的使能器。3 年后，哈默与 J. 钱贝（James Chamby）教授合著，出版了 *Reengineering the Corporation* 一书。该书的问世引起了世界学术界和企业界的广泛重视，并使 BPR 成为近 10 年企业管理研究和实践的热点。

BPR 之所以能引起广泛的重视，与企业面临的竞争环境是分不开的。当前各国企业都处在一个科学技术飞速发展、产品生命周期越来越短、用户需求越来越趋于多样化的时期，都面临着竞争激烈、瞬息万变的市场环境。要想在这样的环境中生存和发展，企业就必须不断地采取各种管理措施来增强自身竞争能力。不少企业耗巨资引入 ERP 系统，希望利用先进的信息技术来提高企业对外界变化的反应速度就是其中最具代表性的一例。在国外，有些企业把建立 ERP 系统称为企业业务流程工程化（business process engineering，BPE）。BPE 实际上就是按照工程化的方法，在企业建立计算机管理信息系统，以提高企业的业务处理流程的效率。然而，长期的实践活动并没有使企业得到或没有完全得到采用新的信息处理技术所期望的结果。起初，人们对产生这种现象的原因认为是计算机系统不够先进，因而，总在计算机硬件、软件上找原因，结果是促进了计算机、数据库、局域网等技术的飞速发展。但企业组织结构和业务流程仍旧未发生大的变化。因此，一方面，信息技术越来越先进；另一方面，组织结构上的问题对企业提高应变能力的阻力越来越大。这对矛盾的加剧才使人们逐渐认识到，企业可否用信息技术来提高自身的竞争能力，在很大程度上取决于由谁来应用和如何应用这些技术。过去开发 MIS 没有取得成功的企业都处在原有的组织结构和管理方式之下，所改变的只是用计算机模仿手工劳动的业务流程，造成了先进的信息技术迁就于落后的管理模式的结果。这样实施 MIS，当然难以达到预期目标。所以，就需要来一个 business process reengineering（BPR），即重新构造管理的流程和与其相匹配的管理信息系统。于是，整个企业的业务流程重构思想产生了。它是"为在反映企业绩效的关键因素，如成本、质量、服务和交货速度等方面取得重大进展，而对企业整个活动过程所进行的根本性重新设计"。可见，BPR 是伴随管理信息系统在企业中的应用而产生的一个新思想，是企业实现高效益、高质量、高柔性、低成本的战略措施。

BPR 的核心思想是要打破企业按职能设置部门的管理方式，代之以业务流程为中心，重新设计企业管理过程，因而受到了改革中企业的欢迎，得到了企业管理学术界的重视。而企业实践和学术研究的结果，又推进了 BPR 研究的发展。

BPR 的实践对企业的管理效果产生了巨大影响。福特汽车公司北美财会部运用 reengineering（重构）的例子给了我们一个深刻的启示。福特汽车公司北美财会部原有 500 多人负责账务与付款事项。改革之初，管理部门准备通过工作合理化和安装新的计算机系统将人员减少 20%。后来,当他们发现日本一家汽车公司的财会部只有 5 个人时,就决定采取更大的改革动作。他们分析并重新设计了付款流程。原付款流程(见图 7-2)表明,当采购部的采购单、接收部的到货单和供应商的发票,三张单据验明一致后,财会部才会予以付款,财会部要花费大量时间查对采购单、到货单、发票上共 14 个数据项是否相符。重新设计付款流程(见图 7-3)后,由计算机将采购部、接收部和财会部连成网络,采购部每发出一张采购单,就将其送入联网的实时数据库中,无须向财会部递送采购单复印件。当货物到达接收部后,由接收人员对照检查货单号和数据库中的采购单号,相符后也送入数据库。最后由计算机自动检查采购记录和接收记录,自动生成付款单据。实施新流程后,财会部的人员减少了 75%,实现了无发票化,提高了准确性。

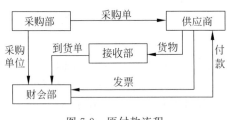

图 7-2 原付款流程

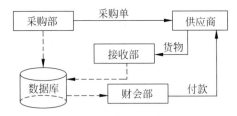

图 7-3 新的付款流程

通过以上几个方面的讨论,BPR 的提出可以给我们以下几点启示。

(1) BPR 是在打破原来职能分工的基础上,按业务流程或按具体任务来重新组合。它不是在原有部门上的专业化划分,也不是对原有业务的计算机化。

(2) BPR 不是靠循序渐进的改进来提高管理效率,而是一种跃进式的改革。按 BPR 的创始人提出的说法,BPR 通过对原有组织进行彻底的重构来获得改观。这一点与日本企业管理者崇尚的渐进法是有较大区别的。

(3) BPR 要求从跨部门的角度考察主要业务流程。如果福特汽车公司只对财会部进行重构,是不会产生如此大的实际效益的,只有将采购、接收等部门综合考虑,才可能取得成功。这与过去只在局部范围内调整业务内容是不一样的。

(4) 信息技术不是将原有业务处理自动化,而是新工作流程的使能器(enabler)。BPR 出现在信息时代是有其历史原因的。实际上,人们过去也认识到专业划分带来的弊端,但是,由于没有支持信息共享的技术平台,即使有革新的想法,也没有实现革新的手段。而在信息技术高度发达的今天,人们可以借助于信息技术和网络技术,消除那些冗长的、不增加价值的活动,因此,信息技术就成了 BPR 的使能器。

按照 BPR 的思想重新设计和优化企业业务流程,在此基础上再来设计 ERP 的具体功能,从支持企业新的业务流程出发选择好 ERP 软件系统,并且在实施过程中始终以实现新的业务流程为导向,这样就能够保证 ERP 的实施不迷失方向,因此,BPR 对成功实施 ERP 有很深刻的意义。

7.4.4 ERP 成功实施的关键因素

ERP 系统的实施是企业的大事。在此过程中,要涉及企业运营的各个环节以及所有的部门和员工,要涉及人的思维方式和行为方式的改变。因此是一项复杂的系统工程,必须精心组织。ERP 的成功是三分软件，七分实施。这反映了正确地实施组织工作的重要性，是很有道理的。

1. 企业高层领导在 ERP 系统实施和应用过程中的作用

经验表明，企业高层领导对 ERP 系统的重视、期待和参与程度是系统获得成功的关键因素。因此在 ERP 实施和应用过程中，企业高层领导的作用是非常重要的。其重要性体现在下述几个方面：项目投资的决策；推进人的思维方式和行为方式的改变；保持项目较高的优先级；组织协调、排除障碍、推进项目的发展；对项目的实施应用获得成功最终的责任。这几个方面中的任何一个方面出现问题都足以导致项目的失败。

2. 正确认识 ERP 的性质

实施 ERP 的另一个关键因素分别是正确认识 ERP 的性质。不能把实施 ERP 当做纯技术问题。ERP 是建立在计算机及其网络技术基础上的体现当代管理思想的管理软件，因此，很多人误以为 ERP 的实施就是建立计算机网络，所以往往将技术人员作为应用 ERP 的主角。殊不知，ERP 涉及企业的方方面面的业务，尤其涉及管理思想、模式的变革，如果在实施 ERP 的过程中不首先解决好业务流程优化、不解决好员工的思想认识问题，要想将 ERP 深入推行下去是非常困难的。

3. 加强 ERP 的基础数据管理

重视系统分析，了解自身状况。无论是购买商品化的 ERP 软件还是自行开发，都必须认真进行系统分析，明确实施 ERP 的需求和目的，这样才能使实施的 ERP 真正切合企业实际需要。如果盲目跟着感觉走，或者随大流，都不是科学地实施 ERP 的态度。

加强基础管理工作，特别是要保证有一套完整准确的基础数据。ERP 中的产品结构文件（BOM）、工艺路线、定额、工作中心数据等都是确保 ERP 正常运行的基础数据，必须下大力气保证这些数据完整地、准确地输入到 ERP。没有基础数据的保证，任何 ERP 系统都无法应用于企业的管理工作。

4. 对 ERP 的实施周期有足够的思想准备

当一个企业准备实施 ERP 系统的时候，首先要考虑的一个问题是，从开始实施到获得成功需要多长时间？

这个问题的答案取决于以下因素：企业的规模和复杂程度，企业用来实施 ERP 的资源，高层领导的参与程度，实施队伍的知识、技能和献身精神，以及企业为 ERP 系统所选择的运行环境。一般文献中的时间框架是 18～24 个月。但在实践中有很大差别，也有在 1 年内初步实施成功的先例。这里，首先要强调以下两点。

（1）不能操之过急。原因在于需要做的事情太多，如广泛深入的教育和培训、数据准备、制定企业运营的策略和规程等。

（2）也不能把时间拖得太久。时间拖久了，成功的机会将会锐减。

原因很简单。首先，工作强度和热情。ERP 将由用户来实现，实现 ERP 的责任要求他们在企业的运营之外再付出更多的时间和精力，去做更多的工作。时间拖久了将会使人感到气馁和失望。执行一个积极进取的计划则使人们可以期望，在可接受的时间内事情会得到实质性的改善。其次，工作的优先级。ERP 的实施必须有一个非常高的优先级，即第二位仅次于企业的正常运营。然而，这样高的优先级是不能过长地保持下去的。一个企业也和一个人一样,其集中注意力的时间是有限的。而如果优先级下降了,那么成功的机会也随之下降。最好的方法是对 ERP 的项目实施赋予一个非常高的优先级,并迅速而成功地予以实现。然后,就可以利用它、依靠它,帮助人们把企业运营做得越来越好。最后,情况的变化。无论人员的变化还是环境的变化,都是对 ERP 项目实施的一种威胁。一个部门的领导可能是非常了解 ERP 的,并积极热心地领导本部门实施 ERP 的工作,可是他的职位调整了。新来的领导可能由于某种原因而反对实施 ERP,于是使实施的努力付诸东流。环境的变化可以有多种因素,竞争的压力、新的政府法规等,都可能影响到系统的实施。

5. 加强培训工作

ERP 能否成功实施,关键还是看各个环节的管理人员和业务人员是否能够在工作中发挥作用。因此,在实施 ERP 的过程中,一定要做好 ERP 的管理思想的培训、ERP 系统功能与操作培训,甚至计算机网络基础知识培训等。只有让全体员工都能熟练掌握 ERP 的功能及业务操作,它才能在管理工作中发挥作用。

基于以上几个方面的问题,国外企业将成功实施 ERP 的经验归纳为"5P"。

(1) process——业务流程改造。首先要对企业的业务进行重新设计与优化,保证得到一个优化的业务流程。

(2) people——人力资源和组织。实施 ERP 的关键是人。要对人员进行培训和教育,使他们了解什么是 ERP。在此基础上,建立严格的组织保证体系,从组织上保证 ERP 的应用。

(3) practice——业务行为规范。建立严格的规章制度,加强绩效考核,用制度保证在实施 ERP 过程中对各种业务的要求,保证原始数据及时、准确进入数据库。

(4) products——信息产品支持。选择最合适的 ERP 软件产品,不贪大求全,不追求时髦,一切以适用为原则。

(5) partnership——选择合作伙伴。选择合适的实施 ERP 的业务伙伴,要考虑那些具有实际经验的 ERP 咨询顾问。实践证明,优秀的 ERP 实施顾问是确保 ERP 成功的关键因素。

7.4.5 注重生产物流管理对成功实施 ERP 的作用

成功实施 ERP 的另一重要因素是重视企业生产物流管理的重要性。

由于 ERP 是"计划主导型"的管理模式,因而很多企业的 ERP 系统可以比较容易地解决生产计划、采购计划、分销计划等计划的制定问题,而对如何确保计划的落实则显得准备不足。于是出现了这样的现象:计划制订出来了,但是由于没有建立起强有力的生产管理,特别是生产过程中的物流管理机制,生产计划中所要求的各种物料不能准时采购和配送到位,从而拖延了产品按计划出产。拖延了的计划又影响到下一个生产周期的安排,如此使生产过程进入了恶性循环的混乱状态。由于 ERP 制订出来的计划不能得到落实,失去了指挥企业资源最优利用的作用,因而使人感到 ERP 没有用。从这一观点出发,我们要特别注意在应用 ERP 的时候,抓紧抓好生产物流的管理工作,通过物流系统准确实现 ERP 中提出的各类计划,使企业的生产组织过程实现良性循环。

小结与讨论

本章全面地介绍了制造资源计划(MRPⅡ)和企业资源计划(ERP)。介绍了MRPⅡ产生的市场竞争背景,介绍了MRPⅡ在企业生产经营系统中的地位和作用,从系统的观点详细地介绍了MRPⅡ系统的管理特点,其中特别强调MRPⅡ所具有的系统集成的精髓。还从供应链管理思想出现之后的市场竞争环境特点,介绍了ERP的产生与发展、ERP的构成特点与核心功能。最后,从成功实施ERP的角度出发,比较详细地论述了成功实施ERP的关键因素,特别强调了物流管理水平对成功实施ERP的保证作用。

思考题

1. MRPⅡ为何统一了企业的生产经营活动?
2. ERP与MRPⅡ有什么联系与区别?
3. 有人认为ERP可以解决企业所有的问题,认为效益可以在短期内得到显著体现,你的看法如何?
4. 数据的获取难度,尤其是基础数据BOM和历史数据,是企业实施ERP的瓶颈问题之一,应该如何解决呢?
5. 如何处理ERP与现有系统的冲突?
6. 实施ERP项目必然要进行管理创新和流程再造(BPR),会要求企业的员工和组织结构进行一定程度的调整,会涉及部分员工和部门的切身利益,形成实施ERP的阻力。请问,如何才能处理好流程再造与现有利益之间的矛盾?
7. 企业各部门之间缺乏合作精神是ERP实施的阻力之一,你认为要采取怎样的措施才能提高部门之间的协调性?
8. ERP应用中存在着很多矛盾,例如:ERP的先进性与企业人员素质差的矛盾,应用范围广与数据准备工作量浩大的矛盾,计划的精确性与IT系统基础数据差的矛盾,较长的实施周期与IT技术快速更新的矛盾,企业需求与系统工作重心偏差的矛盾,高投入与慢收益的矛盾,较长的实施周期与企业"一把手"重视程度及心理承受力的矛盾等。请你找出一两个实际案例说明破解这些矛盾的有效方法。

案例 A公司怎样实施ERP?

A公司是一家医用敷料提供商,目前主要市场在欧洲,其他目标市场有日本、美国和非洲等地,其产品系列是以医用纱布为基础的一次性使用的医用敷料。企业原是以贸易业务为主体,为了扩展业务和实现企业中远期的经营战略,其经营范围正在向生产制造功能扩展。新建医用纱布敷料工厂主要是从事医用纱布的制造、漂染以及深加工生产和产品的销售。目前新建医用敷料工厂设计生产能力达到年产1亿米医用纱布敷料系列产品,员工人数估计 800 人,已经试产成功并正式投产。其产品的销售以对国外市场的销售为主,并计划逐渐向国内市场扩展并形成有效的分销网络。

A 公司领导是毕业于名校的 MBA,精通三国语言,在医药纱布行业闯荡多年,在企业中有很高的个人威望,甚至说他个人的思想就是企业的思想。

A 公司现有的组织结构是典型的金字塔形组织结构,而且在权力机构中存在一定的家族势力。金字塔形组织结构的优点是发挥了职能专业化管理的特长,但其缺点是部门之间的横向联系差,信息传递路线长,容易出现官僚现象和组织僵化,企业必须经常召开部门协调会议才能理顺部门之间的关系。

由于市场销售一路上升,目前以手工作业为主的管理系统逐渐显示出极大的不适应性,经常出现由于订单信息处理不及时而延误交货的现象,公司已经为此支付了巨大的违约赔偿金。更严重的是交货信誉受到了很大的影响。考虑到这种情况,A 公司决定实施 ERP 系统。

但是,由于在 ERP 软件选型上总经理一意孤行,没有尊重大家的意见,所以在后面的工作中,各个参与者的积极性大大降低。眼下 ERP 项目进展缓慢,总经理十分着急,于是任命了一位过去主管生产和采购的王副总经理负责项目的推进,希望他能够拿出一个有效的、彻底的解决办法。王副总经理思考了一下,把有关问题和需要考虑的事项梳理了一下。

1. 实施的组织设置

公司聘请的 ERP 项目组根据 A 公司的生产性质设计了一个创新的组合型组织结构,即"直线职能制+矩阵型"。将市场部、采购部、生产技术部、仓储部、品管部和信息部等体现企业生产流程的部门由一位对生产运作能力比较强的副总负责,而财务部、人力资源部和企业综合管理部由另外一位性格外向、擅长处理日常事务的副总管理。

另外,除日常生产以外的重大事务(如 ISO 认证、ERP 实施等)则推行项目管理与项目经理跟踪负责制,项目经理直接向总经理汇报。其新的组织结构如图 7-4 所示。

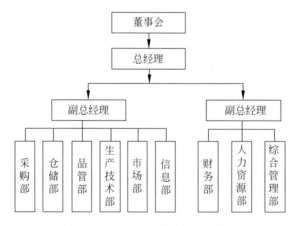

图 7-4 公司新调整的组织结构

2. 软件选型

在 A 公司决定实施 ERP 系统时,曾组织了一个由中高层管理人员(包括业务部门和信息部门等企业各个方面)组成的 ERP 实施小组,并从众多的 ERP 供应商中筛选出台湾天心、金蝶、神州数码和 B 公司作为候选 ERP 供应商，向它们发出了招标通知书。在 ERP 供应商的招标大会上，A 公司的 ERP 实施小组根据供应商提供的解决方案和系统演示情况，根据预先拟订的评估模型评标和实施小组的意见，以台湾天心和神州数码为理想 ERP 软件提供商。但是整个招标、评标的结果最后被总经理推翻，最终在决标的时候选定实施小组最不被看好的 B 公司的 ERP 系统。虽然 B 公司有同行业外贸业务系统软件实施的丰富经验，但 A 公司总经理和 B 公司的董事长过去一直存在业务上的往来，而且私交很好，这才是最后软件选择的决定性因素。就这样，整个项目组成员的工作全部白费，对 ERP 系统的激情迅速退却。

还有一个重要问题，软件选型的时候没有考虑 ERP 软件的成熟度。

判断一个 ERP 系统的成熟度，要从 ERP 产品研发技术、ERP 产品服务技术和 ERP 产品功能技术三个方面去考虑。但 A 公司在整个 ERP 系统选型的过程中并没有从这三个方面进行详细列表，建立评审模型，根据企业生产和信息化发展的需求，理性地选择 ERP 系统。而是很简单地依靠项目小组对 ERP 系统的认识，简单地罗列了几条考评指标，根据招标过程中厂商的系统演示来选择。这不能不说是一种轻率的行动。

3. 流程优化重组问题

通常情况下，系统软件包实施商在与公司签订项目实施合同后，才开始对公司进行业务诊断。公司必须准备好自己的业务需求，建立详细的业务流程模型，以备与软件商进行有效的交流，然后提出需求分析和业务流程报告。对不合理的流程要提出优化或者重组的方案，并对方案进行评估。公司也要注意该软件商有没有在公司所属行业的成功实施的先例，并走访有成功实施案例的企业。可以将原成功的流程作为本公司业务流程优化重组的参照物。

但在 A 公司实施 ERP 系统的过程中，虽然软件提供商 B 公司也对 A 公司的组织结构和业务流程进行了分析和诊断，并提出了优化或重组的方案，但是，至于这套方案是否正确，A 公司中并没有谁关心。直到系统上线的时候才讨论某项工作归属于哪个部门，很多管理环节经常衔接不上。

尽管 A 公司对 ERP 系统寄予厚望，很多员工也在等待 ERP 系统能带来的改进效果，但是，大家都认为 ERP 的实施是软件开发商的事情，和自己无关，对企业的业务流程是否合理、是否需要重组或改善漠不关心，仍然习惯于按原来的思路行事，不愿意花时间对其他业务流程进行分析，以避免得罪人。

4. 数据设置问题

由于对 ERP 系统没有一个正确的认识和完整的概念，所以 A 公司也不知道要准备哪些基础数据。而且由于原来的粗放式管理，系统要求的一些基础数据，企业没有完整的记录。比如各种产品的制造提前期、采购提前期，制造经济批量和采购经济批量，生产工艺标准、成本标准和损耗标准等企业都没有原始记录。但各个部门的相关负责人又都说记在脑子里。这些数据只有在系统上线的时候初步确认、录入。

1) BOM 结构的特殊性

既然实施 ERP 不是单个部门业务工作的电算化，那就应该有一个企业各部门对共享信息的统一标识问题。因此，统一的编码工作、统一的数据准备工作必不可少。没有权威人士牵头和艰苦细致的工作，这项工作是很难做好的，如果基础信息不准确、不完整，是不可能用好管理信息系统的。

A公司目前主要产品的物料结构方式具有一定的特殊性。在大多数制造行业的产品结构中，产品的物料大多是以组合的形式出现，即通过对多个物料的装配来形成最终的产品。但在A公司目前的主要产品中，主要是由纱布片及包装材料所组成，而纱布片则是需要通过同一个物料——坯布进行分割而产生——裁片，即在一个物料单位内分裂产生多个产品需求规格的原物料，因此在计算物料(坯布)的需求数量时，所采用的方法与传统的制造行业通常采用的方法有较大的区别，如果无法很精确地计算物料的用量，则很容易就产生原材料(坯布)供应不足，直接影响正常生产的进行，或原材料供应过剩产生原材料的多余库存或产生呆滞物料，增加了库存资金的积压。

另外，由于套料的问题，计划部门很难得出准确的用料计划。不同时期、不同订单、不同产品有不同的套料情况，这给计划部门和仓库部门出了一个难题。

最后的解决方案通过加强车间成本核算，同时在仓储部门增加线边储备的办法解决。可以根据订单的需求量准确计算出各种纸箱、纸盒、塑料袋、标签的用量，从而准确计算和确定包装材料的采购量和采购提前期。但坯布的用量是构成产品成本的主要部分，为了降低成本必须尽可能套裁。下计划的时候按经验数据进行下达，仓库部门只能按计划发料，不能多领。由于套料的原因而要多领的部分必须做一个转仓(线边仓)，如果实际用量多过计划量则计划部门必须补领料单。车间坯布的用量直接和个人效益挂钩，致使车间的套料方法越来越合理，形成不同组合的经验数据，以有助于今后计划的准确性和合理性。

从图7-5和图7-6可看出医用敷料产品与传统制造行业产品在物料需求结构方面的差异。

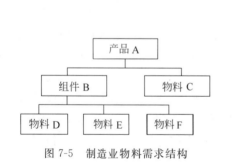

图7-5 制造业物料需求结构　　　　图7-6 A公司物料需求结构

2) 物料编码

A公司的生产是以订单为主，且公司员工工资核算和成本结算都是以订单为依据。所以在物料编码过程中A公司强烈要求成品和包装材料带上客户代码，但由于半成品和坯布不能带上客户代码，因此在整个系统的各种单据界面上必须带上销售合同号以方便订单生产流程跟踪。

这样就给物料编码工作带来很多不易解决的问题。同样的物料只是客户不同而编码不一样，造成物料编码的不一致性。同样的BOM结构也会由于客户不一样而形成不同的BOM表。这样，系统的数据冗余很大。

不过，由于A公司的坚决要求，B公司的ERP系统只好为此做很大的调整。系统数据初始化的工作量相当大。而且在以后数据维护的时候必须经常根据新的订单生成新的物料编码,导致物料编码的维护工作量相当大。不过,这种方法的好处是只要一看编码就知道客户和订单。

5. 人员素质问题

在整个 ERP 实施过程中,A 公司的员工是在被动适应,人员整体素质差,个别领导的素质和员工的素质相差太大,甚至个别领导的意图代表了公司的意图。企业员工对 ERP 和 ERP 中各个模块没有自己的思维和认识,加上没有很好地进行 ERP 和管理知识的培训,实施过程中基本上是被 B 公司的项目组人员牵着鼻子走。另外 A 公司没有一个懂数据库、软件开发的员工,在系统上线以及以后的系统维护方面过分依赖软件提供商。企业的网络管理员是一个刚毕业的大学生,连一些基本问题都不知道怎么处理。这些问题本来可以通过合同中的培训计划由软件提供商负责解决,但是 A 公司在计划决策中并没有系统考虑。

6. ERP 系统实施问题

软件提供商 B 公司采用分步实施法,但在实施过程中没有项目管理的概念。整体项目计划书只是在项目招标时的一个文件,具体实施过程中每一阶段实施哪些模块,模块必须具有哪些功能,每个阶段具体需要哪些实施人员和开发人员配合等都没有一个完整的计划。系统的二次开发人员流动性大,二次开发以后也没有组织人员进行测试,而是直接到乙方现场让用户进行测试,所以在实施的时候造成很多输入方法、数据格式不对等不应该出现的问题。

从 A 公司的情况看,对 ERP 系统基本上没有多少自己的思考,只是在看到具体的业务模块的时候才会根据自己的业务发现其中的问题,而且问题的参照物是自己原来的流程和业务,没有流程改造和优化的思想。

7. 培训问题

在系统上线之前只有两次人力资源的培训。由于企业的总经理是名校的 MBA,对培训工作不屑一顾,觉得那些理论的东西都知道。总觉得那是大道理,不用讲那些理论上的空洞东西。而中低层员工对 ERP 的知识知道得很少,什么流程重组、组织结构、质量抽样标准和方案等都是软件供应商在做需求分析时和部分领导或相关技术负责人单独沟通得到的。个别人员清楚自己的业务流程,至于是否合理则没有人去关心。直到系统的第一阶段实施的时候,才一个模块一个模块地给每个部门的一两个主要人员进行讲解,包括软件的操作、其中包含的理论知识、各个业务模块之间的业务衔接等。这个时候,实际操作人员对业务、流程等的不同理解纷纷冒出来。又开始了新一轮的解释、一对一的辅导甚至二次开发。这样给系统实施工作带来很大的难度。

那么,A 公司实施 ERP 是不是就没有成功的地方呢?王副总经理认为还是有值得肯定的地方的。

在 A 公司,总经理拥有非常高的威望,虽然公司的 ERP 系统实施的过程中缺乏总体规划,而且在决策的过程中存在某些明显的错误,但总经理对 ERP 系统实施的态度非常坚决。所以,在系统实施过程中人、财、物等方面资源的配合非常及时。

企业员工虽然业务素质不高,但非常肯学,因为他们都认识到竞争的压力,尽管培训工作做得不好,但是很多人都在想办法学习 ERP 的知识。另外,在系统测试和上线的日子里,正是这些员工加班加点的连续作战才力保系统正常运行。

企业领导的支持和参与是成功实施 ERP 的关键,这已被国内外的经验和教训所证实。A 公司的领导在这方面确实做得不错。企业的高层领导、中层领导对这项工作的支持体现在方方面面:人力、物力和资金的投入;部门和单位之间需要在统一的计划下,协调地开展工作;企业管理机制、组织机构、管理模式和方法的重大调整;协调人们的思维方式和行为方式产生的阻力等。其实还有一点值得反复强调:企业领导才是 ERP 系统的重要使用者。一个企业实施 ERP 系统,只是业务人员使用是不够的,不会达到最佳的应用效果,真正发挥作用的是企业领导在准确、快速、全面的共享信息中,通过分析做出最佳的决策。实际上,企业领导在系统中可以清楚地了解各个部门的运行情况,通过数据的挖掘与分析,可以发现在经营管理过程中存在的问题,及时做出决策。同时,也是给具体的业务人员一种巨大的压力。在这样的氛围下,系统一定能够得到顺利的实施和高效的运行。

想到这些地方,王副总经理似乎又有了信心。

问题:

你能帮助他找到一个改进在 A 公司实施 ERP 的最佳方案吗?

第 8 章　JIT 与生产物流

JIT,just-in-time 的缩写,中文一般翻译成"准时生产制",是一种不同于 MRP Ⅱ 的新的生产组织方式,也是一种新的生产哲理。准时生产制所强调的是在需要的时间,按需要的数量生产需要的产品。同时,JIT 还体现了消除"浪费"的思想,以及确立了一种以"无库存"生产方式体现的综合管理方法。在企业的生产组织中,对物流的组织也要按 JIT 的思想展开,使生产物流对 JIT 的实现起到切实的支持作用。

8.1　JIT 的基本思想与哲理

8.1.1　JIT 的产生与发展

准时生产制源于日本的丰田公司。第二次世界大战结束以后,日本的丰田汽车公司在战后恢复生产的时候,决定到美国汽车企业进行考察和学习,希望引进美国的汽车生产模式以使企业获得快速发展。20 世纪 50 年代初,丰田汽车公司的丰田喜一郎和大野耐一带队考察了美国的福特汽车公司轿车厂。当时,这个厂每日出产 7000 辆轿车,比丰田公司一年的产量还多。但丰田却没有想到仅简单地照搬福特的生产模式,因为他们在考察中发现,美国汽车生产方式虽然效率高、产量大,但是所到之处看到的还有在各个工序之间堆积如山的在制品。这些在制品积压了大量的生产资金,沉淀的资金形成的成本不是一个小数字,而这在日本企业看来是不能接受的。大野耐一等人受到超级市场的经营模式的启发,认为可以将超级市场的销售和补货模式用于控制制造过程的相邻工序,从而得出"(美国)那里的生产体制还有些改进的可能"。回到日本后,丰田喜一郎和大野耐一将超级市场的运作模式用于生产过程的管理,围绕这一模式进行了一系列的探索和实验,根据日本国情(社会和文化背景、严格的上下级关系、团队工作精神),建立了一整套新的生产管理体制,采用准时生产方式组织生产和管理,使丰田汽车的质量、产量和效益都跃上了一个新台阶,变成了世界汽车之王。其他汽车公司看到这种生产方式的优越性之后,也纷纷采用,并逐渐扩展到其他行业。先进的生产方式促使日本经济飞速发展,准时生产制由此成为一种新的生产哲理。

日本丰田汽车公司从 20 世纪 60 年代开始推行的准时生产制,是旨在消除生产过程中各种浪费现象的一种综合管理技术。这里所说的浪费,既包含了人们早已熟知的废品、返工、机器故障、交叉往返运输等的浪费,也包含在传统观念下认为是"合理现象"带来的损失,如过量生产、不按生产计划要求准时生产、生产周期过长、投料批量过大引起的在制品积压等。换言之,凡是超出增加产品价值所绝对必要的最少量的设备、材料和工作时间部分,都是浪费。把原材料转换成市场需要的产品的过程,也就是增加产品价值的过程,但并不是该过程的每一环节都能使产品增值。事实上,大约只有这一转换过程全部环节的10%能使产品增值,其余90%的工作不能使产品增值。有的不仅不能使产品增值,反而增加了产品成本,如库存不增加价值,交叉往返运输不增加价值,但却增加了成本,因而都是浪费。丰田汽车公司推行准时生产制,就是要通过消除浪费提高企业的经济效益。

准时生产制,简言之就是在必要的时间,按必要的数量生产必要的制品(产品和零、部件),不过多、过早地生产出暂不需要的制品。准时生产制是一种讲求最大经济效益的生产管理制度,强调"准时"和"准量",不单纯追求设备高开工率、高劳动生产率和高产值。它的基本思想在于严格按用户需求生产产品,尽量缩短生产周期,压缩在制品占用量,从而最大限度地节约资金,提高效率,降低成本,增加利润。为什么准时生产制能够大幅度消除库存、减少浪费呢?原因在于它采用了一套全新的生产组织方式。

8.1.2 浪费的7种形式

JIT所指的浪费是指超出产品增值的对设备、材料、零部件、生产空间、工人和生产时间最小绝对必需的数量。JIT生产方式认为浪费有7种形式。

(1) 过量生产造成的浪费。过量生产一般是指将当前并不需要的产品提前生产出来。在JIT看来,这是一种严重的浪费。过量生产挤占了制造资源,占用了过多的生产时间和空间,还引起一连串的过量劳动,如搬运、库存保管等,都要超过正常工作量。另外,过量生产还给工人造成错觉,弄不清楚当前到底真正需要生产什么产品。

(2) 等待时间造成的浪费。过量生产不仅造成自身材料和资源上的浪费,而且还掩盖了空闲时间。如果工人只生产当前所必需数量的产品,而不容许超前生产,那么空闲时间就暴露出来了,管理人员就能查找原因,采取措施消除空闲(当然不是靠过量生产!)。在JIT系统中,如果工人只是看守机器,也是一种浪费。

(3) 搬运造成的浪费。搬运活动造成运输费用上升,也造成时间上的浪费。应该直接将物料送到工作地,而不是先放在仓库里,然后进行二次搬运。此外,工作地、生产单位布局不当也会造成搬运浪费,因此必须仔细考虑布置方案。

(4) 工艺流程造成的浪费。加工工艺流程设计不合理,也是导致浪费的因素之一。不合理的工艺流程会导致加工路线长,人员和工艺装备配备多,致使生产周期长,生产成本高。

(5) 库存造成的浪费。过量库存主要是过量生产引起的。过量库存导致额外的存放场地、额外的保管费用、额外的利息支出等。要消除过量库存,首先必须消除过量生产。

(6) 动作不合理造成的浪费。工人操作动作、劳动工具及工作地都应该很好地设计,用最经济的动作完成操作。例如工人花费时间寻找工具就是一种浪费,因为时间没有用到生产上。

(7) 产品缺陷造成的浪费。产品缺陷造成的返工或报废,浪费了原材料和已消耗的劳动时间。即使容许重新补充投料再生产一个符合质量要求的产品,但已延长了生产周期,增加了劳动消耗。如果产品不出现缺陷,这种浪费就不存在了。

8.1.3 JIT 的基本思想

在 JIT 生产方式出现以前,世界汽车生产企业包括丰田公司均采取福特式的"总动员生产方式",即一半时间人员和设备、流水线等待零部件,另一半时间等零部件一运到,全体人员总动员,紧急生产产品。这种方式造成了生产过程中的物流不合理现象,尤以库存积压和短缺为突出表现。生产线或者不开机,或者开机后就大量生产,这种模式导致了严重的资源浪费。丰田公司的 JIT 采取的是多品种小批量、短周期的生产方式,实现了消除库存、优化生产物流、减少浪费、提高效益的目的。

JIT 生产方式以准时生产为出发点,首先暴露出生产过量和其他方面的浪费,然后对设备、人员等进行调整和精简,达到降低成本、简化计划和提高控制的目的。在生产现场控制技术方面,JIT 的基本原则是在正确的时间生产正确数量的零部件或产品。它将传统生产过程中前道工序向后道工序送货,改为后道工序根据下游工序的需要量向前道工序取货,用最后的生产环节调节整个生产过程。

JIT 的基本思想可以表述如下。

1. 后道工序到前道工序提取零部件

一般生产管理方式是由生产作业计划部门按产品生产计划制定作业进度表,各工序根据计划进行生产,然后按计划供给下道工序。当计划不周和生产信息反馈不灵时,容易造成零部件生产过剩和在制品积压。同时,一旦市场需求发生变化,由于生产任务早已安排,很难进行临时调整,缺乏有弹性的适应能力。

丰田汽车公司的大野耐一在美国访问时萌发了把超级市场的管理方法用于制造业的想法,回到日本后立即着手改革,将前道工序为后道工序提供在制品的方式改为后道工序到前道工序提取自己所需的在制品。上道工序的零部件被提走后,由于数量减少而需要补充,必然向更上一级的工序提取必要数量的零部件,如此层层牵动,把各道工序连接起来,形成一条准时生产线。上道工序在没有接到下道工序提取零部件的指令前,不能随意生产,这样一来就把上道工序应该生产的数量、品种、时间严格限制在下道工序需要的范围内,消除了过量、过早的生产。

2. 小批量生产,小批量传送

为了在尽可能短的周期内生产必需的产品,实行准时生产制的各车间和各道工序一般都避免成批生产或成批搬运,而是使各工序以尽可能接近"零"地批量生产和传送,要求做到只生产一件、只传送一件、只储备一件,任何工序不准生产额外的数量。批量的缩小不仅使工序生产周期大为缩短,而且减少了工序在制品储备,这对于降低资金占用率、缩小保管空间、降低成本以及减少废次品的损失都起着很大的作用。

3. 用最后的装配工序来调整平衡全部生产

准时生产制的运行机制是后序指导前序,由此可推得准时生产制的起点是最后装配工序,这就意味着装配工序实际上起着调节与平衡全部生产的作用。

4. 宁可中断生产,也决不积压储备

丰田公司在实行准时生产制的过程中,坚持"宁可中断生产,也决不积压储备"的原则。在实行准时生产制的初期,生产过程中一般都会出毛病,但是,权衡轻重,中断生产的损失较之积压储备、掩盖生产中的矛盾、麻痹生产管理人员思想等所带来的危害要小得多。正是因为坚持了这一原则,使丰田公司在推行准时生产制中获得了巨大收益。到 1976 年,该公司的年流动资金周转率高达 63 次,为日本平均水平的 8.85 倍,为美国平均水平的 10 倍。丰田公司的成功,使其他企业纷纷仿效。不仅日本的企业积极推行准时生产制,而且素有科学管理先驱之称的美国企业也不甘落后。据统计,1987 年美国有 25％的企业推行了准时生产制,而这一数字 1992 年上升到了 50％以上。一项调查报告显示,5 家成功应用了准时生产制的美国企业,其平均生产周期减少了 90％,库存下降了 35％～75％,零部件周转时间减少了 75％～94％,原材料采购费用减少了 6％～11％,质量成本减少了 26％～63％。

8.1.4　JIT 的生产哲理

1. 按需生产哲理

JIT 管理的目标是使企业实现"仅在需要的时刻,按照需要的数量,生产真正需要的合格产品"。要实现这一管理目标,企业就必须在广义的资源概念上对其人力、物料、设备、能源、资源以及空间和时间进行综合的开发、管理和利用,使企业的各个部门和各个环节建立起统一协调的目标管理体系,以提高企业的劳动生产率以及对市场需求不断变化的适应能力。此外,为确保企业的产品质量和降低企业产品成本,企业在选择同自己合作的供货厂商时,不仅需要审查供方的产品质量、价格、合同履约率和销售服务条件,还要了解供方的技术水平、质量保证体系、生产能力、计划管理和经营方针等方面的情况。这种企业传统的采购管理理念的根本性转变及在广义上的延伸,既能够避免供货商在竞争中的短期行为,降低风险程度;也可以使供货商更有效地明确其长期发展目标,把与其优势互补的企业联合在一起,以最有效和最经济的方式参与市场竞争,使得企业能够迅速适应市场瞬息万变的需求,随时调整生产和产品,更有效地实现其管理目标。

2. 全员参与哲理

在企业的人力资源管理方面,JIT 主张全员参与管理。任何先进的管理方法在实践中产生成效,都依赖于企业中人的作用的发挥。人力资源管理应是企业管理的中心与重点,而最清楚工作中问题所在及其产生原因的莫过于企业的一线员工。JIT 主张企业对工作进行合理化的改进,由企业一线员工提出解决问题的办法,上级领导提出目标及处理问题的原则,并提供信息和培训,而且对员工授予必要的权限,使得各级员工可在各自权限范围内处理工作中存在的问题,不断改进工作方法,从而提高对工作的满足程度,促进企业整体工作效率的提高。另外,JIT 认为对企业全体员工的培训是十分重要的。因为通过培训才能提高员工的整体素质,实现真正的全员参与管理,为工作的进一步改进创造有利的条件。同时,JIT 还认为对员工应采取多种技能的培训,培养员工成为多面手,使员工可以在各种岗位上胜任不同的工作,这样既可增加员工心理上的成就感,也可在人员缺勤时减少停工损失。由此增强员工对工作和企业的荣誉感,达到不断激励员工热情的目的。

3. 消除浪费哲理

JIT 主张企业所有的工作均要以"消除一切无效作业和浪费"为准则。在对企业生产与物流的管理中，凡是对产品不起增值作用或不增加产品附加值但又增加产品成本的作业，都属于浪费的无效作业。为增加产品的附加值需要消耗必要的资源，而超出其基本消耗量的一切操作都是浪费。例如，多余的库存，多余的搬运和操作，造成返修品、次品和废品的操作、停工待料，没有销路的产品等。在这种哲理的指导下，企业需对内外业务工作流程进行深入分析，重新设计组建，把以自身为出发点的管理模式彻底改变为以客户为出发点的管理模式。"消除一切无效作业和浪费"的内涵对业务流程同样具有指导意义。如果我们把企业业务流程作为一种与物流对应的工作对待，就不难发现传统管理职能和部门那种条条块块和等级层次的划分，并不一定体现"增值"的哲理。进行必要的流程重组，以"增值"为出发点，减少直至杜绝一切不必要的浪费，用最低的管理成本和最高的工作效率，创造最好的工作质量，为客户提供最满意的服务，也为企业获利提供了有利的条件。

4. 基于"无库存生产方式"的综合管理哲理

JIT 认为企业传统的库存管理方法，掩盖了企业管理中存在的许多问题。JIT 把库存量过大看做掩盖各种管理问题的"万恶之源"，JIT 把库存量比喻为江湖的水位，把水下的礁石比做由于管理不善造成的各种问题，库存量大相当于水位升高，这样淹没了水下的礁石，虽可使航道通行，生产似乎处于正常状态，但水下被掩盖的问题却永远不能显现出来。同时也意味着其永远得不到彻底的解决，如图 8-1(a) 所示。如何才能使这些问题暴露出来？只有问题暴露了，才能更准确地找到解决的办法，如同搬走了一块石头，如图 8-1(b) 所示。JIT 主张通过降低库存来暴露问题，走的是一条"降低库存—暴露问题—解决问题—再降低库存—再解决问题……"的道路。这是一个无限循环的过程。例如，通过降低在制品库存，可能发现生产过程经常中断，原因是某些设备出了故障，来不及修理，工序间在制品少了，使后续工序得不到供给。要使生产不发生中断，可以采取两种不同的办法。一种是加大工序间在制品库存，提供足够的缓冲，使修理工人有足够的时间来修理设备；另一种办法是分析为什么来不及修理，是备件采购问题还是修理效率问题？能否减少修理工作的时间？后一种办法符合 JIT 的思想。按 JIT 的思想，"宁可中断生产，决不掩盖矛盾"。找到了问题，就可以分析原因，解决问题，使管理工作得到改进，达到一个新的水平。当生产进行得比较正常时，再进一步降低库存，使深层次问题得到暴露，解决新的问题，使管理水平得到进一步提高。因此，"无库存生产方式"的实质是体现了综合管理的思想。

5. 连续改善、一次一点的渐进哲理

JIT 的实施过程是一个不断改善的永续过程。JIT 的理念并不是指望通过一次性的、暴风骤雨式的革命根除管理中的问题，而是一种持续改善、一次改善一点点的由量变到质变的过程。这种持续改善的理念不仅使解决相关问题所带来的负面效应很小，而且容易巩固每一次改善的成果，日久天长，积少成多，最终使企业的管理基础十分牢靠。

6. 追求尽善尽美哲理

JIT 在对待产品质量的问题上，追求尽善尽美，不懈进取。JIT 把全面质量管理(TQM)看成企业长期发展的重要战略，认为单靠检验只能发现缺陷而不能防止和消除缺陷，即使补救也已造成浪费。因此企业必须建立质量保证体系，从产生质量问题的源头着手控制产品

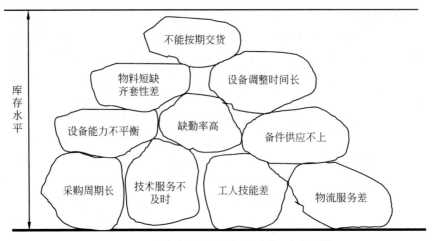

(a) 库存水平高，掩盖了各种管理上的问题

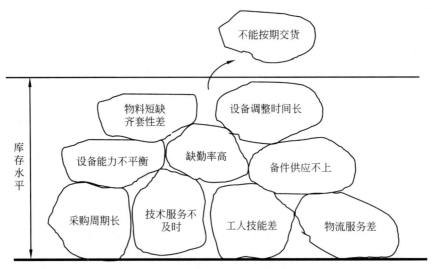

(b) 通过降低库存暴露并解决问题

图 8-1 "无库存生产方式"体现的综合管理思想

质量，并坚持设备预防维修制度，力求设备的完好率，把废品率降低到"6σ"级水平。特别要指出的是，在产品质量标准和客户满意程度的关系问题上，JIT 认为企业生产的产品达到标准只是最起码的要求，企业的质量工作目标应是以基本质量标准为出发点，使客户得到超出一般标准以上的满足，从而创造并尽早占领市场。如果把满足产品标准作为企业的工作目标，企业将永远是被动地适应市场。今天顾客的意外满意，明天也将变成产品质量的基本标准。所以，企业只有不断改进自身的管理工作，不断追求更高的质量工作目标，用永不自满的精神对待产品的质量工作，才能在竞争的环境中保持优势。

以上谈到的是 JIT 的基本思想和新的管理哲理。实际上，JIT 所蕴含的哲学思想远不止上面介绍的这几点。通过实践，人们至今还在不断发现 JIT 新的思想内涵。

8.2 推动式和牵引式生产系统

对于装配式生产,产品由许多零部件构成,每个零部件要经过许多道工序加工。这些零部件在工序间的加工、传送活动,就形成了生产过程中的物料流动。按驱动物料形成有序流动的特点,可将生产系统分为"推动式"、"牵引式"和"推动/牵引结合式"3种不同的形式。

8.2.1 推动式生产系统

一个典型的推动式生产系统(push system)如图 8-2 所示。

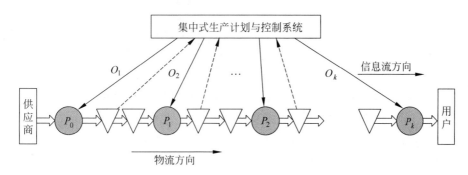

图 8-2 推动式生产系统示意图

图中,P_k 为第 k 道生产工序;O_k 为生产指令,工序两端的倒三角形表示该工序的入口待加工零部件,出口已加工完毕待传送到下游工序的零部件。

从图 8-2 中可以看出,该生产系统有一个集中的计划与控制系统。在生产开始之前,根据产品结构将零部件展开,计算出每种零部件的需要量和各生产阶段的生产提前期,确定每个零部件的投入出产计划,然后按计划发出生产指令。投料以后,各工序按预先制订好的计划完成各自的加工任务,然后将完工零部件运送到下一工序,在那里排队等待加工。就这样,从第 1 级工艺阶段(如毛坯生产)开始,一级一级地向下道工序推进,使物料形成稳定的流动。由此可见,这种生产系统中的物料是上一道工序推向下道工序,故称为"推动式"生产系统。在推动式生产系统中,每道工序只按从中央计划与控制系统发出的生产指令进行加工,将生产出的零部件上账后,再转移到下道工序,而不管下道工序此时是否需要这批零部件。这种方式很容易造成各工序只按自己的能力生产而不管"用户"(下道工序)的需要,因而系统中经常存在大量的一时并不需要的在制品,严重地影响了生产系统的经济效益。

第 5 章介绍的 MRP,是一个比较完善的计划方法,它的基本思想是按需准时生产,但是能否真正实现准时生产,不是由 MRP 系统本身决定的。任何计划都不可能把未来的情况考虑得十分周全,很多意想不到的事情会在计划执行过程中出现,而且在使用 MRP 时,零部件和产品的生产提前期也难以做到十分精确,将提前期圆整成整数本身就有很大误差。因此,靠推动式生产系统,即使是利用 MRP 这样比较完善的方法实行的推进式系统,也难以真正做到无库存生产。

8.2.2 牵引式生产系统

图 8-3 是牵引式生产系统(pull system)示意图。

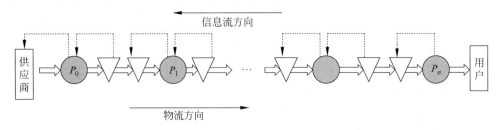

图 8-3 牵引式生产系统示意图

设后道工序为需方工序,当需方工序需要加工零部件时,凭运输看板到供方工序(前道工序)提取所需半成品零部件。此时,供方工序的半成品零部件存储容器中就空了,供方工序必须根据生产看板的规定,生产出必要的零部件补充到已空的容器中。由于供方工序也有加工零部件的需要,它也必须到更上一道工序去提取待加工零部件。由于驱动生产系统的动力源是需方工序,而需方工序又总是后道工序,于是就形成了后序"牵动"前序,而不是前序"推动"后序的运行机制。这样的生产系统称为牵引式生产系统。丰田公司的准时生产制就是一种牵引式生产系统。

牵引式系统可以真正实现按需生产。在现实生产中,产品最终装配可以看做一个牵引式系统。在进行产品装配时,要到零部件库去提取各种零部件,需要多少则提取多少,保证完全按需进行。如果每一道工序都按其紧后工序的需要,在适当的时间生产必需的品种和数量,就不会发生暂不需要的零部件而被提前生产出来的问题。这样,也就消除或至少大大降低了库存,因此建立牵引式系统是实现无库存生产目标的一个必备条件。

8.2.3 推动/牵引集成式生产系统

在激烈的市场竞争环境下,企业不仅要降低成本,而且还要按照客户的需求快速、准时地提供产品或服务。要想达到这一目的,只简单地采用推动式或牵引式的生产系统存在比较大的困难,特别是对多品种、小批量生产的企业。一般地说,推动式的生产系统在需求相对比较稳定的情况下,通过组织批量生产、获得规模效应来降低成本,但如果按每一个产品单独组织生产则很难达到这一目的。牵引式的生产系统能够比较好地根据客户的个性化订单组织生产,虽然能够按订单生产而控制多余库存,但是如果整个系统都采用牵引的方式则存在着运行成本高、管理难度大的问题。所以,在现实社会中还有一种采用推动与牵引相结合的生产系统结构方式,如图 8-4 所示。

通过对企业的实际调查发现,虽然企业能够向市场提供多品种的选择,但是,实际上产品与产品之间共用零部件的情况非常普遍,有时其比例高达 95% 以上。每一种产品上的专用零部件占其零部件总数的比例很低。于是,人们设计出了推动与牵引相结合的生产系统。

推动/牵引结合的生产系统的基本思想是:通过对规模经济和范围经济双重目标分析,

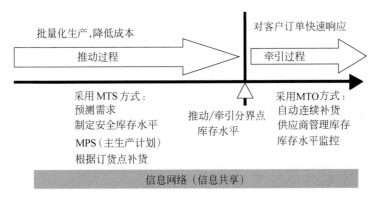

图 8-4　推动与牵引相结合的生产系统

找到生产流程的某一个工序,以这一工序为界,在这一工序的上游采用推动的方式,构成推动式的子系统;在这一工序的下游采用牵引的方式,构成牵引式的子系统。在推动式的子系统中,生产组织的根据是分界点上库存的消耗速度和补货需求。比如说,我们可以在分界点建立一个库存量,然后根据一定时期内(如一个月)的库存消耗量,再加上需求预测,确定出下一阶段的生产计划,然后组织生产,这就是典型的 MTS 方式。而对分界点到客户这一子系统,是以客户订单为驱动源,按照牵引式组织生产,属于典型的 MTO 方式。这样一来,上游子系统可以按照批量化原则生产零部件,体现出规模效应,从而有利于降低成本;下游按照订单快速完成最后的装配,满足按订单生产的要求,避免多余的产品库存。因此,推动/牵引结合的生产系统不仅可以保证上游企业生产规模的经济性,同时在下游还可以满足顾客的定制化需求。当前流行的大批量定制就是采用这一模式实现的。

8.3　看板管理系统

8.3.1　看板的含义和种类

看板,译自日文"kanban",又称做"传票卡",是传递信息的工具。它可以是一种卡片,也可以是一种信号、一种告示牌。通过看板组织生产、传递工件,就构成了看板控制系统。

看板系统是实现准时生产(或无库存生产)的一种工具。曾有人将看板管理看做准时生产制,实际上两者是不同的。如前所述,准时生产制是一种新的生产哲理,看板是使之付诸实施的一种工具。看板作为一种实现准时生产的管理工具,是丰田公司于 1962 年创建的,现在已成为实现无库存生产方式的最有效的一种途径。日本筑波大学的门田安弘教授曾指出:"丰田生产方式是一个完整的生产技术综合体,而看板管理仅仅是实现准时化生产的工具之一。把看板管理等同于丰田生产方式是一种非常错误的认识。"

看板通常可以分为生产看板(production kanban)和传送看板(withdrawal kanban)两种形式。生产看板用于指挥工序生产,它规定了所生产的零部件及其数量。典型的生产看板如图 8-5 所示。传送看板用于指挥零部件在前后两道工序之间的移动。典型的传送看板如图 8-6 所示。

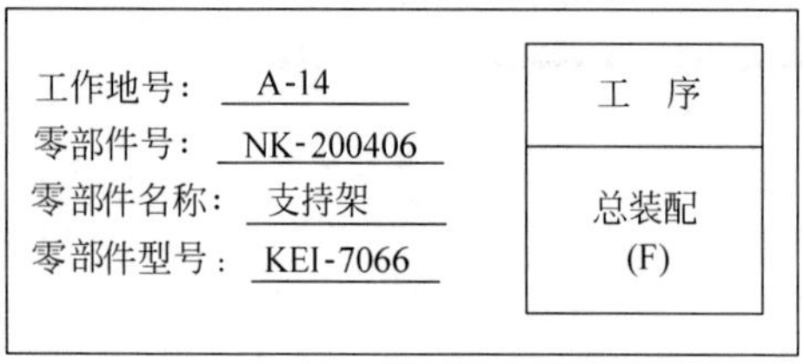

图 8-5　生产看板示意图 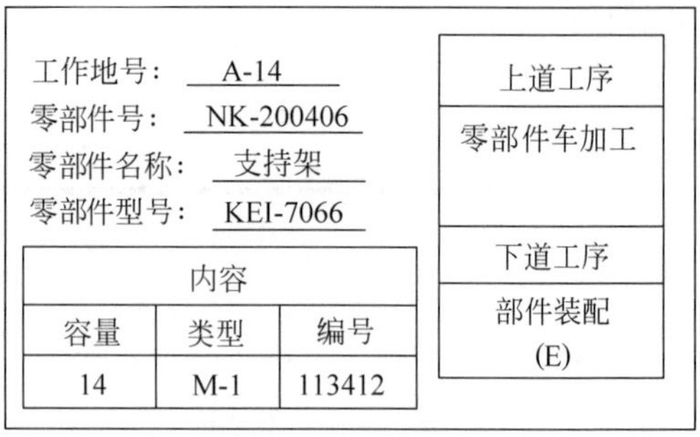　　　　　　图 8-6　传送看板示意图

8.3.2　看板的功能

在 JIT 生产方式中,看板的功能如下。

1. 生产以及运送的工作指令

看板中记载着生产量、时间、方法、顺序以及运送量、运送时间、运送目的地、放置场所、搬运工具等信息,从装配工序逐次向前工序追溯,在装配线将所使用的零部件上所带的看板取下,依次再去前工序领取。"后工序领取"以及"JIT 生产"就是这样通过看板来实现的。

2. 防止过量生产和过量运送

看板必须按照既定的运行规则来使用。其中一条规则是:"没有看板不能生产,也不能运送。"根据这一规则,看板数量减少,则生产量也相应减少。由于看板所表示的只是必要的量,因此通过看板的运用能够做到自动防止过量生产以及适量运送。

3. 进行"目视管理"的工具

看板的另一条运用规则是:"看板必须在实物上存放","前工序按照看板取下的顺序进行生产"。根据这一规则,作业现场的管理人员对生产的优先顺序能够一目了然,易于管理。通过看板就可知道后工序的作业进展情况、库存情况等。

4. 改善的工具

在 JIT 生产方式中,通过不断减少看板数量来减少在制品的中间储存。在一般情况下,如果在制品库存较高,即使设备出现故障、不良品数目增加也不会影响到后道工序的生产,所以容易把这些问题掩盖起来。而且即使有人员过剩,也不易察觉。根据看板的运用规则之一"不能把不良品送往后工序",后工序所需得不到满足,就会造成全线停工,由此可立即使问题暴露,从而必须立即采取改善措施来解决问题。这样通过改善活动不仅使问题得到解决,也使生产线的"体质"不断增强,生产率不断提高。JIT 生产方式的目标是要最终实现"零库存"生产系统,而看板提供了一个朝着这个方向迈进的工具。

综上所述,JIT 生产方式的本质是一种先进的生产管理技术,而看板只不过是一种管理工具,决不能把 JIT 生产方式与看板方式等同起来。看板只有在工序一体化、生产均衡化、生产同步化的前提下,才有可能运用。如果错误地认为 JIT 生产方式就是看板方式,不对现有的生产管理方法作任何变动就单纯地引进看板方式的话,是不会起到任何作用的。所以,在引进 JIT 生产方式以及看板方式时,最重要的是对现存的生产系统进行全面改组。

8.3.3 看板控制系统的构成

看板控制系统的工作流程可以通过图 8-7 来说明。假设有两个工作地:A 和 B。工作地 A 是装配班组,工作地 B 是机加工班组。每一工作地都有一定数量的容器,容器中存放着计划规定的制品。

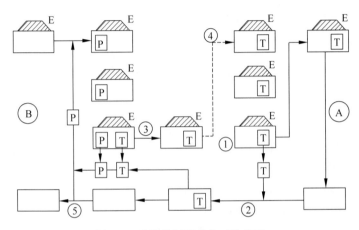

图 8-7 看板控制系统的工作流程

装配工序在组装产品时要用零部件 E。为此,在工作地 A 设有存放零部件 E 的容器,每一容器里都存放有预先规定数量的 E,并挂有传送看板 T。

当工作地 A 接到装配工作指令后,就将其中一个容器里的 E 拿出来组装产品(序号①)。一旦容器变空了,工人就将其返回工作地 B(序号②)。在工作地 B,工人将挂有生产看板 P 的装满零部件 E 的容器抽出,仔细核对 T 卡和 P 卡上的内容后,将 T 卡挂在装有 E 的容器上,而将 P 卡交给工作地 B 的操作者(序号③)。接着将装满零部件 E 的容器运到工作地 A(序号④)。

在工作地 B,操作者根据收到生产看板及容器的数量,开始加工零部件 E。完成加工任务后,将零部件 E 装入容器,并在每个容器上挂上 P 卡(序号⑤)。如果一个工作地承担几种零部件的加工,那么每种零部件都有自己特定的容器(可用不同颜色区别)和生产看板,这样不至于造成生产上的混乱。

整个生产过程就是按这样的方式逐步向前推进,直到原材料或其他外购件的供应点,如图 8-8 所示。

8.3.4 看板运行张数的计算

看板的运行是按发行看板张数来组织的,看板运行的张数可以由不同的方式求得。厂内看板运行的张数可用下面的公式计算:

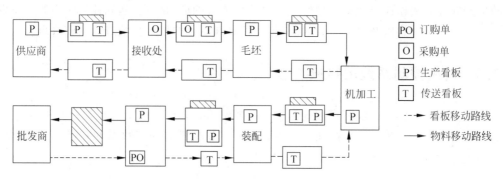

图 8-8 看板生产系统示意图

$$\begin{cases} N = N_P + N_M \\ N_P = \dfrac{D}{P} T_P (1 + A_P) \\ N_M = \dfrac{D}{P} T_w (1 + A_w) \end{cases} \tag{8-1}$$

式中：N_M——传送看板的数量；

N_P——生产看板的数量；

D——对某零部件的日需要量；

P——标准容器中放置某零部件的数量；

T_P——所需的加工时间（日），即生产看板的循环时间；

T_w——零部件的等待时间（日），即传送看板的循环时间；

A_w——等待时间的容差；

A_P——加工时间的容差。

例 8-1 对某零部件的需要量 $D=24\,000$ 件/天，标准容器放置该零部件的数量 $P=100$ 件/箱，每天实行一班制，8h 为一工作日。已知：$T_w=1h$，$T_P=0.5h$，$A_w=A_P=0.2$，求传送看板和生产看板的张数。

解

$$N = \dfrac{24\,000}{100} \times \dfrac{1}{8} \times (1+0.2) = 36$$

$$N_P = \dfrac{24\,000}{100} \times \dfrac{1}{16} \times (1+0.2) = 18$$

所以共需传送看板 36 张，生产看板 18 张。

如果看板管理系统延伸到了供应商那里，则外协看板张数由下式求出：

$$N = \dfrac{D}{b}\left[\dfrac{A}{B}(1+C) + \alpha\right] \tag{8-2}$$

式中：A——交货间隔期；

B——送货次数；

C——第 n 次收回上一次的看板；

α——保险库存天数；

其余符号意义同上。

按公式计算出来的看板张数,在实际执行中还应随现场管理的改善、工序内在制品的减少、停工因素的消除而逐步缩减。

8.3.5　看板管理的主要工作规则

看板管理的主要工作规则如下。
（1）无论是生产看板还是传送看板,使用时都必须附在装有零部件的容器上。
（2）必须由需方工序凭传送看板到供方工厂提取零部件,或由需方向供方发出信号,供方凭传送看板转运零部件。严格执行不见看板（信号）不传送的制度。
（3）要使用标准容器,不许使用非标准容器或者虽使用标准容器但不按标准数量放入。这样做可以减少搬运与点数时间,并可防止损伤零部件。
（4）当按生产看板加工零部件时,只生产一个标准容器所容纳数量的零部件,当容器装满时,一定要将看板附在标准容器上。
（5）不合格的零部件绝对不允许挂看板;没有挂看板的容器绝对不允许运走。

按照这些规则,就会形成一个十分简单的牵引式系统。每道工序都为下道工序准时提供所需的零部件,每个工作地都可以在需要的时候从其上道工序得到所需的零部件,使物料从原材料到最终装配的运动同步进行。做到这一点就可以消除过量生产,避免零部件积压造成的浪费。

以上讲到的是双看板系统,即由生产看板和传送看板构成。在有些情况下,如每天由同一工人加工同样的零部件,生产看板就不必要了。在日本企业中不用生产看板的情况是相当普遍的,这就是所谓的"单一看板系统"。只要工人知道某种零部件的加工数量不超过几个容器,是可以不用生产看板的。

应用单一看板要注意以下几个方面的问题：
（1）要采用标准容器;
（2）每个容器的零部件数必须准确一致,以便汇总和控制;
（3）工序入口处的容器数量最好是1,最多不能多于2个;
（4）容器中的零部件数量要少,以便一个工作日就能用完一个或数个容器;
（5）要减少调整时间,以便能以最小批量加工零部件。

8.4　组织无库存生产的基本条件

无库存生产是不同于传统生产组织方式的新概念。传统的生产组织思想认为库存是维持生产过程连续性的必要条件,是缓解生产过程中各种矛盾的缓冲剂。而无库存生产方式则认为,各种名目的库存是麻痹管理人员思想的麻醉剂,掩盖了生产中的各种矛盾,是导致企业效益低下的根本原因。因此,无库存生产致力于消除生产过程中各种浪费,充分暴露生产中的矛盾,力求解决出现的问题,并免于重犯。由于实施无库存生产方式给企业带来了巨大的效益（包括经济上和组织上的）,因而无库存生产方式受到越来越多的人的注意,成为现代生产管理领域中颇具影响力的生产计划与控制技术。无库存生产是不同于传统生产组织方式的新哲理,对我国许多企业管理者来说,无库存生产还是一个比较新的概念,因此,组织无库存生产需要从许多方面入手。

8.4.1 组织平准化生产

无库存生产是平准化生产。这里所说的平准化,就是物料流完全与市场需求合拍,并始终处于平稳的运动状态之中。从采购、生产到发货各个阶段的任何一个环节都要与市场需求合拍,否则将造成浪费。

组织平准化生产,首先要做到计划平准化。经验表明,计划平准化是实行无库存生产方式效果好坏的一个重要条件。日本许多采用了无库存生产方式的企业,在编制生产作业计划时,都采用了平准化生产的思想。它们的做法是,将一个月内的生产率与本月的期望需求率保持一致,并用月生产率决定该月内的每个工作日的生产率。例如,按市场需求某厂3月份要生产A、B、C 3种产品,产量分别为3000、2000、1000件。该月有25个工作日,每天实际工作7小时,则计划每天要出产6000/25=240(件/天),每小时出产34.29件产品,每件产品的平均出产节拍为1.75 min。具体到每种产品,各自的计划日出产量及生产节拍分别为:

A:3000/25=120(件/天);60×7/120=3.5(min/件)

B:2000/25=80(件/天);60×7/80=5.25(min/件)

C:1000/25=40(件/天);60×7/40=10.5(min/件)

如果下个月的需求量变了,仍应照此办法使月产量等于月需求量,并使每天的产量均匀。在实际生产中,经常会出现需求量不断变动的情况,这就给生产能力调节带来了问题,目前对这个问题还没有一个十分有效的标准做法,通常是通过加班或外包弥补能力不足。

平准化生产要求尽可能减少每种产品的生产批量,直到需要一台生产一台。传统的做法是在一定时间内集中生产一种产品,然后再转换成另一种产品。这是一种扩大批量的组织生产的方法,可以节省调整时间,对企业内部组织生产较为便利。但这种组织方法缺乏柔性,容易造成已生产出的产品暂时没人要,而顾客需要的产品又没有生产出来的现象,使企业丧失销售时机,导致失去市场。

如果减小批量,例如每天生产A产品120件,B产品80件,C产品40件,对于用户来说,无论需要哪一种产品,每天都可以得到。产品积压和短缺并存的现象就会得到改善。在生产率不变的情况下,完成一个月的生产任务就必须重复25次,这样一来,调整时间就为原来的25倍,要想避免这种损失,就要设法降低调整时间。

照此方法不断减少批量,最后达到一个极限,得到A—B—A—B—A—C这样一个循环流程。按这个循环流程重复投产,就可以达到生产平准化的理想状态。虽然这只是个理想状态,照此目标努力,就可以改进整个生产管理工作。

8.4.2 构造无库存制造单元

实行无库存生产第一步是"把库房搬到厂房里",使问题明显化。工人看到他们加工的零部件还没有为下道工序所使用时,就不会盲目生产,只有看到哪种零部件快要用完时,才会自觉生产。第二步是不断减少工序间的在制品库存,使"库房逐步消失在厂房中",以实现无库存生产。

为了推行无库存生产方式,需要对车间进行重新布置,一个重要内容就是建立无库存生产的制造单元。建立了无库存生产单元,才能实现零部件一个一个不停地流动。每个工作地都要设置一个出口存放处和入口存放处,要依据生产对象重新配置设备。为了避免零部件存放在车间带来的问题,对工作地要实行定置管理,并做出明显标记,使零部件从投料、加工到完工都有一条明确的流动路线。

无库存生产方式中常见的制造单元有两种形式。

1. C形制造单元

C形制造单元如图8-9所示。机器布置成一个圆周,操作工人沿圆周依次走过各台机床。人沿机器走一周的时间等于该工人在每台机床上操作时间之和,提高机器自动化水平,可以减少循环时间,工人利用机床自动走刀时间,可在其他机床上从事装卸作业,提高人机并行作业程度,从而缩短循环时间。单元内通过调整工装,可以加工不同零部件。

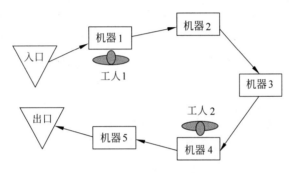

图8-9 C形制造单元示意图

提高生产率的另一个办法是增加操作工人。两人一前一后,形成你追我赶之势,可使工效大为提高。但这要求操作工人必须具备操作多机床的技能。

2. U形制造单元

制造单元也可以布置成U形,如图8-10所示。同样,U形单元可由一个多技能操作者从单元入口处依次操作所有机床,一直到出口处,然后再从入口处开始,如此循环往复。为提高效率,也可以安排两个或更多的工人,每人负责一定的工序,相互配合,可以提高单元的生产率。图中所示为两个工人的操作安排及行走路线。

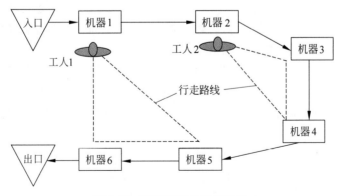

图8-10 U形制造单元示意图

可以把无库存生产制造单元看做一个同时可供多个工人进行多道工序加工的机器,一个单元只需要设置一个入口存放处和一个出口存放处,不必为每台机器单独设置入口存放处和出口存放处。

为了维持制造单元的生产率与产品装配的生产率一致,保证同步生产,要使制造单元的生产能力有富余。当生产率改变时,只要调整制造单元的工人数量就可以满足需要。无库存生产方式有一条重要原则,认为工人是最重要的资源,劳动力的闲置是最大的浪费。调整工人人数比改变机床数要容易得多,也迅速得多,再加上要求工人具有多项操作技能,这便使制造单元具有很大的柔性。

8.4.3 降低设备调整时间

按照无库存生产的思想,各工序只在需要的时间生产需要的品种和数量。它的极限状态是要达到只生产一件,只储备一件,只传送一件,所以工序间没有不必要的在制品。当生产系统按平准化组织生产时,品种间的更替很频繁,如果更换一个品种需要消耗很长的调整时间,当生产批量很小,产品更替频率很高时,设备调整损失时间就太多了,最终效果不一定理想。因此,为了提高系统的时间响应速度和生产时间利用率,必须大幅度降低设备的调整时间。

缩短设备调整时间可以采取以下几个方面的措施。

(1) 尽可能在机器运行时进行调整准备。利用机器正在加工 A 的走刀时间,可以为加工 B 做准备,将加工 B 所需要的工、夹、量、刀具准备好,在一定位置上摆放整齐。当机器加工完 A 一停下来,就马上拆卸加工 A 的工装,换上加工 B 的工装。这种方法简便易行,见效快。据资料介绍,日本一些企业采用这种方法,可使调整准备时间减少 50%。

(2) 尽可能消除停机时的调整时间。停机时要换工艺装备及机床附件,其中用于调整工装及机床附件的时间往往占了一半以上。如果从调整方法上改进,就可以消除停机时的调整时间,节省下另外 50% 的时间。

(3) 进行人员培训。企业要提供工人掌握减少调整时间技术的培训机会,鼓励工人在自己的工作地内不断改进操作,逐步减少调整时间。

(4) 对设备和工艺装备进行技术上的改造。

由丰田和大野耐一创造的 JIT 生产技术可以通过一个实例来说明。在大批大量生产方式下,制造汽车覆盖件的冲压模的更换是个很大的问题。由于精度要求极高,模具的更换既昂贵且费时,需要极高技术的工人来完成。为了解决这个问题,西方汽车制造商采用一组冲压机来生产同一种零部件,于是,他们可以实现几个月甚至几年不更换模具。对于 20 世纪 50 年代的丰田公司,这种办法却行不通,他们没有足够的资金来购买好几百台冲压机用于汽车覆盖件的生产,他们必须用少数的几条生产线生产所有汽车的冲压件。于是,大野发明了一种快速更换模具新技术 SMD(single minute of dies)法,这种技术使更换一副模具的时间从 1 天减少到 3 分钟,也不需要专门的模具更换工。随后,大野发现了一个令人惊讶的事实——小批量生产的成本比大批量生产更低。造成这种事实有两种原因:第一个原因是小批量生产不需要大批量生产那样大的库存(当然包括设备和人员);第二个原因是在装配前,只有少量的零部件被生产,发现质量问题或其他错误可以立即更止。而在大批量生产中,零部件总是被提前很多时间大批量地制造出来,零部件若有问题只有到最后装配时才会发现,造成大量的报废或返修。根据后一个原因,大野得出一个结论,产品的库存时间应控制在两个小时以内(JIT生产和零库存的起源)。而为了实现这个目标,必须有高度熟练的和具有高度责任感的工人组成的工作小组。但是,如果工人不能及时发现问题并随时解决,整个工厂的运行就会变得一团糟。

8.4.4 具有稳定的质量水平

这个问题很明显,如果质量水平低而且波动大,生产出的零部件总是废品,就会破坏平准化生产。因此,具有很高而且稳定的质量水平是推行无库存生产的重要条件。企业致力于提高产品加工质量,保证在需要的时间能够以100%的质量水准按时提供所需的品种和数量。

在JIT生产方式中,通过将质量管理贯穿于每一工序之中来实现提高质量与降低成本的一致性,具体方法是"自动化"。这里所讲的自动化是指融入生产组织中的这样两种机制。第一,使设备或生产线能够自动检测不良产品,一旦发现异常或不良产品可以自动停止设备运行的机制。为此在设备上开发、安装了各种自动停止装置和加工状态检测装置。第二,生产第一线的设备操作工人发现产品或设备的问题时,有权自行停止生产并查找原因。依靠这样的管理机制,不良产品一出现马上就会被发现,防止了不良产品的重复出现或累积出现,从而避免了由此可能造成的更大浪费。而且,由于一旦发生异常,生产线或设备就立即停止运行,比较容易找到发生异常的原因,从而能够有针对性地采取措施,防止类似异常情况的再发生,杜绝类似不良产品的再产生。

为了达到上述目标,JIT对产品和生产系统设计考虑的主要原则有以下三个方面。

(1) 当今产品寿命周期已大大缩短,产品设计应与市场需求相一致,在产品设计方面,应考虑到产品设计完后要便于生产。

(2) 尽量采用成组技术与流程式生产。

(3) 与原材料或外购件的供应商建立联系,以达到按JIT供应原材料及采购零部件的目的。

在JIT生产方式中,试图通过产品的合理设计,使产品易生产、易装配,当产品范围扩大时,要力求不增加工艺过程,具体方法有:①模块化设计;②设计的产品尽量使用通用件、标准件;③设计时应考虑易实现生产自动化。

JIT强调全面质量管理,目标是消除不合格品,消除可能引起不合格品的根源,并设法解决问题,JIT中还包含许多有助于提高质量的因素,如批量小,零部件很快移到下一工序,质量问题可以及早发现等。

8.4.5 具有多技能的操作工人

传统的生产系统中,工人都是按专业化技能训练的,有的专门操作某种机器,有的专门维修,有的专门负责调整设备,等等。专业化操作工人在从事本人的工作时可能效率很高,但一遇到其他问题则可能束手无策,这样就会给生产带来不利影响。例如,机器操作工发现设备可能有问题,他就会层层向上报告,等待维修工人来处理,如果维修工人一时不能来,整个工作就停顿下来了。无库存生产则要求把工人训练成能独立操作多种机器，能从事多种内容的工作，一个人可担当多种角色，如开机器、调整设备、质量检验、设备维护等。这不是说每个工人都要成为这几方面的专家，而是把多技能工人看做无库存生产的重要资源。由于可以避免多个专门技能工人之间的工作协调，减少了可能发生的中断或等待时间，提高了无库存生产系统的柔性。

多技能工人对整个企业是有利的。但是多技能工人的培养和训练给企业增加了困难。比如说，企业必须支付更多的费用和花费更多的时间用于职工教育。此外，从多技能工人这方面来看，也增加了他们的负担，如工作更紧张、学习内容更多等，对于即将退休的工人来说更是雪上加霜，造成了很大的心理负担。这些问题都必须在推行无库存生产中妥善解决，否则会遇到很大阻力。

无库存生产要求企业具有一定数量的多技能工人，以便在实行无库存制造单元时能有符合要求的多技能的操作工人。多技能工人是实行无库存生产方式的重要资源。制造单元的柔性在很大程度上取决于系统内操作工人掌握技能的水平和熟练程度。具有多技能的操作工人能迅速适应加工对象的变化，因此，培养一批具有多技能操作的工人队伍是无库存生产的基础。

8.4.6　保持各生产单元之间的物流平衡

对一个企业来说，并不是所有零部件都能适应无库存制造单元生产方式，准时生产制的发源地丰田公司也只有60%的零部件能采用看板管理。这说明，在一个企业内同时并存着各种类型的制造单元，因此，寻求各单元之间的平衡就成为保证顺利推行无库存生产方式的一项重要工作。按照消除过量生产的思想，在各单元之间应着重保持物流的平衡，而不能寻求各单元的能力平衡。如果以能力平衡为目标，生产能力高的制造单元就会生产出过剩的在制品，显然这有违无库存生产的宗旨。因而，无库存生产方式应追求各制造单元之间的物流平衡。

8.4.7　预防性设备维修

无库存生产系统只为下游工作地保持很少的在制品，设备一旦出故障，就会立刻影响整个生产过程。为了消除设备故障造成的影响，要采用预防性维修策略。在设备没有出现故障之前，及时更换已磨损或已近老化的部件，把设备故障消灭在萌芽状态。设备操作者要担负起设备的日常养护的任务。

即使采取了预防性维修，设备也有偶然发生故障的情况。为了在偶然出现故障后能迅速恢复生产，要有一定数量的维修备件库存，并建立一支快速抢修队伍。必须注意，采取这些措施都会增加企业支出，因此要严格控制其规模和数量，避免走向另一个极端。

事实上，如果设备经常出现故障，这本身就意味着有进一步改善管理的余地。通过分析故障原因，采取必要的预防措施，防止类似重复出现，这样就可以不断提高设备完好率，为无库存生产打下基础。

8.4.8 部门间的合作精神

无库存生产方式要求在工人和管理人员之间、生产企业和供应商之间具有良好的合作精神。没有合作精神，无库存生产就不可能取得实效。无库存生产在日本取得了巨大成功，在美国推行起来则困难重重，这与日本和美国的文化差异不无关系。日本人的团结合作精神是无库存生产的基础，美国人的个人至上主义则是无库存生产的最大障碍。这说明在推行无库存生产中，要把相互之间的合作精神放在第一位，员工之间要相互了解，相互配合。

8.4.9 与供应商形成合作伙伴关系

在无库存生产的采购中，与供应商建立良好的关系是十分重要的。企业改变了过去多家供货的做法，把重点放在选择少数信誉好的供应商建立长期的紧密联系。供应商也希望能与厂家有长期的合作，这样一来他就愿意投资改造自己的生产系统，使之符合购买厂家的要求。如果没有长期稳定的合作关系，供应商是不敢大胆投资的。在无库存生产方式下，价格已成为第二位的了，重点放在高品质、准时、高柔性、快速反应等几个关键要素上。

汽车制造包括生产超过 10 000 个零部件，并把它们组装成 100 多个主要部件，最后组装成产品。要使所需要的零部件具有高的质量、低的价格，并在正好需要的时间到达装配工位，这是一个复杂的供货大系统。在大批量生产厂，最早的企图是建立一个集权的订货系统，所有订货命令都来自最高决策者。但是，即使是斯隆创造的管理方式也无法圆满解决这个问题。因此，零部件应自制还是外购，是大批量生产厂至今尚未从理论上解决的问题。但大野和他的同事们却在考虑其他解决方法，他们认为解决汽车总装的货源时，不论总装厂和协作厂的法律关系如何，问题的实质在于双方共同努力，顺利合作，以降低成本、提高质量、共同受益。

在美国汽车公司里，汽车上的 1 万多个零部件和总成，都是由公司总部的技术人员负责设计的，然后由公司把图纸交给协作厂，再采用招标的方式选择合作厂家。在所有投标单位中，报价最低、质量满足要求、交货时间短的中标。汽车厂和协作厂之间的关系属于临时性质的，因为汽车厂常常在协作厂之间变动订货单，事先并不通知对方。当汽车工业的市场出现衰退时，每个公司都各自为自己打算，都以短期行为来处理业务上的联系。

而丰田公司采取的却是另一种办法，把厂内自制的配套部分也分离出去，成为准独立的第一层次的协作单位，丰田公司保留了一部分股份。丰田公司与它们的关系，就和其他协作厂一样。这样经过一段时间，丰田公司与第一层协作厂之间都相互有对方的股份。此外，丰田公司还和它的协作厂（集团）在人员方面进行交流。当短期内负荷太大时，把自己的人员借给协作厂，有时，把丰田公司的高级管理人员输送到协作厂去担任高级职务。同时，各协作单位都需密切参与丰田的新产品开发，持有丰田公司和丰田集团其他成员的股份。这样，各协作厂与丰田公司之间互相依赖、生死与共。于是，丰田公司内部推行的一些管理体制，像 JIT，也可以推行到其协作单位，构成一个一坏套一坏的有机整体。在这种环境下，丰田公司以天为基础的实时供货制才得以顺利推行。只有当下一个工序需要时才向上一个工序提出供货要求，上道工序可以在极短的时间内制造出所需要的零部件并恰好在需要时送到下道工序。这就是著名的"拉动"式实时供货系统。与大批量生产中的"推动"式(采用 MRP Ⅱ 系统)具有本质性的区别。但是,这种系统的推行既很困难又面临着极大的风险,因为它几乎取消所有库存,当一个很小的部分发生故障时,整个生产系统都会停止运行。但对于大野,他认为这正是 JIT 系统的优越性所在,由于取消了所有的安全措施,它就要求所有的人都时刻密切注意寻找系统可能出现的问题,将它们消灭在"萌芽"状态。

8.5 JIT 在生产物流组织中的应用

以上几个方面的讨论表明,对市场需求做出快速响应是供应链获取竞争优势的主要因素之一。而要获得这种优势,供应链系统的物流能力是关键,它决定着物流响应速度的快慢。物流的快速响应来自对供应链物流资源的整合,进而实施以时间为基础的物流过程管理。为了实现物流系统的领先优势,运作管理的重点应从单纯以成本为基础转移到以反应速度为基础的运作理念上来。

8.5.1 需求拉动式的准时物流管理

随着市场变化和客户需求多样化的不断加剧,基于时间的物流管理模式更多地偏向需求拉动。需求拉动的物流管理方式最适宜在要求独立的情况下应用。换句话说,不管市场发生什么变化均能对其做出最恰当反应的物流管理方式,可以被归类为需求拉动。通常应用较多的有准时生产制(JIT)、快速反应(quick response,QR)、持续补充库存(continuous replenishment,CR)和自动补充库存(automatic replenishment,AR)等。

如前所述,JIT 具有特别吸引力的地方之一在于它强调消除浪费的理念,即超出产品或零部件增加价值所需的绝对最小数量的部分,都是浪费。JIT 的这种理念有效地消除了在工作过程中的库存,采用的方法是下道工序拉动上道工序的引导式的采购或/和生产。在完成装配生产计划所需的精确数量方面,"准时战略"的应用集中于将原材料和部件以准确的数量,在准确的时间内,运到准确的地点。实施 JIT 物流战略,可根据具体的需要使得生产所需的部件和原材料准时到达,从而减少由于过早或过晚送达到生产工序所在地引起的不必要损失。

8.5.2 准时采购

准时采购即 JIT 采购,是一种先进的实现 JIT 哲理的采购模式。它的基本思想是:在恰当的时间、恰当的地点,以恰当的数量、恰当的质量提供恰当的物品。它是从准时生产发展而来的,是为了消除库存和不必要的浪费而进行持续性改进。要进行准时化生产必须有准时的供应,因此准时化采购是准时化生产管理模式的必然要求。它和传统的采购方法在质量控制、供需关系、供应商的数目、交货期的管理等方面有许多不同,其中关于供应商选择、建立战略合作伙伴关系、采购质量控制是其核心内容。

准时采购(JIT 采购)对于 JIT 的实施有重要的意义。准时化采购不但可以减少库存,还可以加快库存周转,降低提前期,提高采购的质量,获得满意交货等效果。

要实现JIT生产,采购方式就必须是并行的,当采购部门产生一个订单时,供应商即开始着手物品的准备工作。与此同时,采购部门编制详细采购计划,制造部门也进行生产的准备过程,当采购部门把详细的采购单提供给供应商时,供应商就能很快地将物资在较短的时间内交给用户。当用户需求发生改变时,制造订单又驱动采购订单发生改变,这样一种快速的改变过程,如果没有准时的采购方法,企业的JIT系统很难适应这种多变的市场需求,因此,准时化采购增加了企业的柔性和敏捷性。

要实施准时化采购法,以下三点是十分重要的。

(1) 选择最佳的供应商,并对供应商进行有效的管理是准时化采购成功的基石。

(2) 供应商与用户的紧密合作是准时化采购成功的关键。

(3) 卓有成效的采购过程质量控制是准时化采购成功的保证。

在实际工作中,如果能够根据以上三点开展采购工作,那么成功实施准时化采购的可能性就很大了。

8.5.3 第三方物流企业直送工位

1. 第三方物流企业直送工位产生的背景

在市场需求快速多变、客户个性化要求日益苛刻的情况下,通过供应链协同运作可以有效缩短响应时间、降低物流成本和满足多样化的需求,从而增强供应链的竞争力。第三方物流企业(3PL)按照JIT的要求直送工位作为企业生产物流运作的一种新方式,引起了企业界和理论界的广泛关注。

第三方物流企业直送工位一般指在位于产品制造商附近,设立由第三方物流企业管理的集配中心(3PL-HUB),用于储存来自上游供应商的所有或部分供应物料,第三方物流企业根据制造商的日装配计划将物料分拣出来后直接送往制造商的生产工位。它主要关注的是供应链中产品制造商(通常是供应链的核心企业)的进向生产物流(inbound logistics)。3PL-HUB直送工位对于整个企业JIT生产模式的实施和快速响应顾客需求的运作具有重要的意义,因此成为近年来快速发展的一种供应链协同运作的新方式。3PL直送工位的发展可以从供应商管理库存(vendor managed inventory,VMI)模式谈起。

VMI是供应链环境下一种先进的库存控制的技术和方法,它对于促进供应链系统的同步优化,降低供应链不确定性对库存的影响等具有较重要作用。但是VMI的实施过程中,并非所有的VMI项目都是成功的,因为VMI的实施存在一定难度。

首先,VMI在有些供应链管理的实施过程中,供应链的成本并没有得到有效降低。有些制造厂商对原材料、零部件实施所谓的JIT管理,实际上是将原材料、零部件库存成本和风险转移到了供应链上游众多的供应商处。供应商为了应付不确定性往往会持有过多的安全库存,从而使得供应链库存成本并不能真正降低。

其次,在一些产品生命周期很短的行业,如电子产品行业,为了敏捷地响应客户需求和保持行业竞争力,供应商不仅要尽可能地减少原材料、零部件的库存,而且要能实施JIT配送支持核心企业的JIT生产。但在VMI模式下,管理库存和实施及时配送并非供应商的核心竞争能力,因此往往不能很快响应需求的变化,及时提供制造商所需要的零部件。

最后,在 VMI 方式下,一些大型的制造厂商附近往往有数目庞大的供应商零部件仓库,由于这些仓库分属于不同的零部件生产厂,仓库的条件、管理人员的素质参差不齐,这样制造商需要处理与供应商的繁杂的业务关系,增加了制造商运作管理上的成本。

在这样的背景下,出现了基于第三方物流企业的 VMI 实施模式。由一个第三方物流企业提供统一的物流和信息流平台,该平台可以为众多供应商实施 VMI 提供支持,并且可以由第三方物流企业代各个供应商完成向制造商生产线准时送料。这种方式逐渐演变成由第三方物流企业直送工位模式,后来称之为 3PL-HUB。3PL-HUB 不仅将核心制造企业的部分或全部供应商库存集中控制,从而更大程度上降低供应链库存,减少不确定性,而且通过第三方物流企业将各种零部件直送生产工位的协同运作,使核心企业和供应商可以集中于自身的产品研发和生产等核心业务,更快地响应客户需求。

2. 第三方物流企业直送工位的运作特点

第三方物流企业直送工位主要的运作特点是:基于高度的信息共享,以核心制造企业的 JIT 生产方式,拉动第三方物流集配商的 JIT 同步物流活动,再以 3PL-HUB 关于各供应商的库存状态和补货信息拉动供应商的生产,从而实现供应链的协同运作。其主要的活动包括第三方物流集配商对核心制造企业所需原材料、零部件等物料的集中入库和管理活动,以及按照核心制造企业物料需求计划的直送工位活动。

(1) 第三方物流集配商将来自各地的不同供应商的原材料零部件集中管理。供应商可以自行将零部件送到集配中心,也可以是集配商上门取货。上门取货的优点在于众多供应商的原材料、零部件可以在集配中心进行集中入库。在 3PL-HUB 运行的过程中,第三方物流企业从核心制造企业的需求信息的发布开始,到供应商零部件的发运和入库,实行全程的跟踪,确保准时供货,尽量减少供应物流环节的不确定性。

(2) 第三方物流集配商对暂存的物料进行集中库存控制和仓储管理。集配中心向供应商及时提供库存动态信息,使供应商能够根据零部件的特点制定不同的安全库存和提前期策略,从而有效利用存储空间,降低库存成本。

(3) 第三方物流集配商与核心制造企业合作,共同开展质量检验活动。

(4) 第三方物流集配商承担直送工位的任务。根据核心制造企业的物料需求的周或日计划,制订相应的配送计划,将集中入库的原材料、零部件进行分类、拣选、组装、排序后直送核心制造企业的零部件缓存区域,然后根据生产线工位旁料架上零部件的实际消耗情况,从缓存区域的零部件超市中将所消耗的相应数量和品种的零部件直接送到对应工位。

3. 实施第三方物流企业直送工位的关键问题

第三方物流企业直送工位活动的成功开展需要注意解决好一些关键问题。

(1) 生产或者供应的规模经济。当生产厂商所需要的原材料供应规模较大时,通过 3PL-HUB 进行集中的库存管理、JIT 配送以及直送工位的成本才会有所降低,这样才会通过规模经济效应降低整个供应链的成本。

(2) 至少一定数量的供应商在地理上远离制造厂商。如果供应商离制造厂商较近,供应商自己可以将原材料直送工间,可以不需要 3PL-HUB 就能有效地支持 JIT 生产。当制造厂商全部或至少部分的供应商远离制造厂商时,如果还是采用供应商直送工位供应,供应商每天多次的直送工位活动很难以较低的成本运作,但是供应商直接将原材料、零部件送达第三方物流集配中心,由其进行第三方物流企业直送工位,是一种更好的选择。

(3) 需要先进的信息技术支持。第三方物流企业直送工位过程中,供应商、第三方物流集配中心、制造商之间要求及时共享信息,需要 EDI、Internet 等信息技术的支撑,才能实施供应链的同步运作。

(4) 第三方物流企业具有较强的物流运作能力。因为从需求计划的发布,到原材料的入库管理,第三方物流企业需要全程跟踪,确保零部件及时入库,维持低库存的运作,保证不缺货,同时根据生产企业的日需求计划将品类繁杂的零部件适时送达生产工位,整个运作是一个环环相扣的供应链协同或同步化运作过程,需要第三方物流企业具有很强的整体运作能力。

(5) 有效的供应链协同平台。供应链管理平台是第三方物流企业直送工位活动开展的关键之一。供应商、第三方物流企业以及核心制造企业之间的信息共享和协同运作主要通过此平台进行。供应链管理平台要与核心企业的 ERP 系统有效衔接,制造商可以在平台上发布生产需求计划,与供应商进行信息共享,实现供应商评价、结算信息查询以及生产/质量/人员/库存监管等功能。同时供应链管理平台也要与第三方物流企业信息系统有效衔接,第三方物流仓储管理系统将各种物料的库存状况发布到平台,核心制造企业从协同平台上获取各种物料的库存状况,运行 MRP 后产生的周需求计划和日需求计划,通过协同发布给第三方物流企业,据此制定配送计划,将各种物料直送工位。

从生产的特点而言,采用第三方物流企业直送工位模式的生产主要以加工装配式生产为主,采用 JIT 生产方式,生产类型为多品种、小批量混流生产,或者 BTO 模式等,通过第三方物流企业直送工位可以更好地支持顾客化定制的生产,及时响应客户需求。采用第三方物流企业直送工位的行业包括 IT 业、工业仪器、计算机以及外围产品、电子通信和电子设备、汽车制造业等。

小结与讨论

JIT 生产方式是不同于传统生产组织方式的新概念。传统的生产组织思想认为库存是维持生产过程连续性的必要条件,是缓解生产过程中各种矛盾的缓冲剂。JIT 生产方式则认为,各种名目的库存是麻痹管理人员思想的麻醉剂,掩盖了生产中的各种矛盾,是导致企业效益低下的根本原因。因此,JIT 致力于消除库存,消除生产过程中各种浪费,充分暴露生产中的矛盾,力求解决出现的矛盾,并免于重犯。由于实施 JIT 给企业带来了巨大的效益(包括经济上和组织上的),因而 JIT 受到越来越多的人的注意,现在已和 ERP、OPT 一起,成为现代生产管理领域中三种颇具影响力的生产计划与控制技术。随着供应链管理的发展,JIT 的思想也被引入到供应链管理中来,特别是供应链中的物流管理,出现了以 3PL-HUB 为代表的运作方式,比较有效地解决了加工-装配式企业对生产物流的整合,这将成为一个新的物流管理方式。

思考题

1. 怎样理解准时生产制的思想？
2. 有人说,准时生产制是一种新的生产哲理,你对此如何理解和评价？
3. 比较"推进式"和"牵引式"两种生产系统的特点。
4. 何谓看板管理？它的作用是什么？看板管理是如何运行的？
5. 组织 JIT 生产方式需要具备哪些基本条件？应该如何满足这些要求？

练习题

1. 工作中心 A 生产的零部件将送到工作中心 B 再进行加工。看板系统使用的容器可以装 100 个零部件。工作中心 B 对这种零部件的总需求率为 4.5 个/min,表 8-1 表示了零部件在每个工作中心的启动时间、处理(加工)时间、运送时间和等候时间。

表 8-1　工作中心运转数据　　　　　　　　　　　　　　min

	工作中心 A	工作中心 B		工作中心 A	工作中心 B
启动时间	4	3	运送时间	2	6
每个零部件处理时间	0.1	0.4	等候时间	10	20

(1) 在这两个工作中心之间需要多少容器？

(2) 假设还有另外两个可用的容器(不需要另外的成本)。如果这两个工作中心打算使用这两个容器,那么每分钟流经这两个工作中心的最多的零部件数量应该是多少？工作中心能否处理每分钟 8.5 个零部件的需求？

2. 一个机器目前启动时间为 2h,启动成本根据所需劳动力和损失的机时计算为每小时 10 美元。存储一年零部件的仓储费为零部件成本的 25%。机器每小时可生产 100 个零部件。假设工厂每年运作时间为 2000h,每个看板容器的循环时间为 24h。制造每个零部件的成本为 50 美元,对这种零部件的需求为每年 100 000 个。

(1) 这种零部件的 EOQ 是多少？

(2) 对(1)中的生产批量,需要多少个看板容器？

(3) 如果把启动时间减少到 10 min,将会产生什么影响？重新计算 EOQ 和所需看板容器的数量。

案例　到底该怎样看待JIT?

1. 被扭曲的 JIT

通过精益生产,无论是零配件企业,还是总装企业都正在让自己摆脱被动,获得主动。在国内,JIT 似乎成了某些总装厂压榨零配件供应商利润、降低自己库存的工具。

"迟到1分钟，罚款500美元。"这可不是用来约束员工上班的考勤制度，而是某汽车总装厂用来约束其零配件供应商供货的。现在，制造企业对其零配件供应商几乎都有类似的要求，为的是实现准时制供货和制造。

JIT的基本思路就是用最准时、最经济的生产资料采购、配送，以满足制造需求。"有些总装厂借着JIT的由头，把库存压力毫不留情地转嫁到我们头上。"私下里一些零配件厂商很气愤地表示道。

零配件商之所以将怨气撒在JIT身上，是因为在引入JIT模式前，总装厂与零配件企业之间采用的是入库结算方式；而在引入JIT模式后，总装厂又引进了"上线"和"下线"两种新的结算法——零配件上生产线时或在生产线上被装配为合格成品入库时才结算。显然，对总装厂来说，这三种结算方式能使它们的库存资金递减，"下线"结算甚至可以让它们的原材料库存真正变为零。按理说不同的结算方式，零配件的价格应该不一样，但据相当一部分国内零配件厂商透露，即使面对下线结算方式，他们也难有讨价还价的能力，因为"这是一个整车为王的时代"。一些总装厂在自己内部生产尚缺乏计划和控制时，却偏偏要求与供应商实行下线结算，零配件厂送来的产品在总装厂甚至能被搁置数周。"反正也不是它们的库存，它们一点也不心疼。"一些零配件厂商很无奈地说。总装厂却因为没有库存压力显得颇为轻松，一位总装厂的物流经理说："现在，我们没有原材料库存的压力了。"在国内的供应链上，JIT似乎成了某些总装厂压榨供应商的工具。

2. 这样的JIT还能走多远？

"这是危险之举，不仅害人，更重要的是最终会害自己。"一位曾在福特公司从事过多年管理工作的专家痛心地说。他认为，"国内某些企业在学习先进经验时，只学了形式，而没抓住本质，甚至走到了反面"。

这位专家的"害己"之说，并非危言耸听。

从目前国内的一些JIT的"得意"案例可以很明显地看出，在那些供应链上，库存并没有减少，反而增多了，且由总装厂向零配件企业转移。这样的转移也许令总装厂感到满意——"反正库存不在我这儿，我的成本降低了。"但是一个产品是供应链的集体结晶，其价值和价格是由供应链的整体价值决定的，如果供应链的整体库存没有降低反而增加，产品的整体成本就不可能降低，只不过由于成本转移，使得利润砝码向总装厂倾斜，给他们造成了成本降低的假象。

供应链的本质是相互配合、共生共赢，如果总装厂执迷不悟地继续榨取供应链上游的利润，那么零配件厂商要么选择退出，要么被压死，或者选择偷工减料。到那时，总装厂还能高枕无忧吗？

扭曲的JIT带给总装厂的长远灾难还不止于此。如此一个原材料库存为"零"的"温水池"，会让那些躺在其中的总装企业变成"青蛙"，这种貌似降低的成本会让它们因为没有库存压力而变得忘乎所以。在缺少成本约束的情况下，它们很难自发地产生改善内部管理的动力。可以想象出一个具有十足优越感、巨大惯性、死水一潭的企业的最终结局——与被它压榨干的供应商们一起死去。在我国的手机和家电市场，这样的例子并不罕见。

3. 江汽JIT

值得庆幸的是，国内一些总装厂已经意识到了这种危险，开始"逆流"而动，把库存压力从供应商那里"拿"回来。安徽江淮汽车集团有限公司（江汽）就经历了一次这样的转变。

前几年，它们和其他汽车生产厂家一样，与供应商之间改为"上线"结算模式，并从中尝到了减少库存的甜头。2002年，江汽瑞风商务车分公司上ERP之初，在设计系统方案时，有人提出把结算方式进一步改为"下线"结算，并希望得到信息系统的支持。对此提议，时任江汽ERP项目实施顾问的梯升资讯公司执行总监唐明却提出了不同的思路。他指出："在企业没有练好内功时，进行下线结算并不是降低库存的先进方式，而是慢性毒药——它在给供应链上游加大负担的同时，将给江汽的管理带来严重的负面后果，最终会导致整个供应链和产品的竞争力下降。"

唐明的看法在当时显然不合潮流，但江汽的管理层居然接受了他的意见。江汽集团董事长左延安一直非常看中供应链的整体竞争力。结果ERP系统在江汽上线后，瑞风商务车分公司"倒退"回去，与供应商重新采用入库结算模式。"这样，我们的库存压力又回来了。ERP系统的实时成本数据每天都在敲打着我们。"江汽集团物流经理龙凯峰感慨地说："我们就不得不每天都琢磨如何降低成本。从前可不是这样，那时的浪费惊人，因为总觉得浪费的不是自己的东西。"

其实，龙凯峰每天在琢磨的如何减少库存的门道就是精益生产的一部分内容。精益生产的精髓就是减少浪费以降低成本，降低偏差以提高质量，提高效率以最终满足客户。通过精益生产，企业可以实现产品质量优质、成本低、送货及时。显然，JIT只是精益生产的自然结果之一，并不是降低库存的手段。

通过精益生产，无论是零配件企业，还是总装企业都正在让自己摆脱被动，获得主动。因此，它们与供应链伙伴之间的JIT合作是自然形成的。这与那些只想转移库存而不想修炼内功的企业用JIT"逼"合作伙伴完全不同。真假之间，两者的区别昭然若揭。

问题：

江汽JIT实施策略的实质是什么？

第 9 章 TOC 理论及其物流管理

从提高企业运作管理绩效的手段来看,除了前面谈到的 ERP 和 JIT 以外,还有资源约束理论(theory of constraints,TOC)及其相关的最优生产技术(optimized production technology,OPT)。约束理论是以色列科学家 Eliyahu Goldratt 率先提出的一种系统化的企业运作管理新思想。约束理论认为现实世界中企业的生产系统是一个相互依赖的资源链,在所有输入到生产系统的资源中,只有很小一部分资源控制着整个生产系统的有效产出,具有这样特点的资源就是瓶颈资源。认识到瓶颈资源的影响对于有效抓住管理的核心要素很有意义。TOC 理论提出不久就广为流传,成为 ERP 和 JIT 之外的一种新的运作管理模式。

9.1 TOC 的基本思想

9.1.1 约束理论的产生

20 世纪 70 年代,以色列物理学家 Goldratt 博士和其他三个以色列籍合作者研究出了用于企业运作管理的新方法——最优生产技术。最初 OPT 是 optimized production timetable 的缩写,指的是最优生产时间表,到了 20 世纪 80 年代才改称 optimized production technology,即最优生产技术。后来 Goldratt 又进一步将它发展成为约束理论。OPT 提出后得到了企业管理的研究者和实践者的认同,在全球范围内的影响不断扩大,取得了令人瞩目的成就。TOC/OPT 是继 MRP Ⅱ/ERP 和 JIT 出现之后的又一项组织生产运作的新方式。

约束理论是在 OPT 基础之上发展起来的。Goldratt 等在 1979 年下半年把 OPT 带到美国,成立了 Creative Output 公司。在接下来的 7 年中,OPT 应用软件得到了进一步发展,同时 OPT 管理理念和规则(如"鼓点—缓冲器—绳子"的计划、控制系统)也成熟起来。但是,Creative Output 公司的发展并非一帆风顺,其间几起几落,最后关闭了。OPT 软件的所有权转让给一家名为 Scheduling Technology Group 的英国公司。1986 年后半年,Goldratt 博士和 Robert E. Fox 共同创立 Goldratt 研究机构,专门从事在全球推广 TOC 理论和工作。

TOC 首先作为一种制造管理理念出现。*The Goal*、*The Race* 这两本最初介绍 TOC 的书引起了读者的广泛兴趣和实施这套理念的热情。TOC 最初被人们理解为对制造业进行管理、解决瓶颈问题的方法,后来几经改进,发展成以"产销率、库存、运行费"为基础的指标体系,逐渐成为一种面向增加产销率而不是传统的面向减少成本的管理理论和工具,并最终覆盖到企业管理的所有业务职能领域。

最优生产技术，作为一种新的生产方式，吸收了 MRP 和 JIT 的长处。其独特之处不仅在于提出了一种新的管理思想，而且在于它有一套支持这种思想的软件系统。TOC 理论和 OPT 管理方法及支持软件是 OPT 的两大支柱。

9.1.2 OPT 的几个主要概念

1. 瓶颈

任何一个企业都可以看做将原材料转化为产品的系统。在这个系统中，制造资源是关键的部分。通常，制造资源指的是生产产品所需的机器设备、工人、厂房和其他固定资产等，有的情况下也包括资金、信息等其他类型的资源。

由于生产过程是一个动态的过程，各种因素（包括需求在内）随时都在变化，使得生产能力与市场需求的绝对平衡在实际中是做不到的。因此，在生产过程中必然会出现有的资源负荷过大的地方，即变为瓶颈。这样，企业的制造资源就存在瓶颈与非瓶颈的区别。

按 OPT 的定义，所谓瓶颈（或瓶颈资源），指的是实际生产能力小于或等于生产负荷的资源，这一类资源限制了整个生产系统的产出速度。其余的资源则为非瓶颈资源。

因此，要判别是否瓶颈，应从资源的实际生产能力与它的生产负荷（或对其的需求量）来考察。这里说的需求量不一定是市场的需要量，而是指企业为了完成其产品计划而对该资源的需求量。

假设某产品 P 的生产流程如下：

原材料 → A → B → 市场
　　　 15件/周　20件/周　25件/周

已知市场需求为每周 25 件；机器 A 的生产能力为每周生产 15 件；机器 B 的生产能力为每周生产 20 件。

在这里，如果相对市场需求来说机器 A 与机器 B 都应该为瓶颈。但根据 OPT 的定义，只有机器 A 为瓶颈，因为机器 B 的生产能力虽然每周只有 20 个单位，但每周只能接到机器 A 所能生产的 15 个单位的半成品，即机器 B 的生产能力超过了对其的需求量，为非瓶颈。如果企业为了打破瓶颈的约束，又购买了一台机器 A 以增加其生产能力，这时机器 A 的产出率为 30 件/周，则机器 B 成为系统的瓶颈。因为在这个时候，两台机器 A 每周能生产 30 件产品，但机器 B 每周只能生产 20 件产品，小于市场每周 25 件产品的需求量。从这个例子中可以看出，生产能力小于市场需求的资源，按 OPT 的定义不一定为瓶颈。

根据以上观点，任何企业只应该存在着少数的瓶颈资源。按 OPT 的观点，瓶颈资源的数目一般小于 5 个。瓶颈与非瓶颈之间存在着 4 种基本关系，如图 9-1 所示。它们分别是：从瓶颈到非瓶颈资源（见图 9-1(a)）；非瓶颈到瓶颈资源（见图 9-1(b)）；瓶颈资源和非瓶颈资源到同一装配中心（见图 9-1(c)）；瓶颈资源和

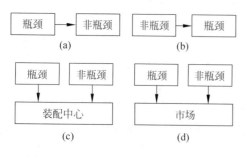

图 9-1　瓶颈资源与非瓶颈资源的关系

非瓶颈资源相互独立(见图9-1(d))。

2. 关键资源网络和非关键资源网络

关键资源网络是由瓶颈工序开始一直到最终装配工序的路线及其相关边缘节点组成的网络，其他的工序则组成非关键资源网络，如图9-2所示。为了尽可能使关键资源网络的利用率达到最高水平，一般会在关键资源网络和非关键资源网络交界的地方设置安全缓冲库存。

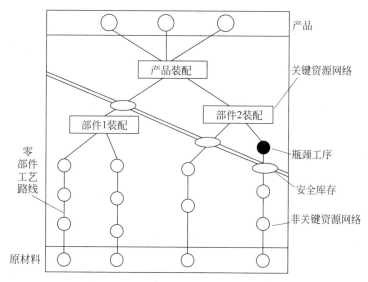

图9-2 关键资源网络和非关键资源网络

9.1.3 TOC的基本思想

TOC认为，对于任何一个由多阶段构成的系统来讲，如果其中一个阶段的产出取决于前面一个或几个阶段产出的话，那么，是那个产出率最低的环节决定着整个系统的产出水平。换句话说，一个链条的强度是由它最薄弱的环节，即"瓶颈"来决定的。

瓶颈可以来源于企业内部，也可以来源于企业外部。一般来说，瓶颈有三种类型：资源（resources）、市场（markets）和法规制度（policies）。例如，企业为了达到环保法规的要求，要进行相应的三废处理，这自然会导致运行费的增加，那么，环保法对于企业来讲就是一个法规瓶颈。由于法规自身所具有的强制性，企业对来自资源和市场的瓶颈进行改造的可能性要大得多。下文就以企业生产环境为例，对这两种瓶颈进行说明。

一般地，任何一个企业在将原材料转化为产品的过程中，生产产品所需的各种资源是关键部分，如机器、工人、厂房和其他固定资产等。按照通常的假设，在设计一个企业时，可以使生产过程中各阶段的生产能力协调一致，即达到能力的平衡。但这只是一个理想的状态。因为，生产是一个动态的过程，随机波动时时存在，能力平衡在实际中实现起来极其困难，也可以说是达不到的。因此，生产过程中必然会出现某些资源负荷过多，成为"卡脖子"的地方，即"瓶颈"。

所以，在企业的整个经营业务流程中，任何一个环节只要阻碍了企业去更大程度地增加有效产出,或减少库存和运行费,那么它就是一个"瓶颈"。一个企业要想获得最大的产出,首先必须找出哪一个环节构成了"约束",然后针对该瓶颈资源提出改进或者打破瓶颈的办法,提高瓶颈环节的产出率,从而达到从整体上提高系统产出的目的。

9.1.4 OPT 的目标

OPT 的倡导者认为,任何制造企业的真正目标只有一个,即在现在和将来都能赚钱。要衡量一个企业是否能赚钱,通常采用以下 3 个指标。

(1) 净利润(net profit,NP)。即一个企业赚多少钱的绝对量,净利润越高的企业,其效益越好。

(2) 投资收益率(return on investment,ROI)。表示一定时期的收益与投资的比。当两个企业投资大小不同时,单靠净利润是无法比较它们效益的好坏的。

(3) 现金流量(cash flow,CF)。表示短期内收入和支出的钱。没有一定的现金流量,企业也就无法生存下去。

但是,以上 3 个指标不能直接用于指导生产,因为它们太一般化。例如,究竟采用多大的投入批量为好是无法直接从这 3 个指标作出判断的。因此,需要一些作业指标作桥梁。如果这些作业指标好,以上 3 个指标就好,则说明企业赚钱。

按照 OPT 的观点,在生产系统中,作业指标也有 3 个。

(1) 产销率(throughput,T)。按 OPT 的规定,它不是一般的通过率或产出率,而是单位时间内生产出来并销售出去的量,即通过销售活动获取金钱的速率。生产出来但未销售出去的产品只是库存。

(2) 库存(inventory,I)。正如前面章节介绍的,库存是一切暂时不用的、用于将来目的的资源。它不仅包括为满足未来需要而准备的原材料、加工过程中的在制品和一时不用的零部件、未销售的成品,而且还包括扣除折旧后的固定资产。库存占用了资金,产生机会成本及一系列维持库存所需的费用。

(3) 运行费(operating expenses,OE)。指生产系统将库存转化为产销量的过程中的一切花费,包括所有的直接费用和间接费用。

按照 OPT 的观点,用这 3 个指标就能衡量一个生产系统。如果从货币角度考虑,T 是要进入系统的钱,I 是存放在系统中的钱,而 OE 是将 I 变成 T 而付出的钱。

现在我们来分析 3 个作业指标与 NP、ROI、CF 的关系。

当 T 增加,I 和 OE 不变时,显然 NP、ROI 和 CF 都将增加;当 OE 减少,T 和 I 不变时,也会导致 NP、ROI 和 CF 增加。然而,当 I 减少,T 和 OE 不变时,情况就不那么简单。I 降低使库存投资减少,当 T 不变时,ROI 将提高。同时,I 降低可以加快资金周转,使 CF 增加。但是,I 降低,T 和 OE 不变时,NP 却不会改变,因而能否使企业赚钱还不清楚。

通常,I 降低可以导致 OE 减少。而 OE 减少,将导致 NP、ROI 和 CF 增加,从而使企业赚钱。但是,通过降低 I 来减少 OE 的作用是随着 I 降低的程度而减弱的。当 I 较高时,减少 I 可以明显减少维持库存费,从而减少 OE。然而,当库存降低到一个较低水平时,再继续降低 I,则对减少 OE 作用不大。可是,为何日本一些公司在已达到世界上最低的库存水平之后仍然要尽力继续降低库存? 其中必有缘故。

原来,降低库存还能缩短制造周期。缩短制造周期是提高企业竞争能力的一个重要因素。缩短制造周期,对于缩短顾客的订货提前期、提高对顾客订货的响应性以及争取较高的价格都有很大作用。于是,制造周期的缩短导致市场占有率的增加,从而导致未来的产销量的增加。

作业指标与财务指标的关系如图 9-3 所示。

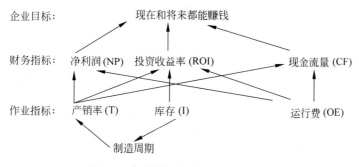

图 9-3 作业指标与财务指标的关系

9.2 基于 TOC 的生产企业分类

在前面的章节中曾经介绍过企业的生产过程。企业的生产过程实际上就是将原材料转换为用户所需要的产品的过程。首先,原材料被制成毛坯并加工成各种各样的零部件,然后不同零部件再组装成部件,不同的零部件最后再装配成不同的产品。生产组织过程就是要以最优的资源投入实现这一过程的管理活动。以上各章根据产品的种类和产量规模大小划分出不同的生产类型,在 TOC 理论体系中,也有自己的关于企业类型的划分。TOC 根据从原材料到产品的流程特点,将企业的类型划分成 V、A、T 三种类型。

9.2.1 V 形企业

如果一个企业的产品生产特点是从一种原材料转换成多种多样的产品,这种类型的企业就被称为 V 形企业,如图 9-4 所示。炼油厂、钢铁厂、石化企业等都属于这种类型。

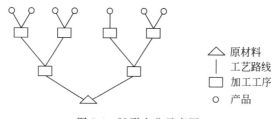

图 9-4 V 形企业示意图

V 形企业的特点是:
(1) 原材料种类极少,而最终产品的种类却很多;
(2) 最终产品的加工过程基本相同;

（3）这类企业一般是技术资金密集型企业，需要大量的初始投资，对生产设备和技术要求很高；

（4）生产的专业化程度很高。

从以上几点可以看出，V形企业的物料转换过程可以形象地描述为"一对多"的系统。这种系统的物流管理相对较为简单，其工艺路线很清楚，相互之间很少有交叉往返现象，因此，相对来说，其瓶颈工序也比较容易识别。对V形企业的管理关键之处是组织好原材料的供应，保持高的设备完好率，减少工序衔接中的失误情况等。

9.2.2 A形企业

如果一个企业的产品生产特点是由多种原材料制造成零部件，再将这些零部件装配成最终产品，就是所谓的A形企业，如图9-5所示。属于A形企业的例子有：造船厂、重型机床厂、大型飞机制造厂等。

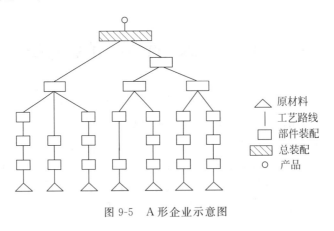

图9-5 A形企业示意图

A形企业的特点是：

（1）原材料种类很多，而最终产品的种类却很少，有时就是一种；

（2）有的零部件是最终产品的专用件，没有通用性；

（3）由于所需的零部件种类很多，不同零部件有不同的加工路线；

（4）产品的生产过程管理比较复杂。

A形企业的物料转换过程可以形象地描述为"多对一"的系统。这种系统对零部件的供应物流组织水平要求很高，难度也很大。不同零部件来自不同的供应地点，其加工过程又是分散的，所以，要想保持对装配需求的同步配套供应各种各样的零部件，是一件难度很大的事情，而这也正是这类企业运作管理的重点。

9.2.3 T形企业

在A形企业的基础上，将产品种类多样化，而其他方面保留着A形企业的特点，就成了T形企业，如图9-6所示。属于T形企业的例子很多，如家电、汽车制造厂等。

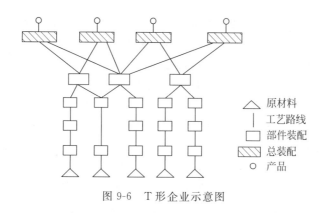

图 9-6 T 形企业示意图

T 形企业的特点是：
(1) 原材料种类较多,制成的各种零部件装配出来的最终产品的种类也较多；
(2) 很多零部件是通用的、共用的；
(3) 不同零部件有不同的加工路线；
(4) 产品的生产过程管理比较复杂。

T 形企业的物料转换过程可以形象地描述为"多对多"的系统。这种系统对产品订单管理和原材料、零部件的供应管理要求都很高,既要有效满足需求,又要降低不必要的库存,所以,运作管理的难度非常大。

9.3 TOC 的 9 条原则

TOC 的基本思想具体体现在 9 条原则上,这 9 条原则是实施 TOC 的基石。TOC 有关生产计划与控制的算法和软件,就是按这 9 条原则提出和开发的。此外,这些原则也可以独立于软件之外,直接用于指导实际的生产管理活动。下面逐条介绍这 9 条原则。

(1) 平衡物流,而不是平衡能力。平衡生产能力是一种传统的生产管理方法,它要求各工作地的生产能力都与市场需求平衡,试图通过平衡能力来产生一种连续的产品流。线平衡的方法就是这种方法的一个很好的范例。从能力的角度来看,制造产品的工作被分解为大致相等的部分,人们通过考察生产加工过程中各种制造资源来平衡它们的生产能力,以保证各种资源都达到最大的利用率,同时在生产中形成一个连续的物料流通过这些资源。

TOC 则主张在企业内平衡物流,认为平衡能力实际是做不到的。因为波动是绝对的,市场每时每刻都在变化,生产能力总是相对稳定的。一味追求做不到的事情将导致企业无法生存。所以必须接受市场波动及其引起的相关事件这个现实,并在这种前提下追求物流平衡。所谓物流平衡就是使各个工序都与瓶颈工序同步。

(2) 非瓶颈资源的利用程度不是由它们自己的潜力决定的,而是由系统的约束决定的,系统约束就是瓶颈。因为系统的产出是由所能经过瓶颈的量决定的,即瓶颈限制了产销量。而非瓶颈资源的充分利用不仅不能提高产销量,而且会使库存和运行费增加。从图 9-1 所示的瓶颈与非瓶颈的 4 种基本关系中,可以看出,关系(a)、(b)、(c)中非瓶颈资源的利用程度是由瓶颈资源来决定的。如关系(a),非瓶颈资源为后续工序,只能加工由瓶颈传送过来的工件,其使用率自然受瓶颈的制约；关系(b),虽然非瓶颈资源为前道工序,能够充分地使用，使用程度可以达到100%，但整个系统的产出是由后续工序，即瓶颈决定的，非瓶颈资源的充分使用只会造成在制品库存的增加，而不改变产出；关系(c)，由于非瓶颈与瓶颈资源的后续工序为装配，此时非瓶颈也能充分地使用，但受装配配套性的限制，由非瓶颈加工出来的工件其中能够进行装配的，必然受到瓶颈产出的制约，多余部分也只能增加在制品库存。而对于第4种关系，非瓶颈资源的使用程度虽不受瓶颈的制约，但显然应由市场的需求来决定。从上述分析容易看出，非瓶颈资源的使用率一般不应该达到100%。

(3) 资源的"利用"(utilization)和"活力"(activation)不是同义词，"利用"是指资源应该利用的程度，"活力"是指资源能够利用的程度。

按照传统的观点，一般是将资源能够利用的能力加以充分利用，所以"利用"和"活力"是同义的。按TOC的观点，两者有着重要的区别。因为需要做多少工作(即"利用")与能够做多少工作(即"活力")之间是不同的。所以在系统非瓶颈资源的安排使用上，应基于系统的约束。例如，一个非瓶颈资源能够达到100%的利用率，但其后续资源如果只能承受其60%的产出，则其另外的40%产出将变成在制品库存，此时从非瓶颈资源本身考察，其利用率很高，但从整个系统的观点，其只有60%的有效性。所以"利用"注重的是有效性，而"活力"注重的则是可行性。从平衡物流的角度出发，应允许非关键资源上有适当的闲置时间。

(4) 瓶颈上一小时的损失则是整个系统一个小时的损失。一般来说，生产时间包括加工时间和调整准备时间。但瓶颈资源与非瓶颈资源上的调整准备时间的意义是不同的。因为瓶颈控制了产销率，瓶颈上中断一个小时，是没有附加的生产能力来补充的。而如果在瓶颈资源上节省一个小时的调整准备时间，则将能增加一个小时的加工时间，相应地，整个系统增加了一个小时的产出。所以，瓶颈必须保持100%的"利用"，尽量增大其产出。为此，对瓶颈还应采取特别的保护措施，不使其因管理不善而中断或等工。增大瓶颈物流的方法一般有如下几种：减少调整准备时间和频率，瓶颈上的批量应尽可能大；实行午餐和工休连续工作制，减少状态调整所需的时间损失；加工前注重质量检查；利用时间缓冲器等。

(5) 非瓶颈获得的一小时的节约是毫无意义的。因为在非瓶颈资源上的生产时间除了加工时间和调整准备时间之外，还有闲置时间，节约一个小时的调整准备时间并不能增加产销率，而只能增加一小时的闲置时间。当然，如果节约了一个小时的加工时间和调整准备时间，可以进一步减少加工批量，加大批次，以降低在制品库存和生产提前期。

(6) 瓶颈控制了库存和产销率。因为产销率指的是单位时间内生产出来并销售出去的量，所以它受到企业的生产能力和市场的需求量这两方面的制约。而它们都是由瓶颈控制的。如果瓶颈存在于企业内部，表明企业的生产能力不足，因受到瓶颈能力的限制，相应的产销率也受到限制；而如果当企业所有的资源都能维持高于市场需求的能力，则市场需求就成了瓶颈。这时，即使企业能多生产，但由于市场承受能力不足，产销率也不能增加。同时，由于瓶颈控制了产销率，所以企业的非瓶颈应与瓶颈同步，它们的库存水平只要能维持瓶颈上的物流连续稳定即可，过多的库存只是浪费，这样，瓶颈也就相应地控制了库存。

(7) 转运批量可以不等于(在许多时候应该不等于)加工批量。车间现场的计划与控制的一个重要的方面就是批量的确定，它影响到企业的库存和产销率。TOC采用了一种独特的动态批量系统，它把在制品库存分为两种不同的批量形式，即：转运批量，是指工序间转运一批零部件的数量；加工批量，指经过一次调整准备所加工的同种零部件的数量，可以是一个或几个转运批量之和。在自动装配线上，转运批量为1，而加工批量很大。

根据 TOC 的观点,为了使瓶颈上的产销率达到最大,瓶颈上的加工批量必须大。但另一方面,在制品库存也不应增加,所以转运批量应该小,即意味着非瓶颈上的加工批量要小,这样就可以减少库存费用和加工费用。

(8) 加工批量应是可变的,而不是固定的。这一原则是原则(7)的直接应用。在 TOC 中,转运批量是从零部件的角度来考虑的,而加工批量则是从资源的角度来考虑的。由于资源有瓶颈和非瓶颈之分,瓶颈要求加工批量大,转运批量小,同时考虑到库存费用、零部件需求等其他因素,加工批量应是变化的。

(9) 安排作业计划应同时兼顾所有约束,提前期是作业计划的结果,而不应是预定值。传统的制定作业计划的方法一般包括以下几个步骤:确定批量;计算提前期;安排优先权,据此安排作业计划;根据能力限制调整作业计划,再重复前三个步骤。而在 TOC 中,提前期是批量、优先权和其他许多因素的函数。在这点上,TOC 与 MRP 正好相反。在 MRP 中,提前期一般都是预先制定的,而从下例可以看出提前期应该是后制定的。如某个企业有两批订货,要求零部件 A 与零部件 B 各 100 件。A、B 两零部件都需在机床 M 上加工 0.35h,如果假设该企业有两台 M 机床,则 A、B 的提前期都为 35h(100×0.35);但如果该企业只有一台 M 机床,则当 A 先加工时,其提前期为 35h,而 B 要等 35h 才能加工,其提前期实际上为 70h。反之亦然。所以提前期应是计划的结果。

以上 9 条原则中,前 6 条都是与瓶颈资源有关的,后面 3 条是涉及物流和编制作业计划时的指导思想。TOC 的 9 条原则体现了其思想本质,是应用 TOC 的基础,因此,应该深刻领会其内涵,为 TOC 在企业管理中的实施打下理论基础。

9.4 DBR 系统的构成及其作用

9.4.1 DBR 系统的构成及控制原理

以 9 条原则为指导,通过 OPT 计划与控制系统具体落实 TOC 的各种管理思想。OPT 的计划与控制是通过 DBR 系统实现的。DBR 系统即"鼓点(drum)"、"缓冲器(buffer)"和"绳子(rope)"系统,如图 9-7 所示。

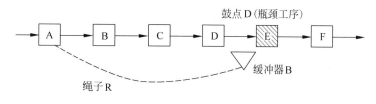

图 9-7　DBR 控制系统示意图

1. 鼓点

从以上步骤可以看出,"鼓点"是一个企业应用 OPT 的开端,即识别一个企业的"瓶颈"所在。"瓶颈"控制着企业同步生产的节奏,就像用击鼓的快慢控制节奏一样,即"鼓点"。要维持企业内部生产的同步、企业生产和市场需求的同步，存在着一系列的问题。其中一个主要问题就是企业的生产如何能满足市场或顾客的需求而又不产生过多的库存。因而，安排作业计划时，除了要对市场行情进行正确的预测外，还必须按交货期给顾客赋予一定的优先权数，在"瓶颈"上根据这些优先权数的大小安排生产，并据此对上下游的工序排序，则得到交付时间，使交付时间与交货期限得以相符。

为了使交付时间与交货期限相符，靠的是权衡在约束资源上的批量规模。因为，在瓶颈资源上只有加工时间和调整准备时间，增大瓶颈资源的加工批量，可以减少调整准备时间，使瓶颈资源的有效能力增加，但会减少系统的柔性，增加库存和提前期。反之，其效果与增大加工批量相反。两者都会影响到一些订货的交货时间。

从计划和控制的角度来看，"鼓点"反映了系统对瓶颈资源的利用。对瓶颈资源应编制详细的生产作业计划，以保证对瓶颈资源的充分合理的利用。

2. 缓冲器

一般来说，"缓冲器"分为"时间缓冲"和"库存缓冲"。"库存缓冲"就是保险在制品，其位置、数量的确定原则同"时间缓冲"。"时间缓冲"则是将所需的物料比计划提前一段时间提交，以防随机波动，以瓶颈资源上的加工时间长度作为计量单位。例如，一个三天的"时间缓冲"表示着一个等待加工的在制品队列，它相当于在瓶颈资源上三天的生产任务。其长度可凭观察与实验确定。再通过实践，进行必要的调整。在设置"时间缓冲"时，一般要考虑以下几个问题。

（1）要保证瓶颈资源上产出率相对较快的工件在加工过程中不至于因为在制品少而停工。

（2）应考虑加工过程中出现的波动。如瓶颈资源上的实际产出率比原来估计的要快，或者瓶颈资源前的加工工序的产出率比原来估计的要慢，或者出现次品。在有的情况下，还要考虑前面的机器是否出现故障。因为，如果要对机器故障进行维修，则维持后续工序所需的在制品库存是难以估计的。所以，在设置"时间缓冲"时一般要设置一定的安全库存。

（3）根据 TOC 的原理，瓶颈资源上的加工批量是最大的，而瓶颈资源的上游工序则是小批量多批次的。瓶颈资源前的加工工序的批次又和各道工序的调整准备时间有关。如果上游工序的调整准备时间小，或瓶颈资源上的加工时间和前一台机器的加工时间相差很大，则批次可以较多，批量可以较小。反之，批次则可能较少，甚至和瓶颈资源上的批次相同，加工批量也和瓶颈资源上的批量相同。

（4）要考虑在制品库存费用、成品库存费用、加工费用和各种人工费用。要在保证瓶颈资源上加工持续的情况下，使得整个加工过程的总费用最小。

3. 绳子

如前所述，"瓶颈"决定着生产线的产出节奏，这就要使瓶颈工序上游的非瓶颈的生产节奏与瓶颈工序保持一致，而"绳子"的作用就是把"瓶颈"与上游的非瓶颈工序串联起来，有效地使物料依照产品出产计划快速地通过非瓶颈工序，以保证瓶颈资源的需要。所以，"绳子"起的是传递控制信息的作用，以使生产系统的非瓶颈工序都按照"鼓点"的节奏进行生产。在 DBR 的实施中，"绳子"是由一个涉及原材料投料到各车间的详细的作业计划来实现的。

"绳子"控制着企业物料的投入（包括"瓶颈"的上游工序与"非瓶颈"的装配），其实质和

"看板"思想相同,即由后道工序根据需要向前道工序领取必要的零部件进行加工,而前道工序只能对已取用的部分进行补充,实行的是一种受控生产方式。在 TOC 中,就是受控于瓶颈资源的产出节奏,也就是"鼓点"。没有瓶颈资源发出的生产指令,就不能进行生产,这个生产指令是通过类似"看板"的物质在工序间传递的。

通过"绳子"系统的控制,使得瓶颈资源前的非瓶颈资源均衡生产,加工批量和运输批量减少,可以减少提前期以及在制品库存,而同时又不使瓶颈资源停工待料。所以,"绳子"是瓶颈资源对其上游机器发出生产指令的媒介,没有它,生产就会造成混乱,要么造成库存过大,要么会使瓶颈资源出现"饥饿"现象。

9.4.2 DBR 系统的实施模式

参考图 9-8,下面简单介绍基于 DBR 的计划与控制步骤。

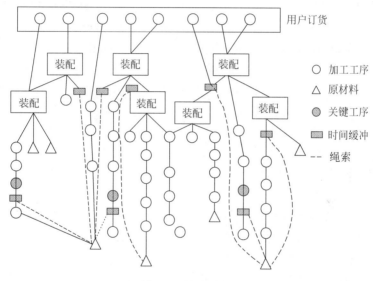

图 9-8 DBR 系统

(1) 识别瓶颈。这是控制物流的关键,因为,瓶颈制约着企业的产出能力。一般来说,当需求超过能力时,排队最长的机器就是"瓶颈"。如果我们知道一定时间内生产的产品及其组合,就可以按物料清单计算出要生产的零部件。然后,按零部件的加工路线及工时定额,计算出各类机床的任务工时。将任务工时与能力工时比较,负荷最高的机床就是瓶颈。因为瓶颈上损失 1 小时就是系统损失 1 小时,所以在瓶颈上要采取扩大批量的办法来提高瓶颈的利用率。扩大批量可以使调整准备时间减少。

瓶颈控制着企业生产的节奏——"鼓点"。要维持企业内部生产与瓶颈同步,存在着一系列的问题。其中一个主要问题就是生产过程如何既能满足市场或顾客的需求而又不产生过多的库存。实际上,顾客要求的交货期是不以企业何时能生产出来决定的。因此,安排作业计划时,除了要对市场行情进行正确的预测外,还要对不同顾客的交货期赋予不同的优先权。在瓶颈上要根据优先权安排生产,并据此对上下游的工序排序,得出交付时间。OPT 的处理逻辑就是使交付时间尽可能与交货期限相符。找出瓶颈之后,可以把企业里所有的加工设备划分为关键资源和非关键资源。

（2）基于瓶颈的约束，建立产品出产计划。一般按有限能力，用顺排方法对关键资源排序。这样排出的作业计划是切实可行的。

（3）"缓冲器"的管理与控制。要对瓶颈进行保护，使其能力得到充分利用。为此一般要设置一定的"时间缓冲"。时间缓冲的意思是所提供的物料要比预定的时间提早一段时间到达，以避免瓶颈出现停工待料情况。

（4）控制进入非瓶颈的物料，平衡企业的物流。进入非瓶颈的物料应被瓶颈的产出率，即"绳子"所控制。一般是按无限能力，用倒排方法对非关键资源排序。非关键资源上排序的目标是使之与关键资源上的工序同步。倒排时，采用的提前期可以随批量变化，批量也可按情况分解。

（5）据 OPT 的原理，瓶颈上的加工批量是最大的，而瓶颈的上游工序则是小批量多批次的。瓶颈前的加工工序的批次又和各道工序的调整准备时间有关。如果上游工序的调整准备时间小，或瓶颈上的加工时间和前一台机器的加工时间之差大，则批次可以较多，批量可以较小。反之，批次则可能较少，甚至和瓶颈上的批次相同，加工批量也和瓶颈上的批量相同。

（6）要考虑在制品库存费用、成品库存费用、加工费用和各种人工费用。要在保证瓶颈上加工持续的情况下，使得整个加工过程的总费用最小。

（7）"绳子"。如果说"鼓"的目标是使产出率最大，那么，"绳子"的作用则是使库存最小。通过"绳子"把瓶颈与这些工序串联起来，有效地控制物料依照产品出产计划快速通过非瓶颈作业，以保证瓶颈的需要。

9.4.3 OPT 软件系统概述

基于 DBR 的工作原理，Creative Output 有限公司开发出了 OPT 软件。OPT 软件可以认为是具体实现 TOC 管理思想的工具。实践表明，应用 OPT 软件使许多企业取得了巨大的经济效益，因此 OPT 也越来越被人们所重视，OPT 软件的用户也由大型企业扩展到中、小企业。OPT 软件先后开发两种版本：OPT21 和 OPT5000。其中，OPT21 主要是针对大中型企业的，OPT5000 则是面向小型企业的。

与 MRP 和 JIT 学说体系不同的是，OPT 的核心算法一直是保密的。该算法的主要作用是识别瓶颈并对瓶颈作业计划进行优化。从 OPT 软件的结构来看，主要由 BUILDNET、SPLIT、SERVE 和 BRAIN 几个模块构成，如图 9-9 所示。

"产品网络"准确地表示了一个产品是怎样制造出来的，它包含产品结构文件和加工路线文件两部分内容，只不过在 OPT 中这两部分信息是通过网络结合在一起，构成一个文件。

对于企业现有的各种资源的具体描述是在"资源描述"这个模块中完成的。其中包括每种资源（机器、工人、空间等）及其替代资源和它们的相互影响、允许加工时间、用于加工的某种资源的数量等。

BUILDNET 模块是将"产品网络"和"资源描述"模块中的信息结合起来，生成一个工程网络。BUILDNET 的一个强有力的地方表现在其模型化的语言上，该语言能精确地描述生产制造中的大量数据，从而使得 OPT 对企业进行成功而精确的模型化构造。在工程

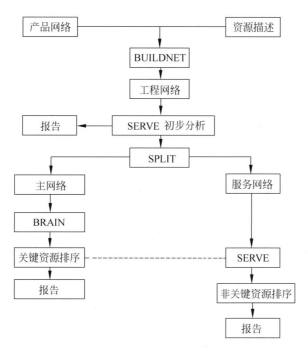

图 9-9 OPT 软件结构示意图

网络中,可以对各种可选择的作业,甚至可选择的物料清单进行详细的描述。据称,在这样的网络中,完全描述各种关系只需 24 个数据字段。另外,BUILDNET 还具有提示数据逻辑错误的功能。例如,物料清单没有与工艺路线相连;存在没有去处的库存;或顾客提出了不存在的产品的需求等。另外,BUILDNET 具有便利的数据修改维护功能,从而保证了数据的相对精确。

一旦工程网络建立起来,接下来就要确定瓶颈。这是由 SERVE 模块通过运行工程网络以及采取类似 MRP 的倒排方法来完成的。SERVE 的一个输出是各个资源的负荷率,这些负荷率与按 MRP 系统生成方式生成的数据相类似。资源的负荷率一般是参差不齐的。通常的做法是通过将超量的负荷前移或后移来实现能力平衡,但这将涉及产品结构的所有层次,极难实现。SERVE 模块在计算各个资源的负荷率的基础上,还计算了每种资源的平均负荷率,并以此来确定瓶颈。如果工程网络的数据完全精确,很明显,平均负荷率最高的就是瓶颈。

当瓶颈确定之后,SPLIT 模块将工程网络分成两部分:主网络(关键资源网络)和服务网络(非关键资源网络)。主网络由瓶颈作业和其下游作业(且包括顾客需求在内)构成,如图 9-9 所示,其余的部分为服务网络。对于主网络,通过 BRAIN 模块采用有限能力顺排的方法编制作业计划,目标是要使瓶颈上的空闲时间为零,使产销率最大。所生成的不仅包括生产计划,而且确定了每个作业的传送批量和加工批量。对于服务网络,则再通过 SERVE 模块采用无限能力倒排的方法编制作业计划。第二次调用 SERVE 模块时,不是从订单上的完工期限开始倒排,而是从 BRAIN 模块确定的完工期限倒排。

在生产计划生成之后,接着还应设置安全库存或"缓冲器"。在两个关键的地方一般要设置安全库存,一是瓶颈资源前,二是来自非瓶颈资源与来自瓶颈资源加工路线的交叉点。

在这些位置的工件应安排在其需要时间之前到达,提前多少时间应取决于某一特殊的制造环境,通常为几天或一个星期。在交叉点工件的提前到达,可以使整个系统的产出不受延迟的干扰。

以上步骤一旦完成,如果在系统中没有其他的约束或瓶颈,OPT的结果也就生成了。然而,通常在第一个循环的最后,往往会发现在系统中还有其他的瓶颈。如果出现这样的情况,则应重新检查数据的合理性,重复以上的过程。一般要重复五六次,直到所有的约束都移到工程网络的关键资源部分为止。

9.5 TOC 生产物流管理方式

9.5.1 TOC 理论在生产物流中的应用

以上介绍了TOC的基本思想和OPT软件系统的实现功能。在实际工作中,TOC的应用有5个主要步骤:

第一步,找出系统中存在的瓶颈工序。

企业要增加有效产出的话,一般会在以下几方面采取措施。

(1) 增加生产过程的原材料投入。

(2) 扩大生产能力。如果由于某种生产能力的不足而导致市场需求无法满足,就要考虑增加生产能力。

(3) 开拓市场。如果由于市场需求不足而导致市场能力过剩,就要考虑开拓市场需求。

(4) 调整考核政策。找出企业内部和外部瓶颈资源有效产出的各种政策规定。

第二步,最大限度利用瓶颈资源,即提高瓶颈利用率。

此时要给出解决第一步中所提出的种种问题的具体办法,从而实现有效产出的增加。例如,若某种原材料是瓶颈,就要设法确保原材料的及时供应和充分利用;若市场需求是瓶颈,就要给出进一步扩大市场需求的具体办法;若某种内部市场资源是瓶颈,就意味着要采取一系列措施来保证这个环节始终高效率生产。

第三步,使企业的所有其他活动服从于第二步中提出的各种措施。

要求生产系统其他部分与瓶颈工序的节奏同步,从而充分利用瓶颈工序的生产能力。正是这一点,使得TOC不单单是一种生产哲理,而是一种管理理念或经营理念,可以应用于营销、采购、生产、财务等企业经营各方面的协调。为简明起见,我们还是以一个生产过程内部协调为例:如果流水线上的一台机器是瓶颈工序,那么可以在适当的地方设置时间缓冲,来保证流水线上其他生产环节对这台机器的供给能够满足这台机器的生产需要。而目前很多企业正是对这点不明确,即要按照瓶颈环节的生产节拍来协调整个生产流程的工作。一般情况下,如果那些非瓶颈环节追求100%的利用率的话,给企业带来的将不是利润,而是更多的在制品、瓶颈环节更多的等待时间和其他种种浪费。而现在的事实是,一些企业恰恰正在追求这些非瓶颈环节的100%利用!

第四步,打破瓶颈约束,即设法把第一步找出的瓶颈转移到别处,使它不再是企业的瓶颈。

例如，工厂的一台机器是约束，就要缩短设备调整和操作时间；改进流程；加班；增加操作人员；增加机器等。

第五步，如果通过第四步打破了现有约束，则重返第一步，发现新的瓶颈，持续改善。

当突破一个瓶颈工序的约束以后，一定要重新回到第一步，开始新的循环。就像一根链条一样，改进了其中最薄弱的一环，但又会使其他的环节成为最薄弱的地方。为了突破原有约束采取了一些很好的措施，可一旦这个约束转移到其他环节，这些措施对于新的约束可能不适用，必须找到新的措施。

例 9-1 考虑如图 9-10 所示的生产过程。两个产品 P 和 Q，每周的需求量为 100 件 P，50 件 Q。售价分别为 P：90 元/件，Q：100 元/件。有 4 个工作中心：A、B、C、D，每个工作中心都有一台机器，每周运行 2400 min。需要 3 种原材料，原材料的成本及加工路线见表 9-1。求解利润最大的生产组合。

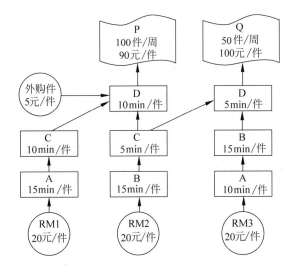

图 9-10　产品 P、Q 工艺路线图

表 9-1　制造资源应用情况

资源	每周工作时间/min		加工负荷/周	可用时间/周	负荷率/周
	P	Q			
A	1500	500	2000	2400	83
B	1500	1500	3000	2400	125
C	1500	250	1750	2400	73
D	1000	250	1250	2400	52

第一步，辨别系统的约束。要辨别系统的瓶颈，需要计算机器的负荷，如表 9-1 所示，机器 B 是瓶颈。如果要满足 P、Q 的每周需求量，B 需要另外 25% 的能力。

第二步，决定如何拓开系统的瓶颈。TOC 认为，系统的绩效是由瓶颈资源的约束决定的，因此 TOC 主要是使资源约束对目标贡献最大化。拓开 B 意味着，使在 B 上消耗的单位产品产出最大化，如表 9-2 所示。

表 9-2 资源约束贡献最大化计算表

产品	P	Q	产品	P	Q
销售价格/(元/件)	90	100	时间/min(资源 B)	15	30
材料成本/元	45	40	贡献/(元/min)	3	2
贡献/元	45	60			

所以,在生产 Q 之前应尽可能多地生产 P(即 100 件)。100 件 P 消耗 B 的 1500 min,剩下 900 min 用于 Q,只能生产 30 件 Q。

第三步,使其他的工作服从于开发系统约束的决定。意思是使其他工作配合拓开系统的约束,如材料采购、工作中心排序等。

第四步,提升系统的能力、打破瓶颈约束。尽可能采取措施提高瓶颈的绩效,如降低调整时间、采用设备预防维修制等。或者,把贡献最低的产品放到最后安排,如上面对 Q 的处理。

第五步,如果瓶颈约束被打破,再从第一步做起。

假设市场对 P、Q 的需求量上升了,每周分别为 132 和 66 件,而且通过努力,使用 B 的单位时间也下降 1/3,那么原有的负荷情况就发生变化了,如表 9-3 所示。

表 9-3 新的负荷表 %

资源	每周负荷	资源	每周负荷
A	110.0	C	96.0
B	55.0	D	68.75

资源 A 成为瓶颈,原来的瓶颈 B 已经被打破了。于是又返回到第一步。如果没有这一步,人们还以 B 为瓶颈控制系统运行,影响了进一步改进。

9.5.2 JIT 与 TOC 相结合的库存管理

TOC 擅长于各种资源的能力管理和现场控制,专注于资源安排,通过瓶颈识别、瓶颈资源调度,使其余环节与瓶颈生产同步,保证物流平衡,寻求需求和能力的最佳结合,使系统产销率最大同时又控制住了非瓶颈上的库存,这是 TOC 的优势所在,也是现今企业缺少的部分。而 JIT 擅长于计划执行和成本降低,在降低在制品水平、减少浪费、现场改善等方面具有明显的优势。从库存控制的角度看,将 TOC 和 JIT 的优势结合起来,有可能取得更好的效果。

在如图 9-11 所示的关键资源网络中,首先根据瓶颈工序的情况安排好作业计划(按照 TOC 的原则应该 100%地利用其资源),然后,以瓶颈工序为界,对其之前的非瓶颈工序按照 JIT 的思想采用拉动的管理方式,保证在瓶颈需要的时候,按瓶颈需要的数量,生产瓶颈所需的产品,发挥出 JIT 的按需准时适量的计划执行、生产控制与生产反馈的优势,使非瓶颈工序不能按照各自的生产能力组织生产,从而控制住了这些非瓶颈工序的过量生产。而在瓶颈工序之后的非瓶颈工序采用推动的管理方式,因为这些非瓶颈工序的生产能力都比瓶颈工序大,不会形成阻塞,而且,由于它们只能生产从瓶颈工序输出出来的物料,所以,也没有办法生产多余的产品,这样一来,既保证了生产计划的实现,同时也控制了过量生产。由于推动式生产管理相对简单,在达到控制过量生产的同时又节约了管理成本,从而从整体上获得了最佳的管理绩效。

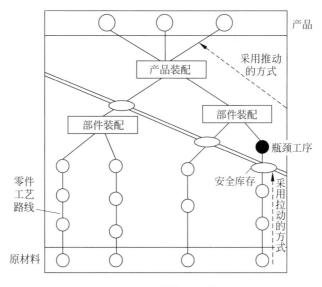

图 9-11 关键资源网络

小结与讨论

本章详细介绍了约束理论和最优生产技术的基本思想及有关概念,介绍了 TOC/OPT 产生的背景、TOC/OPT 的目标、TOC/OPT 的基本思想、OPT 的 9 条原则、DBR 系统等基本内容。从应用的角度出发,介绍了 TOC/OPT 的应用步骤及其相应的软件系统。从 TOC/OPT 的基本思想看,一方面强调要找到企业资源的瓶颈,并且要采取措施打破这一瓶颈,这是提高企业收益的关键所在。另一方面,TOC/OPT 认为通过瓶颈可以很好地控制库存水平,它的核心思想就是让非瓶颈工序的物流量与瓶颈工序的流通量保持一致,而不以每台设备自身的生产能力的利用情况作为评价的基础,这样就控制住了非瓶颈工序的过量生产,从而控制了库存。了解了这些基本思想,就可以根据情况灵活应用 OPT 了。

思考题

1. 叙述 OPT 的 3 个作业指标以及它们与企业目标之间的关系。
2. 简述 OPT 的 9 条原则。
3. 简述 DBR 系统的原理以及"鼓点"、"缓冲器"和"绳子"的含义。
4. 叙述 OPT 软件的模块构成及其工作原理。
5. 讨论 OPT 与 JIT 在计划过程、控制重点和方式以及基本目标上的区别。

6. 讨论 TOC 在一个服务性企业中应用的可能性,其范围和条件是什么?
7. 推动/牵引系统在 TOC 中是如何应用的?

练习题

某工厂生产 M、N 两种产品,产品售价、原材料成本及加工时间如图 9-12 所示。机器 A、B、C 各有一台,每台机器每次只能加工完成一项任务。每台机器每周的可用时间为 2400 min,市场需求为常数。每周的总运作费用(包括工资)为 12 000 元,原材料成本不包括在运作费用内。请回答下列问题:

(1) 该工厂的瓶颈约束是什么?
(2) 产品如何组合使利润最大?
(3) 工厂每周可获得多少利润?

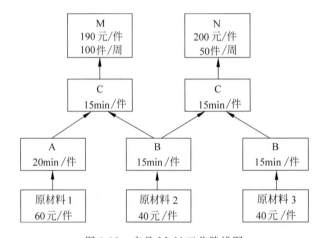

图 9-12 产品 M、N 工艺路线图

案例 约束理论在某汽车制造企业物料供应系统中的应用

1. 背景

1998 年,某大型汽车生产企业零部件供应部门。

随着该公司生产和销售的发展,对公司供应系统的要求越来越高。该公司共有三十多种车型,按照市场的需求随时调整生产的车型和数量,这样零部件供应必须有一定的弹性才能够适应。为适应生产经营的发展,从 1999 年开始,公司在国内首家正式实行散件按件供应。所谓按件供应是指该公司依据自己的制造明细、生产计划、零部件库存、运输周期,按零部件或生产材料的型号、规格和包装单位制作并向国外供应商发订单,并采用要货令的形式每月确定订购的数量及交货日期。正是由于按件订货的实行,使得该公司能适应新的要求,使计划人员可以根据生产需求灵活调整各零部件的分配。但是由于散件一般由国外海运,从订货到零部件上线整个过程长达 6 个月,而当前市场瞬息万变,生产计划随之而动,这大大增加了供应系统的难度。要满足生产的要求,必须对供应系统进行优化。

负责对供应系统进行优化的是该公司采购部的张经理。他打算运用约束理论的基本思想,从保证该公司的散件供应出发,找出生产供应系统的瓶颈,通过采取措施提高供应能力,保证企业能够按照市场需求灵活安排生产。

2. 合理确定瓶颈零部件

公司的设计生产能力一期工程为年产 15 万辆整车,已于若干年前通过了国家验收。由于市场等多方面的原因,现在公司实际产量为 5 万辆左右。从这一点看,设备生产能力不饱和,可以认为不可能成为瓶颈。公司的员工是高素质的,且公司历来重视员工培训,应该认为员工行为不是瓶颈。相比之下,当前瓶颈最可能发生于物资供应上。公司的物资供应分为国内采购和国外采购两部分。国内采购部分由于采用 A、B 两个供应商管理,且供应商所处距离较近,容易做到快速反应。国外采购部分的散件就麻烦得多,如周期长、只一家供应商供货等,这正是当前瓶颈所在。

根据约束理论,张经理在该公司上千种进口零部件中,分析出只有一小部分是可能影响生产的关键性零部件。为确定这些重点,结合公司的实际情况,他用 ABC 分类法找出了这部分零部件。另外,根据实际情况,他还按照零部件在不同车型的使用情况进行分类:对于只在一种车型上使用的专用零部件定为 A 类,在两种或多种车型上的专用零部件定为 B 类,在所有车型上使用的零部件定为 C 类,这主要是因为通用零部件相互可以调剂,对生产变化反映不明显,而专用零部件正相反,容易成为瓶颈。最终确定 A 类零部件最有可能是瓶颈,必须进行连续的系统监控。对于 C 类零部件则无需进行精确的控制,对于两者之间的 B 类零部件可以根据企业的实际情况确定如何管理。

3. 采取措施消除瓶颈

找到瓶颈零部件后,张经理采取了如下措施进行优化管理。

按照约束理论建立"缓冲器"。一般来说,"缓冲器"分为"时间缓冲"和"库存缓冲":"库存缓冲"就是建立保险库存保证生产,"时间缓冲"则是将所需的物料比计划提前一段时间提交,以防随机波动。由于公司是以销定产,生产计划变化较大,而按件订货的周期相对而言是比较长的,要以订货来满足生产变化不现实,所以建立时间缓冲至关重要。

按照公司和国外独家供应商签订的按件供应协定,公司在每月订单发出的同时,要发出要货令,用以指导供应商发货。要货令将一个月所需的发货数量分配在 4 个小周期内发送。根据这一特点,公司对要货令进行了适当的调整,比如对重点零部件将前两个小周期的发货量适当加大,这就相当于开辟了一个时间缓冲。对于提前量,可以根据对市场的预测、仓库的库存量等进行调整。

虽然时间缓冲是一个极为有效的方法,但是并不能解决一切问题。比如国外独家供应商由于自身生产能力的限制经常导致其不可能完全按公司要货令的要求发货,从而导致时间缓冲遭到破坏,为此不可避免地需要建立一个库存缓冲。前面已经提到 A 类零部件价值高,因此建立库存缓冲必须十分谨慎。库存缓冲建立在计划管理人员严格控制之下,为此计划人员要对零部件作完整、精确记录,经常检查,对零部件的发货的期限、库存盘点、出库等严格监控,掌握大量数据并进行分析,确定缓冲库存量的上限,同时要根据库存的情况催促供应商尽快发货并督促运输部门及时将货物运到目的地仓库防止零部件短缺。

上面已经提到该公司生产方针是以销定产,也就是说生产计划是由市场决定的,因此要尽量满足用户的需求,同时绝不能冒险采购并生产和销售用户不感兴趣的产品。正是由于建立了缓冲,才能满足生产变化的需求,保证生产和销售。例如,在1999年,装有自动变速箱的新车型及2000年装有ABS的车型启动时市场反应很好,生产计划不断提高,由于预先合理地建立了时间缓冲和安全库存缓冲,及时地满足了生产的需要,使公司成功进入市场并不断扩大份额,扩大了企业的影响。

4. 适当调整指导储运平衡非关键零部件的物流

根据约束理论,生产系统的产出是由瓶颈资源最终决定的,但这并不是说非瓶颈资源就不起作用,事实上瓶颈资源必须有非瓶颈资源参与才能发挥作用。前面的分析也指出,使非瓶颈资源按瓶颈的鼓点运转才能真正平衡物流。所以张经理认为对于C类和B类零部件也应同样充分重视。同时正如每一个生产管理者了解的,控制库存有极为重要的意义,即便是非瓶颈资源也一样。比如,不必要的库存阻碍了流水线和物流,对于提高生产效率不利。过多的库存还掩盖了企业生产经营中的一些严重问题:①掩盖了经常性的零部件制造质量问题;②掩盖和弥补了企业计划的不当,需求预测不准确;③掩盖了工人劳动技能、劳动纪律和现场管理方面的问题。只有依据约束理论,使非瓶颈资源跟随瓶颈资源的鼓点进入物流,才能使生产发挥最大的效益,为此用以下的方法适当减少公司的库存。

(1) 根据公司进口零件按件订货的具体操作规程,其独家国外供应商每向该公司发一个集装箱,都利用EDI(电子数据交换)技术向该公司反馈发货信息。公司接收到之后,将信息转入自己的信息系统,包括的信息有零部件的使用点、订单号、交货时间、数量、集装箱号等。公司的系统建立在IBM大型计算机上,用户可以共享,从而可方便地知道零部件在各个物理点(仓库、本地港口、上海港口、海上、法国发运港等)的数量和时间。同时通过公司的内部网,计划人员可以及时同工厂仓库管理人员进行沟通,获得库存零部件和在途零部件的精确数量。另外,在港口规定有一定时间的滞箱期,在公司仓库紧张的时候,可以用其作为缓冲。这一切为非瓶颈资源按瓶颈资源鼓点进入企业内部成为可能。

(2) 根据生产计划,计划员可以知道哪些零部件在某个时期可能出现短缺,哪些零部件在某个时期库存已经过大,这时候可以根据实际情况通知储运部门,调整其运输安排,从而平衡库存。同时要及时把情况传递给其他有关部门,协调各个部门解决有关生产中的实际问题,如废品率、返修率高,就需相关部门调整检修设备,培训工人加强管理等,以便达到平衡和减低库存。

5. 改进工厂内部供应过程,加快物流速度,减小瓶颈的影响

在不改变大批量订货的前提下,加速物料流动,将使瓶颈资源的利用更加完全,非瓶颈资源库存也将随之减小。

在进口件按件供应的应用中,张经理发现一些进口件的包装单元和工厂中相对应的容器一样或者相近,这就是说在一定的条件下,可以把包装单元整体当做零部件的容器,在集装箱开箱后,直接用包装单元上线,而不是再经过一个工厂容器转运,这大大地提高了物流的速度。特别是如果是瓶颈资源,将提高整个物流速度,也相应地减小了仓库占用和人工搬运的时间和费用。

为了能达到这一目的,张经理进行了大量的调查,并正和国外供应商进行协商,希望取得外方供应商的支持,使工作顺利进行。公司看板供应系统已经投入使用,这一部分零部件可以当做一种特殊形式的看板供应,将其融入看板供应系统中。另外,可以利用附近物流公司的仓库进行周转,采用"第三方物流"的方式,实现 JIT 的供应,将该公司的物流管理水平进一步提升。

问题:

你认为张经理的分析正确吗?他提出的改进措施能够奏效吗?

第 10 章 企业生产与物流管理的绩效管理

对于一个生产物流系统而言,有效的绩效评估和控制,对生产运作与物流资源的监督和配置是非常必要的。而在供应链与供应链的竞争中,企业的生产职能和物流职能是紧密关联在一起的,因此,建立生产与物流集成的绩效评价体系是生产与物流管理的重要组成部分。它不仅是提高生产运作与物流管理效率和效益的重要保障,也是供应链集成化管理的必然要求,其相应的评价指标体系也应拓展传统的侧重企业内部生产的指标体系。而有效的评价方法和工具则是绩效管理的重要支持。

10.1 生产与物流绩效集成评估体系及其指标

10.1.1 生产与物流职能的关联性

企业的物流目标与生产目标之间是具有高度关联性的。从企业的生产目标来说,是为达到生产成本更低、资金流动更快,物流的直接目标则是交付的提前期更短或者交货期更快,以及交货可靠性更高。更具体地说,企业的生产目标是更高的资源利用率和更低的在制品库存,更好地改善生产管理和降低生产成本。但要达到这一目标,需要企业内部生产过程与物流流程管理的高度协调,从而缩短生产周期,获取更快的交货速度。因此,有效的、可靠的生产与物流活动集成无疑是交货可靠性的一个基本保障。最重要的一点是,企业的生产和物流都是为了一个共同的目标,那就是以最低的成本、最快的速度满足客户需求,并获取更高的利润,从而获得更大的竞争优势和长远的发展。毋庸置疑,企业的物流战略和生产战略是密切相关、相辅相成的,必须保持高度一致。

10.1.2 生产与物流绩效集成评估体系

虽然企业的生产战略与物流战略之间是高度关联的,但在实际管理过程中也存在很多冲突。比如企业为了特定的产出率和产出周期而设定的在制品库存水平(见图 10-1),并不能保证达到最优的物流绩效(比如交货可靠性和物流成本)。也就是说,生产目标和物流目标之间存在相互制约关系。

因此,在企业运作管理中,除了考虑生产战略与物流战略之间的一致性问题,还要考虑相互之间的制约和权衡的问题。但是,在绩效管理领域,传统的生产绩效更多的仅仅是从内

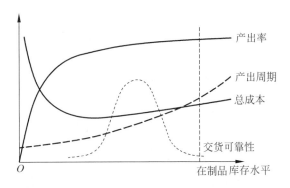

图 10-1 生产-物流运作曲线

部生产的角度来评价生产系统的绩效,而且现有的绩效评价指标过于侧重成本指标的使用。生产部门的绩效好了,未必会使物流部门也有一个好的绩效水平,因此,仅仅从一个方面评价企业运作绩效是无法全面、真正地体现企业绩效水平的。

鉴于企业生产与物流职能的高度一致性的要求,建立一个生产-物流集成的绩效评价体系是必需的。这样的一个集成评价体系,不仅需要拓展传统的侧重成本绩效的思路,将时间、柔性等因素引入指标体系,而且还要体现并注重生产与物流的集成,以及相互目标的平衡与一致性。这样才能有利于及时发现企业运作中存在的疏漏、缺陷和问题,并找到本质的原因和内在的联系,为改善生产与物流运作提供系统的、经济的、合理的和可行的改善措施,也更加有利于一个集成化供应链管理的实现。

10.1.3 生产与物流绩效集成评估指标体系

生产率是传统生产管理的核心绩效评价指标,根据生产与物流职能集成的特点,这里提出生产与物流绩效集成评估的指标体系框架,如图 10-2 所示。该框架仅提出参考的第一层指标结构,详细的指标体系必须根据不同行业、不同企业实际情况进行详细设计。

该框架分为两个职能维度和四个绩效维度进行评价。职能维度的划分仅为了说明生产与物流职能之间的关联,事实上相应的评价指标之间是相互关联的。绩效维度主要考虑客户满意度、成本、时间和资产四个维度。

1. 客户满意度

客户满意维度主要衡量企业所生产产品的质量,以及交货的质量和客户满意度等方面总的客户满意程度。完美订单定义为在规定的时间内,以准确的单证,在完美的情况下完成发送。客户满意度是通过对订单周期时间、完美订单要素,以及对订货状态和询问要求的反应能力等进行衡量得到的。

2. 成本

成本维度更多地评价成本和效率之间的均衡。一方面从生产的角度衡量在制品库存的多少和生产率的高低,另一方面从物流的角度衡量生产与物流运作的成本和效率之间的均衡。其中的物流成本涉及库存成本(包括原材料、在制品、产成品)、仓储成本、运输成本(包括企业内部运输和企业—客户之间的运输成本)、订单处理成本(包括信息设备和信息系统

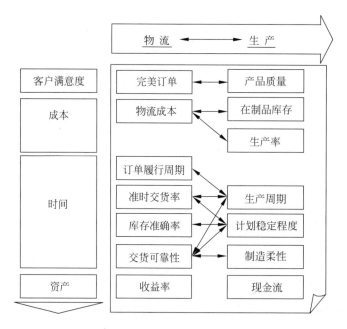

图 10-2　生产-物流绩效集成评估指标体系

等成本)。

3. 时间

时间维度主要体现生产职能和物流职能同时对客户需求的反应能力。从生产的角度包括生产周期、生产计划的稳定性以及制造柔性。其中制造柔性主要强调对客户需求的响应柔性,可以涉及设备柔性、计划柔性、人力资源柔性等方面。而物流方面更多地衡量订单履行周期(包括订单接受到计划的时间、订单准备时间、生产制造时间、库存时间、送达客户的运输时间和客户接受的时间)、准时交货率、交货可靠性以及库存准确率。其中库存准确率是企业越来越关注的一个涉及库存信息准确性和可视性的指标,库存信息的准确性直接影响生产周期和交货时间的长短。

4. 资产

因为生产与物流管理是针对资产的管理,所以集成的生产-物流绩效评价必须融入一个资产因素。资产绩效的评价集中在资金周转次数、库存供给天数以及资产收益的绩效等方面。

10.2　企业生产与物流管理的绩效评估方法

有效的评估体系需要有效的评估方法来支持,目前平衡计分卡、模糊综合评价法和专家评价法是较为普遍的绩效评估方法。

10.2.1 平衡计分卡

平衡计分卡(balance score card，BSC)被认为是过去几十年中最具影响力的管理思想之一，在经历了十余年的竞争环境和管理实践的巨大变革之后，仍然保持着创新的活力，并在更为广泛的领域内得到应用。这一评价方法把股东满意、员工学习和成长等绩效考核目标和财务目标结合起来，再进一步把业绩评价指标与公司战略相联系，使之不仅仅局限于成本和利润这些传统指标，还包括创新能力等。

这种方法突出的特点是：将企业的远景、使命和发展战略与企业的业绩评价系统联系起来，它把企业的使命和战略转变为具体的目标和评判，以实现战略和绩效的有机结合。平衡计分卡体系实现了几个方面的有机协调和平衡：战略管理和经营管理的平衡、财务指标和非财务指标的平衡、内部人员与外部人员的平衡以及结果指标和动因指标的平衡。使用BSC可以帮助企业找出战略实现过程的深层次驱动因素，它包含着促使强项更强、弱势改进的平衡发展的思想。

1. BSC 的基本思想

BSC的基本原理是：根据组织战略从财务(financial)、客户(customer)、内部流程(internal process)、学习与成长(learning and growth)四个角度定义组织绩效目标；每个角度包括战略目标、绩效指标、测量指标以及实现目标所需的行动方案，从而大大改进了以往绩效管理中由于仅关注财务指标造成的局限性。

财务维度(financial perspective)通常是传统的滞后指标，财务维度需要回答的问题是：对各利益相关群体而言，最重要的财务指标是什么？哪些财务指标最符合公司的战略并取得了成功？

顾客维度(customer perspective)需要回答的问题是：公司对目标市场提供的产品价值定位是什么？哪些目标最清楚反映了我们对顾客的承诺？为了兑现承诺，在顾客维度的相关指标（如客户获取率、保留率、客户满意度等）上应达到何种水平？

内部业务流程维度(internal process perspective)需要回答的问题是：哪些流程上表现优异才能保证成功实施企业战略？哪些流程上表现优异才能实现关键的财务和客户目标？

学习与成长维度(learning and growth perspective)需要回答的问题是：哪些关键能力才能改进核心流程从而促进战略实施？如何培养团队协作及解决问题的能力，促进成功执行？如何创造和支持有利于学习的组织文化，并促进其持续发展？

除了绩效衡量指标与以往的方法有很大不同外，BSC在实施过程中特别强调的是持续的沟通。沟通的目的在于自上而下传达组织的战略，并把绩效目标逐级落实到组织内各级单位及个人，使每个员工了解自己的工作与实现组织战略之间的联系；通过绩效反馈沟通，管理者能够与员工一起分析绩效评估数据，从而帮助员工不断改进绩效，在组织内部形成为了组织目标协调合作的局面。

随着供应链管理理论的不断发展，许多学者基于上面的平衡计分卡设计了针对供应链的平衡计分卡。CorVu公司基于上面平衡计分卡的四个方面，给出用于供应链绩效评价时可能用到的指标。财务方面的指标包括：平均库存水平、平均劳动力成本、分拣错误成本、运输错误成本；顾客方面的指标包括：新顾客订单价值、卖主违约、完美订单的完成、准时交货率等；内部运作方面的指标包括：生产率、运输、库存、产品状态等；创新和成长的指标包括：人力资源相关指标。Thomas(2002)也沿用上面的平衡计分卡的四个方面，并针对供应链管理的特点对平衡计分卡的每个方面的具体目标和评价指标进行调整，强调伙伴关系的管理、信息流、结构与成员组成等指标。Dirk(2002)对平衡计分卡的四个方面，在供应链环境下重新进行定义，分为财务、内部运作、合作质量、合作强度四个方面。

2. BSC 的特点

BSC 具有如下特点。

(1) 战略性。BSC 将组织的愿景与战略逐层分解，细化为指导具体工作单位及员工工作的清晰的目标，并用具体的评估指标加以衡量监控。通过平衡历史财务数据与未来价值动因，BSC 能够有效整合企业的短期行为与长期战略，使组织战略执行落到实处。

(2) 层次性与平衡性。BSC 是以战略为核心从四个角度分解绩效目标，在组织、部门、经营小组和个人层面分层展开。下一层目标必须支持上一层目标，保证在组织内部自上而下的一致；在每一层都应平衡架构目标，全面分析四个角度的强项和弱点，以达到均衡的发展。

(3) 因果性。在 BSC 的四个角度之间，目标与绩效指标之间存在着因果互动，不同方面的绩效改善之间有明确的逻辑关系。

(4) 系统性。作为绩效管理和战略实施的工具，BSC 的实施是一项系统的工程，需要组织上下的协同配合。通过组织内部的开放性、持续的沟通，对影响组织绩效的各类关键指标采取行动，促成组织全面均衡的发展。

3. BSC 与传统绩效管理方法的区别

BSC 与传统绩效管理方法的主要区别如下。

(1) 工作侧重点不同。传统绩效管理技术注重阶段性总结（类似于成绩单）；BSC 注重绩效管理的整个过程。

(2) 指标体系。传统绩效管理关注财务指标（滞后指标），如市场份额、盈利率；BSC 关注能够驱动及预测未来发展的前置指标，更多是非财务指标，如客户满意度、公司形象定位。

(3) 实施过程。传统绩效管理实施重点在于考核，目的在于获得绩效数据，看重员工的个人绩效，有时易形成管理者与员工的对立关系；BSC 实施重点在于绩效改进，关注员工能力的提高及员工的参与，管理者与员工围绕对战略目标的理解及工作的改进全程持续沟通，上下级协调合作，共同为达到绩效目标而努力。

10.2.2 模糊综合评价法

模糊数学方法是 20 世纪 60 年代由 Zadeh L. A. 首先提出来的。模糊数学理论可采用精确的数学方法来描述模糊性现象。模糊综合评价法是以模糊数学为基础，将边界不清、不易定量的因素定量化，进行综合评价的一种方法。模糊综合评价法是对受多种因素影响的事物做出全面评价的一种多因素决策方法，在模糊的环境中，考虑了多种因素的影响，出于某种目的对某事物做出综合决断或决策。物流绩效评价的过程中存在许多定性指标，有些指标的样本值很难精确得到,如对市场应变能力的评价、对学习发展能力的评价等,具有一定的模糊性,对于这些定性的指标常采用专家评分或者问卷调查法来评价,具有一定的主观性,对此通过对评价指标赋予相应的权数进行综合评价,这样得到的评价结果更接近现实,更加合理。多级模糊综合评价方法将定量和定性指标结合起来,最终得出对供应链系统的综合评价。因此,采用模糊综合评价方法是一种行之有效的方法。

1. 模糊综合评价的步骤

在复杂的系统中,对某一事物进行评判,需要考虑的因素很多。因素间有不同的层次,这样,对诸因素的权重分配将会出现困难。这时,可以使用多层次的综合评价模型。其步骤如下。

1) 构造供应链系统绩效评价体系

模糊综合评价的第一步就是根据具体情况建立评价体系的层次结构图,如图10-3所示,这样我们就得到了供应链系统绩效评价体系。

2) 建立模糊综合评价因素集

因为对于集成化供应链系统的绩效评价体系为多层,所以需要将因素集 X 作一种划分,把 X 分为 n 个因素子集 $X_1, X_2, \cdots, X_n$,并且必须满足:

$$X = X_1 \cap X_2 \cap \cdots \cap X_n$$

同时,对于任意的 $i \neq j, i, j = 1, 2, \cdots, n$,均有

$$X_i \cap X_j = \varnothing$$

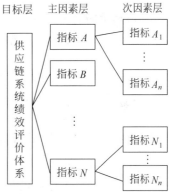

图 10-3 供应链系统绩效评价体系层次结构

即这种划分既要把因素集 X 中的诸评价指标分完,而任一评价指标又应只在一个因素集 X_i 中。

接着以 X_i 表示第 i 个子因素指标集,它有 k_i 个评价指标,即

$$X_i = \{x_{i1}, x_{i2}, \cdots, x_{in}\}, \quad i = 1, 2, \cdots, n$$

这样,由于每个 x_i 含有 k_i 个评价指标,于是总因素指标集 X 有 $\sum_{i=1}^{n} k_i$ 个评判指标。

3) 进行单因素评价,建立模糊关系矩阵 R

在构造模糊子集后,需要对评价目标从每个因素集 X_i 上进行量化,即确定从单因素来看评价目标对各模糊子集的隶属度 $(R|X_i)$,进行得到模糊关系矩阵。

$$R = \begin{bmatrix} R|X_1 \\ R|X_2 \\ \vdots \\ R|X_n \end{bmatrix} = \begin{bmatrix} r_{11} & r_{12} & \cdots & r_{1m} \\ r_{21} & r_{22} & \cdots & r_{2m} \\ \vdots & \vdots & & \vdots \\ r_{n1} & r_{n2} & \cdots & r_{nm} \end{bmatrix}$$

矩阵 R 中第 i 行第 j 列元素 r_{ij} 表示某个被评事物在某个因素 X_i 方面的表现,是通过模糊向量 $(R|X_i) = (r_{i1}, r_{i2}, \cdots, r_{im})$ 来刻画的。而在其他评价方法中多是由一个被评实际值来刻画的。因此,从这个角度讲模糊综合评价要求更多的信息。

4) 确定评级因素的权向量,$A = (a_1, a_2, \cdots, a_n)$

在模糊综合评价中,权向量 A 中的元素 a_i 本质上是因素 X_i 对模糊子集{对被评事物重要的因素}的隶属度。可以使用层次分析法来确定评价指标间的相对重要性次序,从而确定

权系数,并且在合成之前归一化,即 $\sum_{i=1}^{n} a_i = 1, a \geqslant 0, i = 1, 2, \cdots, n$。

5) 利用合适的算子将 A 与各被评事物的模糊评价向量 R,生成模糊评价结果向量 B

$$AR = (a_1, a_2, \cdots, a_p) \begin{bmatrix} r_{11} & r_{12} & \cdots & r_{1m} \\ r_{21} & r_{22} & \cdots & r_{2m} \\ \vdots & \vdots & & \vdots \\ r_{p1} & r_{p2} & \cdots & r_{pm} \end{bmatrix} = (b_1, b_2, \cdots, b_m) = B$$

其中 b_m 是由 A 与 R 的第 m 列运算得到的,它表示被评事物从整体上看对评语集的隶属程度。

2. 隶属度的确定

1) 对于越小越优(成本型)的评价因素可用下式计算隶属度:

$$r = \begin{cases} 1, & f(x) \leqslant \inf(f) \\ \left[\dfrac{\sup(f) - f(x)}{\sup(f) - \inf(f)}\right]^n, & \inf(f) < f(x) < \sup(f) \\ 0, & f(x) \geqslant \sup(f) \end{cases}$$

2) 对于越大越优先型(效益型)的评价因素可用下式计算:

$$r = \begin{cases} 1, & f(x) \geqslant \sup(f) \\ \left[\dfrac{f(x) - \inf(f)}{\sup(f) - \inf(f)}\right]^n, & \inf(f) < f(x) < \sup(f) \\ 0, & f(x) \leqslant \inf(f) \end{cases}$$

这里,$f(x)$ 即为特征值,$\sup(f)$、$\inf(f)$ 分别为对应于同一个指标的所有特征值 $f(x)$ 的上下界(可分别取各个方案对应的相应指标特征值的最大值和最小值),一般取 $a=1$ 的线性形式进行计算。以上计算方法可以保证隶属度的值取为区间 $[0,1]$ 中的值。

3) 确定定性指标的隶属程度

对于绩效评价指标体系中的定性指标可以采取定量化方式。

首先确定评语集 V 及隶属度 R:

$$V = \{V_1(差), V_2(较差), V_3(一般), V_4(较好), V_5(好)\}$$
$$R = \{0.0(差), 0.2(较差), 0.5(一般), 0.8(较好), 1.0(好)\}$$

然后根据评语集的标准,请专家进行评判打分,进而进行定性指标隶属度的确定。

3. 权系数的确定

层次分析法是一种行之有效的确定权系数的有效方法,它把复杂问题中的各因素划分为互相联系的有序层使之条理化,根据对客观实际的模糊判断,就每一层次的相对重要性给出定量的表示,再利用数学方法确定全部元素相对重要性次序的权系数。其步骤如下。

(1) 确定目标和评价因素,即 n 个评价指标,$X = \{x_1, x_2, \cdots, x_n\}$。

(2) 构造判断矩阵。判断矩阵元素的值反映了人们对各元素相对重要性的认识,一般采用表 10-1 所示的 1~9 及其倒数的标度方法。但当相互比较因素的重要性能够用具有实际意义的比值说明时,判断矩阵相应元素的值则取这个比值。即得到判断矩阵 $S = (X_{ij})_{n \times n}$ $(i, j = 1, 2, \cdots, n)$。

表 10-1 层次分析法 1～9 标度

标　度	含　义
1	表示因素 X_i 与 X_j 比较,具有同等重要性
3	表示因素 X_i 与 X_j 比较,X_i 比 X_j 稍微重要
5	表示因素 X_i 与 X_j 比较,X_i 比 X_j 明显重要
7	表示因素 X_i 与 X_j 比较,X_i 比 X_j 强烈重要
9	表示因素 X_i 与 X_j 比较,X_i 比 X_j 极端重要
2、4、6、8	2、4、6、8 分别表示相邻判断 1～3、3～5、5～7、7～9 的中值比
倒数	表示因素 X_i 与 X_j 比较的判断 X_{ij},则 X_j 与 X_i 比较的判断 $X_{ji}=1/X_{ij}$

(3) 用方程法或和积法计算判断矩阵 S 的最大特征根 $\lambda_{\max}$ 及其对应的特征向量 A,此特征向量就是各评价因素的重要性排序,亦即权系数的分配。

(4) 一致性检验。为进行判断矩阵的一致性检验,需计算一致性指标 $\text{CI}=\dfrac{\lambda_{\max}-n}{n-1}$,以及平均随机一致性指标 RI。它是用随机的方法构造 500 个样本矩阵,构造方法是随机地用标度以及它们的倒数填满样本矩阵的上三角各项,主对角线各项数值始终为 1,对应转置位置项则采用上述对应位置随机数的倒数,然后对各个随机样本矩阵计算其一致性比率 CI 值,对这些 CI 值平均即得到平均随机一致性指标 RI 值。当随机一致性比率 $\text{CR}=\dfrac{\text{CI}}{\text{RI}}<0.10$ 时,认为层次分析排序的结果有满意的一致性,即权系数的分配是合理的;否则,要调整判断矩阵的元素取值,重新分配权系数的值。

10.2.3 专家评价法

有些系统,某些属性或评价因素不易量化,甚至评价因素本身也不易确定,这时可以请一名或多名对评价对象有专门知识或经验的人,请他们对系统进行定性、定量或两者相结合的评价。

专家评价就是对系统评出分数,然后根据各系统得分的多少,排出优劣顺序。但是,这里的分数已与经济分析法中评价指标的含义不同。专家给系统评的分一般应理解成专家的主观评价,而不是系统的客观属性指标。

专家评价也有多种具体做法,下面只就其中常见的评分法进行介绍。

假设有 n 个不同的供应链系统要评价,绩效评价因素有 m 个。首先对每个评价因素定出评价标值。这些标值把专家对该评价因素的主观评价实行了量化,可以是 5 分制、10 分制或 100 分制。若用 5 分制,则专家的优、良、中、差、劣五种评价可以分别量化为 5、4、3、2、1 分。这样,分别对 n 个供应链系统的 m 个绩效评价因素的评分就可以写成 S_{ij}($1 \leqslant i \leqslant m$,$1 \leqslant j \leqslant n$),其中 S_{ij} 是对第 j 个供应链系统的第 i 个评价因素的评分值。

有了供应链系统的绩效评价因素评分后,就可以得出供应链系统的总评分值。总评分值的计算也有多种方法,下面介绍加和评分法、乘积评分法和加乘评分法。

1) 加和评分法

加和评分法就是把每个供应链系统所有的绩效评价因素的得分值加起来作为该系统的

评分总值,即

$$S_j = \sum_{i=1}^{m} S_{ij}$$

求出各方案的评分总值后,按大小排列,分出优劣。

2) 乘积评分法

乘积评分法就是把每个系统,例如第 j 个系统所有评价因素的得分值连乘起来,算作系统的评分总值 S_j,即

$$S_j = \prod_{i=1}^{m} S_{ij}$$

求出各方案的评分总值后,按大小排列,分出优劣。采用连乘法,各方案总分值间的差距加大,看起来更清楚。

3) 加乘评分法

加乘评分法就是将各评价因素分成若干组,首先计算各组的评价因素得分之和,然后再将各小组评分值相连乘,便得该方案的评分总值 S_j,即

$$S_j = \prod_{p=1}^{N} \sum_{i \in I_p}^{m_p} S_{ij}$$

式中,N——评价因素组数;

m_p——第 p 组中评价因素个数;

I_p——所有属于第 p 组的评价因素的编号集。

例 10-1 为了纪念抗战胜利 50 周年,某地决定在当年抗日英雄抵抗日寇入侵作战的阵地原址建一座纪念碑,于是征集了多个纪念碑设计方案。为了从这些方案中选出一个最好的,组织人员商定了一组评选标准,这些标准是:庄严、肃穆;缅怀先烈;昭示后人;与环境协调;建造时要就地取材;少占地;造价不要高。一共征集了 4 个方案,专家对这 4 个方案的 7 个评价因素的评分值如下,试利用评分法对这 4 个方案进行评价,按得分多少排出其优劣。

$$S_{ij} = \begin{bmatrix} 5 & 3 & 4 & 5 \\ 4 & 5 & 5 & 3 \\ 4 & 4 & 5 & 5 \\ 3 & 4 & 3 & 3 \\ 5 & 4 & 4 & 4 \\ 2 & 3 & 4 & 3 \\ 4 & 4 & 4 & 5 \end{bmatrix}$$

解 (1) 加和法

$S_1 = 27$, $S_2 = 27$, $S_3 = 29$, $S_4 = 28$

(2) 乘积法

$S_1 = 9600$, $S_2 = 11\,520$, $S_3 = 19\,200$, $S_4 = 13\,500$

(3) 加乘法

将前 3 个因素合为第一组,第 4 个单独为第二组,后 3 个合为第三组。

$S_1 = 13 \times 3 \times 11 = 429$, $S_2 = 12 \times 4 \times 11 = 528$

$$S_3 = 14 \times 3 \times 12 = 504, \quad S_4 = 13 \times 3 \times 12 = 468$$

所以,仍是第三个方案最好,第一个方案最差。

此外,除了按照各方案最后得分的多少区分各方案的优劣外,还可以把各方案的评分结果画在各种各样的图上,例如折线图、圆形图、方格图、竖线图等。有了这些图作辅助手段,评价结果就更直观、易懂。

10.3 企业生产与物流管理的标杆管理

在物流绩效评估的实践中,一个有效的方式就是开发一个竞争性的标杆程序,以此作为物流绩效的评定标准,使之成为企业的努力方向。标杆管理是企业绩效评估的工具,它是一种辨识世界上最好的企业并进行学习的过程。

企业标杆管理方法是由施乐公司于20世纪70年代末首次创新应用于自身的仓储管理中,后经美国生产力与质量中心进行了系统化和规范化。标杆化是一个持续的过程,用来衡量产品、服务和活动是否能抵抗本公司的最大竞争对手或那些处于领先地位的公司。它以最强的竞争企业或那些行业中领先和最有名望的企业在产品、服务或流程方面的绩效及实践措施为基准,树立学习和追赶的目标。

物流是实施标杆化最早的业务领域之一。最早的一篇关于标杆化的文章刊登于《哈佛商业评论》上。从那时起,标杆化被广泛接受并予以实践。使标杆化引起人们注意的是美国物流管理协会(Council of Logistics Management),在该会的年度会议上,标杆化成为一个重要的议题。

10.3.1 标杆管理的方式

有四种标杆管理的方式:内部标杆法、竞争性标杆法、功能性标杆法和一般性标杆法。

每一种标杆法都具有各自不同的优点,同时也会产生特有的效果。

1. 内部标杆法

内部标杆法是最简单且易操作的标杆管理方式之一。在部门组织设置复杂的大公司中,辨识内部绩效标杆的标准,即确立内部标杆管理的主要目标,可以做到企业内部信息共享。实施内部标杆法应当看做标杆法的开端,它对实施标杆法起到一个领航的作用。

例如,施乐公司的营销部门想通过设置客户服务小组来迅速且有效地处理客户提出的问题和要求。问题的关键是如何确定最优的组织结构和实施运作系统。经过考察,营销部门发现施乐公司设于加拿大的分公司在这方面的实践成果是最优的。因此,营销部门通过实施标杆法把施乐加拿大客户信息中心作为了企业内部标杆。

当然,由于单独执行内部标杆法的企业往往关注内部优化,容易产生封闭思维,因此在实践中,内部标杆法应当与外部标杆管理结合起来使用。

2. 竞争性标杆法

竞争性标杆法是与最好的竞争对手的工作进行比较，竞争标杆管理的目标是与有着相同市场的企业在产品、服务和工作流程等方面的绩效与实践进行比较，直接面对竞争者。有时候，发现竞争性标杆法和内部标杆法之间的区别能够确认本公司的优势和劣势。

这类标杆管理实施的困难之处在于要知道竞争对手的实践活动，而除了公共领域的信息容易获得外，其他关于竞争企业的信息一般而言是较难获得的。

3. 功能性标杆法

功能性标杆法是以行业领先者或某些企业的优秀功能作为标准进行的标杆管理，被标杆的企业不一定是同行业的，但通常它们在功能领域中的实践做法被认为是最好的。由于不存在直接的竞争关系，因此合作者往往较愿意提供和分享技术与市场信息。不足之处是费用高，有时难以安排。

4. 一般性标杆法

如果一个企业开始关注质量问题，实施全面质量管理的话，那么一般性标杆法就会为企业带来较上述几种方式更大的效益。已经取得的调查结果表明，当把关注的重点投向工作流程上时，标杆法往往会产生最大的回报。所以，一般性标杆法有时也可以称为流程标杆法管理，可以说，相似的工作流程存在于很多业务活动中，因此，这种类型的标杆法不受特定行业的限制。

虽然这种标杆法被认为是最有效的，但也是最难进行的。它一般要求企业对整个工作流程和操作有很详细的了解。

上述四种标杆方法通常按以上顺序被标杆管理成熟度不同的企业渐次采用。

10.3.2 标杆法的基本原则

实施一项标杆法活动，需要首先了解以下基本原则。

（1）了解自身的业务和业务中存在的优势与劣势。只有对自己有全面认识，才能正确执行标杆法，对实际工作进行恰当的事前、事中以及事后的成效测评。

（2）了解行业领先者及竞争对手，只有了解了它们的优劣势，企业才能认清自身的竞争力。

（3）使用恰当的标杆方式，学习最优者，获得优势并超过标杆对象。

（4）与合作者进行有效沟通，取得管理上的支持。具体讲，包括以下几方面：

① 愿意与合作者分享信息；
② 避免讨论定价或竞争性的敏感成本等方面的内容；
③ 不向竞争者索要敏感数据；
④ 未经许可，不分享所有者信息；
⑤ 选择一个无偏的第三者，在不公开企业名称的情况下来集成和提供竞争性数据；
⑥ 不用标杆数据向外界贬低竞争者的业务活动。

10.3.3 标杆法的实施步骤

标杆法的实施分成 5 个关键的阶段,共有 11 个步骤,如图 10-4 所示。下面对其中的五大阶段进行简单的介绍。

1. 标杆管理计划阶段

成功的标杆法首先要对本公司的功能领域有充分的了解,然后选出最需要改进的功能领域部分。要确定最需要标杆的功能领域,就需要揭示出该项功能领域目前面临的问题,这些问题主要集中在客户所关注的问题上,包括服务水平、成本、客户期望等。接下来就要确认能够提供借鉴、比较有价值信息的公司或部门。它们可能处于其他行业领域;但它们在要标杆的方面应该是世界顶级做法的企业或部门。

在计划阶段,搜集信息无疑是一项必需的工作。标杆所需的信息有两大来源:原始调查和二手资料。二手资料的获取主要以公共途径取得,如专家咨询、公共出版物、研讨会、因特网等。这些公开化的信息在使用过程中应有所保留,注意去伪存真,防止在实施标杆时被一些信息所蒙蔽。在条件适宜时,可选择实施原始调查。显然,实施调查需要较大的资金、时间与人力的投入,且难度较大。几种典型的方式主要包括:顾客反馈、电话访谈、查询服务、电视广播、外部的咨询公司和对标杆对象公司的实地调查。

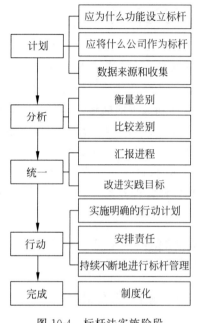

图 10-4 标杆法实施阶段

2. 分析阶段

在对标杆管理进行了全面计划后,要将上一阶段获取的信息进行加工。对自身和外部标杆对象进行各项参数的衡量和比较,这是分析最优工作实践的基线。

3. 标杆化的统一阶段

做出计划、分析后,会总结规划出标杆的一系列进程。将这一进程告知学习人员,使相关人员在标杆调查的基础上,对标杆法的前景有所认识。仁者见仁,智者见智,学习人员共同改进实践目标,最终得到对标杆比较工作的统一认识。

4. 标杆法的实施阶段

标杆比较的目的不是只看自己同标杆对象之间存在的差距,或他们做事如何比自己强,它的目标是改进绩效。要真正将标杆法落实到行动上,定期对工作成果进行测评。标杆参与人员各司其职,各负其责。此外,标杆法并不是一件一劳永逸的工作,它是一个持续不断地学习与改进的过程。因此,实施标杆法的公司必须始终跟踪当前行业的最新发展,持续进行标杆工作实践。

5. 标杆工作完成阶段

当最优实践贯穿于公司的所有事务中时,可以说标杆法已被制度化了,公司的标杆工作进程就可以告一段落了。

小结与讨论

传统的以生产率和财务指标为核心的测量指标不能全面反映生产与物流绩效以及其间的相互关联和均衡关系,也不能通过绩效评估和分析提出更好的改善顾客满意度、质量、周期时间和成本的措施。本章首先提出了建立生产-物流绩效集成评估体系,并提出了相应的评价指标体系框架,分别从客户满意、时间、成本和资产等4个绩效维度对企业生产-物流职能维度进行集成评估。然后描述了几种企业生产与物流管理的绩效评估方法,分别是平衡计分卡、模糊综合评价法和专家评价法。最后介绍了企业生产与物流管理的标杆管理,包括4种标杆管理方式、标杆法的基本原则和实施步骤。

思考题

1. 为什么要对生产-物流绩效进行集成评估?
2. 什么是平衡计分卡?阐述它的特点。
3. 分析描述标杆化的实施步骤。

案例　美国施乐公司物流绩效标杆

在北美,绩效标杆法这个术语是和施乐公司同义的。自从这种方法诞生以来,有100多家企业去施乐学习它在这个领域的专门知识。施乐创立绩效标杆法开始于1979年,当时日本的竞争对手在复印行业中取胜,他们以高质量、低价格的产品,使施乐的市场占有率在几年时间里从49%减少到22%。为了迎接挑战,施乐高级经理们引进了若干质量和生产率计划的创意,其中绩效标杆法就是最有代表性的一项。

所谓"绩效标杆法"就是对照最强的竞争对手,或著名的顶级企业的有关指标对自己的产品、服务和实施过程进行连续不断的衡量。这也是发现和执行最佳的行业实践。

施乐考虑到了顾客的满意度,绩效标杆法被执行得比原先最佳的实践还要好。达到这个目标的主要实践方法是取悦顾客,展示给顾客看与施乐公司做生意是多么容易和愉快;达到这个目标的主要途径是公司与顾客之间的接触点。例如,拿取和填写订货单、开发票的全过程都必须符合保证顾客满意的最佳实践标准。

在施乐公司,绩效标杆法是一个由如下4个阶段和10个步骤组成的程序。第一阶段(3个步骤):识别什么可成为标杆;识别可作为对照或对比的企业;数据的收集。第二阶段(3个步骤):确定当今的绩效水平;制定未来绩效水平计划;标杆的确认。第三阶段(2个步骤):建立改进目标;制订行动计划。第四阶段(2个步骤):执行行动计划和监督进程;修正绩效标杆。

一个绩效标杆作业往往需要 6~9 个月的实践才能达到目标。需要这么长时间,是因为绩效标杆既需要战略的,也包括战术或运作的因素。从战略上讲,绩效标杆涉及企业的经营战略和核心竞争力问题;从战术上讲,一个企业必须对其内部运作有充分的了解和洞察,才能将之与外部诸因素相对比。

绩效标杆的实践运作主要包括以下三种类型。第一种类型是工作任务标杆。比如搬运装车、成组发运、排货出车的时间表等单个物流活动。第二种类型是广泛的功能标杆。就是要同时评估物流功能中的所有任务,例如改进仓储绩效的标杆(从储存、堆放、订货、挑选到运送等每一个作业)。第三种类型是管理过程的标杆。把物流的各个功能综合起来,共同关注诸如物流的服务质量、配送中心的运作、库存管理系统、物流信息系统及物流操作人员的培训与薪酬制度等,这种类型的标杆更为复杂,因为它跨越了物流的各项功能。

运用绩效标杆法实际上可打破根深蒂固的不愿改进的传统思考模式,而将企业的经营目标与外部市场有机地联系起来,从而使企业的经营目标得到市场的确认而更趋合理化。例如,它建立了物流顾客服务标准,鼓励员工进行创造性和竞争性的思维,并时常提高员工物流运作成本和物流服务绩效的意识。

缺乏准备是绩效标杆法失败的最大原因。对别的企业做现场视察,首先要求物流经理能完全理解本企业内部的物流运行程序,这种理解有助于识别哪些是他们要去完成的,哪些是要从绩效标杆中寻求的信息。

施乐公司物流绩效标杆已取得了显著的成效。以前公司花费了 80% 的时间关注市场的竞争,现在施乐公司却花费 80% 的精力集中研究竞争对手的革新与创造性活动。施乐公司更多地致力于产品质量和服务质量的竞争而不是价格的竞争。结果,公司降低了 50% 的成本,缩短了 25% 的交货周期,并使员工增加了 20% 的收入,供应商的无缺陷率从 92% 提高到 95%,采购成本也下降了 45%,最可喜的是,公司的市场占有率有了大幅度的增长。

问题:

(1) 施乐公司采取的是哪种物流绩效标杆管理方法?它是分哪几个阶段完成的?
(2) 成功实施物流标杆管理要注意哪些问题?
(3) 对于不同规模的企业应实施哪种物流标杆管理方法?为什么?

参考文献

[1] 陈荣秋,马士华.生产与运作管理[M].4版.北京:机械工业出版社,2014.

[2] 马士华,崔南方,周水银,等.生产运作管理[M].3版.北京:科学出版社,2015.

[3] 李必强.现代生产管理的理论与方法[M].武汉:华中理工大学出版社,1991.

[4] 马士华,林勇,陈志祥.供应链管理[M].北京:机械工业出版社,2000.

[5] 陈启申.ERP——从内部集成起步[M].北京:电子工业出版社,2004.

[6] [美]斯莱克,刘易斯.运营战略[M].刘晋,等,译.北京:人民邮电出版社,2004.

[7] [美]蔡斯,阿奎拉诺,雅各布斯.运营管理[M].9版.任建标,译.北京:机械工业出版社,2003.

[8] [美]巴罗.企业物流管理——供应链的规划、组织与控制[M].王晓东,等,译.北京:机械工业出版社,2002.

[9] [英]斯莱克,等.运作管理[M].李志宏,译.昆明:云南大学出版社,2002.

[10] [美]斯托克,等.战略物流管理[M].邵晓东,等,译.北京:中国财政出版社,2003.

[11] 刘丽文.生产与运作管理[M].北京:清华大学出版社,1998.

[12] 王世良.生产运作管理[M].北京:华文出版社,2001.

[13] 林勇.供应链库存管理[M].北京:人民交通出版社,2005.

[14] DREXL A, KIMMS A. Beyond manufacturing resource planning(MRP Ⅱ): advanced models and methods for production planning[M]. Berlin: Springer,1998.

[15] BOWERSOX D J, CLOSS D J, COOPER M B. Supply chain logistics management[M]. New York: McGraw-Hill, 2002.

[16] LAMBERT D, STOCKS J, ELLRAM L. Fundamentals of logistics management[M]. New York: McGraw-Hill, 1998.

[17] FAWCETT S E, STANLEY L L, SMITH S R. Developing a logistics capability to improve the performance of international operations[J]. Journal of Business Logistics, 1997, 18(2): 101-127.

[18] PLENERT G. Focusing material requirements planning (MRP) towards performance[J]. European Journal of Operational Research, 1999, 119(1): 91-99.

[19] DICKERSBACH J T, et al. Production planning & control with SAP[M]. Braintree: SAP Press/Galileo Press, 2007.

[20] HEIZER J, RENDE B. Principles of operations management[M]. New York: Prentice-Hall, 2004.

[21] HEIZER J, RENDER B. Operations management[M]. New York: Prentice-Hall, 2006.

[22] PETROFF J. Handbook of MRP Ⅱ and JIT: integration and implementation[M]. New York: Prentice-Hall, 1993.

[23] ORLICKY J A. Material requirements planning[M]. New York: McGraw-Hill, 1975.

[24] RITZMAN L P, KRAJEWSKI L J, KLASSEN R D. Foundations of operations management[M]. Toronto: Prentice-Hall Canada, 2003.

[25] LYNCH D, KELLER S, OZMENT J. The effects of logistics capabilities and strategy on firm performance[J]. Journal of Business Logistics, 2000, 21(2): 47-67.

[26] OLIVER W. Wight MRP Ⅱ: Unlocking America's productivity challenge[M]. Atlanta, GA: Wight (Oliver) Publications Inc., 1984.

[27] CHASE R B, JACOBS F R. Operations management for competitive advantage[M]. New York:

McGraw-Hill Higher Education,2005.

[28] SCHROEDER R G. Operations management: contemporary concepts and cases[M]. New York: McGraw-Hill Higher Education,2008.

[29] ASHKENAS R N, FRANCIS S C. Integration managers: special leaders for special times[J]. Harvard Business Review,2000(11-12):108-116.

[30] NARASIMHAN S L, McLEAVY D W, BILLINGTON P J. Production planning and inventory control [M]. New York: Prentice-Hall,1995.

[31] STALK G J. Time—the next source of competitive advantage[J]. Harvard Business Review,1988, 66(4):41-51.

[32] CHAPMAN S N. Fundamentals of production planning and control [M]. New York: Prentice-Hall,2005.

[33] VOLLMANN T E, BERRY W L, WHYBARK D C, et al. Manufacturing planning and control systems for supply chain management: the definitive guide for professionals[M]. New York: McGraw-Hill,2004.

[34] MABERT V A. The early road to material requirements planning[J]. Journal of Operations Management,2007,25(2):346-356.

[35] TOOMEY W. MRP Ⅱ: planning for manufacturing excellence[M]. Nor well, MA: Kluwer Academic Publishers,1996.

[36] [美]鲍尔索克斯,克劳斯,库珀.供应链物流管理[M].李习文,等,译.北京:机械工业出版社,2004.

[37] [美]鲍尔索克斯,克劳斯.物流管理——供应链过程的一体化[M].林国龙,等,译.北京:机械工业出版社,1999.

[38] [瑞士]克诺尔迈尔,[德]默滕斯,[德]泽埃尔.供应链管理与SAP系统实现[M].SAP中国研究院,译.北京:机械工业出版社,2004.